333 x Schienenverkehr
Superlative & Kuriositäten

Michael Dörflinger

333x
Schienen-
verkehr
Superlative & Kuriositäten

Vorwort

Als sich nach ersten Versuchen in Großbritannien die Eisenbahn seit den 1840er-Jahren fast auf der ganzen Welt verbreitet hatte, füllte sie nicht nur die Taschen der Bahngesellschafter und Aktionäre, sondern auch die Seiten der Zeitungen und Bücher.

Heiß wurde darüber diskutiert, wie sich das Bahnfahren auf die Gesundheit auswirkt, die Presse berichtete von Unfällen, aber auch von neuen Erfindungen. Reiseberichte über Bahnfahrten unterhielten die Leser der Gazetten, viele Autoren nutzten die Eisenbahn als Sujet in ihren Romanen.

Hochfliegende Pläne wurden umgesetzt, findige Tüftler entwickelten Techniken, die die Eisenbahn sicherer und effizienter machten. Diesel und Strom lösten die Dampfloks weitestgehend ab. Doch gerade die bleiben – nicht nur für die älteren Eisenbahnfreunde – das Maß aller Dinge. In beinahe jeder Ecke der Welt fauchen und rauchen noch solche schwarzen Ungetüme und zeigen, dass auch jüngere Generationen Spaß an der alten Technik haben können.

Dieser Band erzählt viele bekannte und unbekannte Geschichten über die Eisenbahn. Er berichtet von Superlativen, die den Zeitgenossen den Atem verschlugen. Er wirft Schlaglichter auf den Einfluss der Eisenbahn auf Gesellschaft, Kultur und Kunst. Er zeigt die Bedeutung des Mediums Eisenbahn für die wirtschaftliche Entwicklung der Welt.

Doch dieser Band berichtet auch von den dunklen Seiten der Eisenbahn. Er berichtet von Unfällen und wie der Mensch sie für seine Gewalttaten und Verbrechen missbrauchte.

Und dann gibt es da ja auch noch die unglaublichen Kuriositäten aus der Geschichte der Eisenbahn – und aus der Gegenwart. Ich wünsche Ihnen bei der Lektüre dieses ungewöhnlichen Buches viel Vergnügen.

Michael Dörflinger

Die Baureihe 52 ist die mit großem Abstand meistgebaute deutsche Baureihe. Sie wurde auch in anderen Ländern produziert. Im Bild 52 8168, die 1943 bei Krauss-Maffei gebaut und als 52 3574 in den Bestand der Reichsbahn aufgenommen wurde. 1966 wurde sie rekonstruiert und erhielt die aktuelle Nummer. Sie ist heute im Bayerischen Eisenbahnmuseum in Nördlingen betriebsfähig erhalten. *Michael Dörflinger*

Inhalt

Vorwort 4

IMMER SCHNELLER UNTERWEGS 18
01   Das Rennen von Rainhill 16
02   Eisenbahnkrankheiten 17
03   Die Crampton-Loks 18
04   Das größte Treibrad 18
05   Ein Fabelweltrekord 19
06   Dampflokrekord der S 2/6 20
07   Die bayerische S 3/6 21
08   Der „Rheingold" 22
09   Der Schienenzeppelin 23
10   Der „Fliegende Hamburger" 24
11   Stromlinie 25
12   Der Schürzenwagen 26
13   Der Henschel-Wegmann-Zug 27
14   Baureihe 01^{10} 28
15   Pacific 231 28
16   „Sir Nigel Gresley" 29
17   Rekordlok 05 002 30
18   Der Rekord für die Ewigkeit 31
19   Trans-Europ-Express 32
20   Trans Europa Express 33

Hochgeschwindigkeit auf Spanisch: Der „Pato" mit seiner charakteristischen Frontpartie. *Bombardier*

21	Baureihe 175 der Reichsbahn	33
22	Geschwindigkeitsrekord der 103	34
23	„Donald Duck"	35
24	Hochgeschwindigkeitsverkehr	36
25	Der Rekord des ICE	37
26	Mit dem ICE 1 in eine neue Ära	38
27	TGV: Frankreichs Aushängeschild	38
28	Mit dem Eurostar durch den Tunnel	39
29	Der High Speed Train	40
30	Der Thalys	41
31	Spaniens AVE	42
32	AVE S-102: Spaniens schnelle Enten	43
33	Schienenlegende Shinkansen	44
34	Der Transrapid in Shanghai	45
35	DB-Flaggschiff ICE 3	46
36	Velaro RUS: Russlands Wanderfalke	47
37	Der absolute Rekord	48
38	Der Weltrekord des Taurus	49
39	Der Railjet der ÖBB	49
	AUS DEN ANFÄNGEN DER EISENBAHN	**50**
40	Die ältesten Eisenbahnstrecken	50
41	Das erste Zugticket	50
42	Älteste Eisenbahnbrücke der Welt	51
43	Eisenbahnpionier Richard Trevithick	52
44	Die erste Zahnradlok der Welt	53
45	Die älteste erhaltene Lok	54
46	Bruntons „Mechanical Traveller"	55
47	Timothy Hackworths Idee	55
48	Der erste Personenwagen	56
49	Die erste amerikanische Eisenbahn	56
50	Die Geburt der Eisenbahn	57
51	George Stephenson	58
52	Robert Stephenson & Co.	58
53	„Royal George"	59
54	„Stourbridge Lion"	59
55	Die legendäre „Rocket"	60
56	Die erste US-Dampflok	61
57	Die „DeWitt Clinton"	61
58	Die „Best Friend of Charleston"	62
59	Die „Old Ironsides"	63
60	George Stephensons Passagierwagen	63
61	Die großartige Breitspurbahn	64
62	Isambard Kingdom Brunel	65
63	Fairlie-Paradies Ffestiniog	66

Parade der berühmten Güterzug-Dampfloks der Baureihe 50 der Deutschen Reichsbahn im ehemaligen Bahnbetriebswerk Stassfurt. *Erich Westendarp/pixelio.de*

64	Die erste deutsche Eisenbahn	67
65	Es waren Bierfässer	68
66	Friedrich List, der Eisenbahnförderer	68
67	Erste deutsche Fernstrecke	69
68	Made in Germany	69
69	Die Kunze-Knorr-Bremse	70
70	Die Westinghouse-Bremse	71
71	Der älteste deutsche Bahnhof	72
72	Erste deutsche Auslandsverbindung	73
73	Wagenklassen	74
74	Die Mindener Museumseisenbahn	75
75	Die älteste Gebirgsbahn	76
76	Vom Pazifik nach Osten	77
77	Der goldene Nagel	78
78	Der Londoner Untergrund	79
79	Westafrikas erste Eisenbahn	80
80	Die erste Diesellok	81

SUPERLATIVE: GRÖSSER UND STÄRKER 82

81	Baldwin, die Nummer 1	82
82	Borsig, die Nummer 2	83
83	Berufe bei der Eisenbahn	84
84	London and North Eastern Railway	86

85	London, Midland and Scottish Railway	87
86	Southern Railway	88
87	Die Deutsche(n) Reichsbahn(en)	89
88	Bundesbahn der Alpenrepublik	90
89	Viersprachig auf Schienen	91
90	Zweimal DB	92
91	Notationssysteme	93
92	Überall anzutreffen: Die G 10	94
93	Fast schon eine Einheitslok	95
94	Die stärkste deutsche Dampflok	96
95	Die stärkste Einrahmenlok der Welt	97
96	Die legendäre UP 844	98
97	Big Boy: die starken Jungs	99
98	Pennsylvania Station	100
99	Der größte Bahnhof der Welt	101
100	Washington Union Station	102
101	Der Ersatz für die „Big Boys"	103
102	Das Kraftpaket von Datong	104
103	Peking Westbahnhof	105
104	Bahnhof Peking	105
105	Asiens flächengrößter Bahnhof	106
106	Betriebsamster Bahnhof der Welt	107
107	Victoria Terminus Mumbai	108
108	Kraftpaket Ae 8/14 der SBB	109
109	Russisches Schwergewicht	110
110	Eisenerz-Giganten	111
111	Baujuwel in Amsterdam	112
112	Europas betriebsamster Bahnhof	113
113	Zentralbahnhof in Frankfurt	114
114	Europas größter Kopfbahnhof	115
115	Hamburg Hauptbahnhof	116
116	Miniatur Wunderland	117
117	Der Hindenburgdamm	118
118	Die Brücke der Vogelfluglinie	119
119	Allgäuer Brückenrekord	120
120	… gleich bei der Autobahn	121
121	Der neue Hauptstadtbahnhof	122
122	Das Deutsche Technikmuseum	123
123	Größtes Eisenbahnmuseum der Welt	124
124	Die Eisenbahnstadt	125

SUPERLATIVE: LÄNGER UND HÖHER ... 126

125	Die Transsib	126
126	Der längste Bahnhofsname	127
127	Höchste Eisenbahn – Zug nach Tibet	128

128	Darjeeling-Erlebnis	129
129	Nilgiri Mountain Railway	130
130	Der „Ghan" in Down Under	131
131	Ein mobiler Reichsgründer	132
132	Der Overland Limited	133
133	Die älteste Zahnradbergbahn	134
134	Lange Zeit der höchste Turm	135
135	Der Zug auf den Vesuv	136
136	Die älteste deutsche Zahnradbahn	137
137	Ein Wunder der Technik	138
138	Deutschlands längste Brücke	138
139	Zeitreise in Meiningen	139
140	Hinauf zum Brocken	140
141	DER Viadukt	141
142	DIE schiefe Ebene	141
143	Zum höchsten deutschen Bahnhof	142
144	Die steilste Bergbahn	143
145	Metro Alpin	144
146	Zu Europas höchstem Bahnhof	144
147	Weltkulturerbe 1: Albulabahn	146
148	Weltkulturerbe 2: Berninabahn	146
149	Die Furka-Bergstrecke	147
150	Der längste Tunnel der Welt	148
151	Die Trisanna-Brücke	149
152	Der Arlbergtunnel	149
153	Einst der längste Tunnel der Welt	150
154	Die Wallfahrtsbahn	151
155	Die beiden Severn-Tunnel	152
156	Unter dem Ärmelkanal	152
157	Straßenbahn entlang der Küste	153

SUPERLATIVE: MEHR UND BESSER 107

158	Killingworth-Lokomotiven	154
159	Das erste Eisenbahn-WC	154
160	Eine preußische Legende	155
161	Eine andere preußische Legende	156
162	Eine österreichische Legende	157
163	Eisenbahn in Lužná u Rakovníka	158
164	Eisenbahnmuseum St. Petersburg	158
165	Der große Meister	159
166	Die großen Dampflokbauer	159
167	Meistgebaute deutsche Dampflok	160
168	Meistgebaute Dampflok der Welt	161
169	Die meistgebaute Diesellok	162
170	Multiples Bahnerlebnis	163

Die Rhätische Bahn hält für die Berninabahn offene Aussichtswagen vor. *Rhätische Bahn/Peter Fuchs*

171	Die längsten Güterzüge	164
172	Allzweckwaffe Familie V 160	165
173	Der EuroSprinter	165
174	Eisenbahnsignale	166
175	Stellwerke im Wandel der Zeit	167
176	Elektronische Stellwerke	168
177	LZB-Sicherheitstechnik	168
178	Der Durchgangswagen	169
179	„Donnerbüchsen"	170
180	„Silberlinge"	171
181	Eurofima-Wagen	172

SCHLAUE KÖPFE, ENORME FORTSCHRITTE 173

182	Matthew Murray	173
183	John Stephenson	173
184	Isaac Dodds	174
185	Der „Victory"	174
186	Krupps nahtlose Radreifen	175
187	Die Bauart Shay	175
188	Heusingers Idee war schon mal da	176
189	Die Scharfenberg-Kupplung	176
190	Die Eisenbahnzeit	177
191	Der Saddle-Tank	178
192	Die Malletlok	179

193	Die Garrattlok	180
194	Karl Gölsdorf	181
195	Joseph Anton Maffei	181
196	Die Einheitsloks der Reichsbahn	182
197	Chapelons 242 A1	183
198	Der Giesl-Ejektor	184
199	Franco-Crosti-Loks	185
200	Dampfspeicherloks	186
201	Die erste Elektrolok der Welt	187
202	Werner von Siemens	188
203	Frank Julian Sprague	189
204	Leo Daft und die Elektroloks	189
205	Die älteste Wechselstromlok	190
206	Zugfunk	191
207	Akkutriebwagen Wittfeld	191
208	Schienenbusse	192
209	Doppelstockwagen	193
210	Die Doppelbrücke von Bullay	193
211	Der Vorläufer des ICE	194
212	Die ersten Mehrsystemloks	194
213	Monorail-Bahnen	195
214	Die älteste Schwebebahn	196
215	Führerlos	197

PANNEN, UNGLÜCKE UND KRIEGE ... 198

216	Die ersten Unfallopfer	198
217	Eisenbahnunfälle 1842 bis 1901	198
218	1842: Die Tragödie von Meudon	199
219	1871: Brückeneinsturz bei Bangor	200
220	1876: Der Horror von Ashtabula	200
221	1879: Die Brück' am Tay	201
222	Anna Kareninas Ende	201
223	1939: Der schlimmste Tag in Genthin	202
224	1998: ICE-Unfall bei Eschede	202
225	1895: Gare Montparnasse	204
226	Der Transrapid	205
227	Der ICE TD	206
228	Sänk juh for träweling	207
229	Das Pendolino-Desaster	208
230	Das Schienen-U-Boot	209
231	„Stalins letzte Rache"	210
232	Der Siebenkuppler AA20-1	211
233	Der Schienen-Bugatti	211
234	Der amerikanische Bürgerkrieg	213
235	Herman Haupt	213

236	Lincolns letzte Zugfahrt	214
237	Die Eisenbahn gewinnt den Krieg	215
238	Burenkrieg und Eisenbahn	215
239	Mit 32.000 Zügen an die Front	216
240	Mit der Feldbahn an die Front	217
241	Die Ludendorff-Brücke	218
242	Doktor Schiwago	218
243	Der Waffenstillstands-Wagen	219
244	Eisenbahngeschütze	220
245	Eisenbahn im Zweiten Weltkrieg	221
246	Wehrmachtslok V 36	221
247	Das große Verbrechen	222
248	„Schindlers Liste"	223
249	Der Schienenwolf	224
250	„Die Brücke am Kwai"	225

GELUNGENER UND SCHÖNER ... 226

251	Der Glacier Express	227
252	Der Landwasser-Viadukt	227
253	Der „Gläserne Zug"	228
254	Mythos Orient-Express	229
255	Der Pariser Ostbahnhof	230
256	Der Harry-Potter-Zug	231
257	„Maharadjas' Express"	232
258	Die älteste betriebsfähige Lok	233
259	Der „Blue Train"	233
260	Der „Royal Canadian Pacific"	234
261	Historische Züge der FS	235
262	Gare do Oriente, Lissabon	236
263	St Pancras International, London	237
264	Victoria Station, London	237
265	Zeitreise in Beamish	238
266	Die South Devon Railway	239
267	Eisenbahn auf der Isle of Man	239
268	Der lange TGV Atlantique	240
269	Die „Kathedrale der modernen Zeit"	240
270	Die längste Kunstausstellung	241
271	Eisenbahn in der Malerei	242
272	Schiele, der Eisenbahnersohn	243
273	Eisenbahn in Liedern	244
274	„Chattanooga Choo Choo"	246
275	Eisenbahnkenner Dvořák	246
276	Plandampf in Wolsztyn	247
277	Drei Bahnhöfe	248
278	Bahnhof mit Dunstabzug	248

Diese 1920 von ALCO gebaute Lok hat eine Reihe Pullman-Wagen am Haken. *Jeff Schultes/Fotolia.de*

279	Union Station in Chicago	249
280	Der Tehachapi Loop	249
281	Der Speisewagen	250
282	Pullmanwagen	251
283	Laurel und Hardy im Zug	251
284	Schienenverkehr auf Mallorca	252
285	Der „Molli"	252
286	Eisenbahn im Zillertal	253
287	Der „Salamander"	253
288	Romantischer Mittelrhein	254
289	Die Hohenzollernbrücke	254
290	„Schwarze Schwäne" auf Schienen	255
291	Die heute schnellste Dampflok	255
292	Krokodile aus Eisen	256
293	Die legendäre V 200	257
294	Insel-Bahnhof Lindau	258

KURIOSER UND SPASSIGER ... 275

295	Pferdebahn mal anders	259
296	Beweis des Doppler-Effekts	259
297	Der Schienensegler	260
298	Die Amphibienlok von Evans	260
299	Eisenbahn als Lebensretter	261
300	Licht im Zug	261

301	Doppelstock-Containerzüge	262
302	Der „Culemeyer"	262
303	Der Great-Salt-Lake-Fahrdamm	263
304	Die Galveston-Brücke	263
305	Durango & Silverton	264
306	Cumbres & Toltec Scenic Railroad	265
307	Die Hobos	266
308	Eisenbahn in Western	266
309	„Der General"	268
310	Karl May und die Eisenbahn	269
311	Der Georgetown Loop	270
312	Konkurrenz auf der Rigi	271
313	Drei Anbieter, eine Freude	272
314	Der Schweizer Dampfpark	273
315	Die Liliputbahn in Kent	274
316	Kinder als Eisenbahner	275
317	Thomas, die kleine Lok	275
318	Der „Ameisenbär"	276
319	Wo Sherlock Holmes starb	277
320	Krimi im Zug	277
321	Richard Wagners Sonderzüge	278
322	Hofzug Ludwigs II.	279
323	Der plombierte Zug	280
324	Die Diesellok der Queen	281
325	Maria als Namensgeberin	281
326	Don Camillos kleine Welt	282
327	Die „Tornado"	283
328	Die chinesische QJ-Klasse	284
329	Jim Knopf und Lukas	285
330	Trendsportart Draisinenfahrt	286
331	Der Ring der Eisenbahner	286
332	Die Tram ins Stubaital	287
333	Der Weltmeisterzug	287

IMPRESSUM 288

01 Rennen von Rainhill

Nach der erfolgreichen Eröffnung der Eisenbahn zwischen Stockton und Darlington am 27. September 1825 wollte man in vielen anderen Regionen Großbritanniens ebenfalls eine Eisenbahn haben. Zu den ersten, die ihre Planungen umsetzten, gehörte die Eisenbahngesellschaft Liverpool & Manchester Railway. Um eine geeignete Lokomotive zu finden, hatte man ein einfaches, aber spektakuläres Mittel ersonnen: ein Wettrennen. Der Sieger sollte 500 Pfund Sterling erhalten und wahrscheinlich die Loks für die neue Eisenbahngesellschaft liefern dürfen.

Am 6. Oktober 1829, einem Dienstag, begann bei Rainhill der Wettbewerb, der alles andere als ein Rennen war und der sich über sechs Tage hinzog. Unerbittlich wurden die Loks auf Herz und Nieren geprüft. Es galt, mehrere Aufgaben zu erfüllen. Dabei ging es um Geschwindigkeit, Zugkraft und Zuverlässigkeit.

Die Teilnehmer beim Rennen von Rainhill
„Cycloped" von Thomas Shaw Brandreth
„Perseverance" von Timothy Burstall
„Novelty" von John Braithwaite und John Ericsson
„Sans Pareil" von Timothy Hackworth
„Rocket" von George und Robert Stephenson

Von den ursprünglich zehn gemeldeten Teilnehmern zogen sich fünf bereits vor dem Startschuss zurück. Die verbleibenden fünf Maschinen boten die verschiedensten Konstruktionen auf. Die „Cycloped" von Thomas Shaw Brandreth (siehe S. 259) wurde nicht mit einer Dampfmaschine angetrieben, sondern durch ein Pferd, das auf einem tretmühlenartigen Laufband das Vehikel in Bewegung versetzte. Die „Perseverance" von Timothy Burstall zeichnete sich durch einen vertikalen Kessel aus. John Braithwaite und der Schwede John Ericsson schickten ihre „Novelty" ins Rennen. Die erste Tenderlok der Welt war die leichteste und sparsamste Maschine im Feld. Timothy Hackworth (siehe S. 55) trat mit seiner „Sans Pareil" an. Der Name ist französisch und bedeutet „Ohnegleichen" oder „Unvergleichlich". Das Feld komplettierte die „Rocket". Sie ist sicherlich die berühmteste der frühen Lokomotiven. Die „Rocket" (siehe S. 60) von Vater und Sohn Stephenson hatte erstmals einen Flammenrohrkessel mit Blasrohr.

Als erstes fiel die „Cycloped" von Brandreth aus. Das eingesetzte Pferd

Von der „Novelty" existiert ein Nachbau. Ein Schaumodell in einem Museum in Manchester besitzt Teile des Originals. *Jürgen Heegmann/C.C. 4.0*

(manche Quellen sprechen auch von zwei Tieren) soll durch den Boden gekracht sein. Die bisher gezeigten Leistungen hatten ohnehin gezeigt, dass Pferde mit Dampfloks keinesfalls mithalten konnten.

Bereits vor Rennbeginn hatte die „Perseverance" von Timothy Burstall einen Defekt, der aber behoben werden konnte, so dass die Lok am letzten Tag noch fuhr – wenn auch nicht gerade erfolgreich. Das Rennen entschied sich zwischen den drei Loks „Novelty", „Sans Pareil" und „Rocket". Sieger wurde die Stephenson-Lok, die als einzige die Strecke ohne Defekte bewältigen konnte. Die höchste Geschwindigkeit aber hatte mit rund 45 km/h die „Novelty" erzielt. Sie musste jedoch nach mehreren Defekten unter anderem am Kessel aufgeben.

Bei der „Sans Pareil" explodierte ein Zylinder und sie musste aufgeben, im Bild ein Nachbau. *Jim Daly*

Die Strecke Manchester–Liverpool wurde zur ersten richtigen Dampfeisenbahn mit festem Fahrplan, Passagierverkehr und mehreren Haltepunkten.

Eisenbahnkrankheiten

02

Der irische Eisenbahnkritiker Dionysius Lardner (1793–1859), ein Mathematiker und Physiker, hatte einmal die Unfallursachen der britischen Eisenbahn mitgezählt. Dabei kam er auf folgendes: 56 % Zusammenstöße, 18 % Achs- und Radbrüche, 14 % Schienenbrüche, 5 % falsche Signale, 3 % Behinderungen, 3 % Tiere auf der Strecke und nur 1 % Kesselexplosionen. Lardner war ein Intimfeind von Isambard Brunel (siehe S. 65) von der Great Western (siehe S. 64). Lardner fällte ein hartes Urteil über den Schienenschnellverkehr: „Das Reisen mit der Eisenbahn bei hohen Geschwindigkeiten ist nicht möglich, da Passagiere nicht in der Lage wären, zu atmen, und erstickten." Um 1860 kam der Begriff der Eisenbahnkrankheit auf. Betroffen waren Menschen, die häufig oder länger mit der Eisenbahn fuhren. Erschöpfung, Zittern, Reizbarkeit oder Verdauungsstörungen wurden als die Symptome festgestellt.

Dionysius Lardner nach Thomas Bridgford. *Slg. M. Dörflinger*

Inwieweit sie psychosomatisch waren oder auf die schlechte Federung der Wagen zurückgeführt werden müssen, bleibt allerdings offen.

03 Die Crampton-Loks

No. 187 der französischen EST. *Slg. Michael Dörflinger*

Nachdem sich die Eisenbahn als neues Fortbewegungsmittel etabliert hatte, richteten viele Bahngesellschaften ihren Ehrgeiz darauf, möglichst schnell ans Ziel zu gelangen. Die Ingenieure hatten erkannt, dass man mit größeren Treibrädern höhere Geschwindigkeiten erzielen konnte. Einen Höhepunkt stellten die bis zu zweieinhalb Meter Durchmesser der Crampton-Lok dar. Thomas Russell Crampton war 1843 bei der Great Western Railway beschäftigt, als er einen neuen Loktyp entwickelte, der sich durch zwei riesige Treibräder, einen niedrigen Schwerpunkt und einen langen Schornstein auszeichnete. Das nach ihm benannte Schienenfahrzeug wurde besonders in Frankreich sehr geschätzt. Kaiser Napoleon III. schlug Crampton sogar zum Ritter. Auch in Deutschland und Italien wurden einige Crampton-Loks eingesetzt. Die Maschinen erreichten die für damalige Verhältnisse unglaubliche Höchstgeschwindigkeit von 120 km/h. Allerdings mangelte es ihnen an Zugkraft. Rund 300 Exemplare wurden von Crampton hergestellt.

04 Das größte Treibrad

No. 44 der B & E R. *Geof Sheppard Collection*

Weil man in den 1840er-Jahren erkannt hatte, dass größere Treibräder die Dampfloks schneller machten, versuchten die verschiedenen Hersteller von Lokomotiven, sich gegenseitig zu übertreffen. So wuchsen die Durchmesser immer weiter. Das Ende der Fahnenstange haben, wie allgemein angenommen wird, acht Loks der Bristol and Exeter Railway erreicht, die 1853 und 1854 in Dienst gestellt wurden. Sie hatten einen Treibraddurchmesser von 2,7 Metern, also genau neun Fuß. Stolze 132 km/h erreichten diese Schnellzugloks. James Pearson, der Konstrukteur dieser Maschinen, war der Chefingenieur der Bahngesellschaft. Die großen Treibräder hatten allerdings allerlei Nachteile; so kamen sie beim Anfahren nur schwer in Gang, außerdem zeigten sich Durchdrehen und Schlingern als Probleme. Mit dem später gewonnenen Wissen, den Kesseldruck zu erhöhen und dadurch schnellere Drehungen zu ermöglichen, reduzierten sich die Treibraddurchmesser einige Jahre später wieder.

Ein Fabelweltrekord

Im Oktober 1903 trafen sich Mitarbeiter der beiden deutschen Elektrokonzerne AEG und Siemens südlich von Berlin. Es sollte eine Sternstunde der Technikgeschichte werden. Die beiden Unternehmen hatten sich mit anderen Firmen wie Borsig, Krupp und Van der Zypen & Charlier zusammengetan und die Studiengesellschaft für Elektrische Schnellbahnen (St.E.S.) gegründet. Van der Zypen & Charlier hatte zwei Drehstrom-Elektrotriebwagen gebaut, die mit der elektrischen Ausrüstung von AEG beziehungsweise Siemens & Halske ausgestattet wurden. Auf der militärischen Versuchsstrecke zwischen Marienfelde und Zossen sollten sie erprobt werden. Man hatte den Abschnitt vorher präpariert und der Fahrdraht musste gespannt werden, damit das möglich werden konnte, was beide Parteien beabsichtigt hatten. Die Testfahrten verliefen wie gewünscht. Am 23. Oktober 1903 überbot der Siemens-Triebwagen erstmals die magische Geschwindigkeit von 200 km/h: Genau 206,7 km/h bedeuteten einen fabelhaften neuen Weltrekord! Besonders die Siemens-Leute jubelten. Doch der AEG-Triebwagen setzte noch einen drauf. Am 28. Oktober wurden bei seiner Fahrt sogar 210,2 km/h gemessen. Keine Dampflok war je auch nur annähernd in diese Regionen vorgestoßen. Die Deutschen hatten damit bewiesen, dass der Elektrotraktion die Zukunft gehörte. Doch noch ließ sich eine ommerzielle Nutzung nicht realisieren. Es sollte über 50 Jahre dauern, ehe eine französische Elektrolok diesen Geschwindigkeitsrekord übertrumpfte.

Einer der beiden Rekordhalter: Drehstrom-Schnelltriebwagen von Siemens, 1903. *Siemens*

06 Dampflokrekord der S 2/6

Knapp vier Jahre nach den Fabelweltrekorden der beiden Elektrotriebwagen von AEG und Siemens sorgte erneut ein Schienenfahrzeug aus Deutschland für Aufsehen. Vermutlich war auch die Rivalität zwischen Preußen und Bayern im Spiel, denn die Bayerische Staatsbahn wollte zur Bayerischen Jubiläums-Landes-Ausstellung, die 1906 in Nürnberg ausgerichtet wurde, eine Schnelldampflok präsentieren, die mit einer neuen Spitzengeschwindigkeit aufwarten sollte.

Bei der renommierten Firma Maffei aus München wurde in Rekordzeit eine Lok konstruiert, die diese Erwartungen erfüllte. Chefingenieur Anton Hammel kreierte eine elegante Dampflok mit sehr großen Treibrädern, die einen Durchmesser von 2,2 Metern hatten. Der aus den USA stammende Barrenrahmen war in Deutschland zwei Jahre früher erstmals bei Maffei für die S 2/5 verwendet worden. Um für die beabsichtigten Rekordfahrten den Windwiderstand möglichst klein zu halten, wurde die Lokomotive mit windschnittegen Verkleidungselementen ausgestattet. Die S 2/6 war eine Heißdampf-Verbundlok mit vier Zylindern. Sie gelangte rechtzeitig zur Ausstellung nach Nürnberg und sollte danach Tests durchführen, bei denen die Marke von 150 km/h erreicht wurde.

Am 2. Juli 1907 war es dann soweit. Lokführer Johann Zuschanko aus Augsburg und sein Heizer standen im Münchner Hauptbahnhof bereit, ihr Zug hatte ein Gewicht von 150 Tonnen, darin waren auch Messinstrumente untergebracht, denn der Rekord sollte genau protokolliert werden. Ziel war Augsburg. Die S 2/6 setzte sich in Bewegung, alle waren gespannt. Dann war das Ergebnis da: 154,2 km/h! Rekord. Zwar hatte in England kurz zuvor die „City of Truro" angeblich über 160 km/h erreicht. Gesicherte Belege dafür gibt es aber nicht. So hielt die S 2/6 bis 1936 den Rekord. Die Lok blieb ein Einzelstück und ist heute ein Höhepunkt im Nürnberger Verkehrsmuseum.

Sechs Achsen, davon waren die beiden mittleren angetrieben. In der bayerischen Nomenklatur war das ein 2/6. Das „S" im Namen steht für „Schnellzuglok". *Sammlung Michael Dörflinger*

Die bayerische S 3/6

Sonderfahrt der S 3/6 in ihrer grünen Lackierung der Länderbahnzeit. *Matthias Fischer/C.C. 2.0*

Aus den Erkenntnissen der Tests mit der bayerischen S 2/6 entwickelte Hammel im gleichen Jahr die erste in Deutschland gebaute Pacific-Lok, also eine Lok mit der Achsfolge 2'C1', für die Großherzoglich Badischen Staatseisenbahnen: die IV h. Das nächste Projekt war eine Pacific für die Königlich Bayerischen Staatseisenbahnen. Die Beschäftigten bei Maffei zeigten sich 1908 bei dieser Baureihe auf dem Höhepunkt ihres Könnens. Die neue Schnellzuglok S 3/6 mit Vierzylinder-Verbundtriebwerk und Barrenrahmen konnte dank ihrer dritten Treibachse deutlich schneller beschleunigen als die S 2/6, überdies wies sie eine deutlich höhere Zugkraft auf. Vielen gilt die S 3/6 nicht nur als eine der besten, sondern auch als eine der schönsten Dampfloks. Sie wurde noch bis 1931 gebaut, also zu einer Zeit, wo die Deutsche Reichsbahn längst ihre Einheitsloks einsetzte. 1912 wurden einige Maschinen mit größeren Treibrädern ausgestattet, was ihnen den Spitznamen „die Hochhaxigen" einbrachte. Sie sollten auf längeren Strecken in hohem Tempo fahren. Beide Varianten erhielten später bei der Reichsbahn die Baureihenbezeichnung 18[4-5]. Ab 1928 wurde der luxuriöse „Rheingold" von der S 3/6 geführt. Bis 1969 konnte auch die Bundesbahn nicht auf die zuverlässigen Loks verzichten.

Blick in einen edel ausgestatteten Wagen des Luxuszuges „Rheingold". *Helga Schmadel/Pixelio.de*

Der „Rheingold"

Die S 3/6 teilte sich mit der badischen IV h die große Ehre, den besten Zug der Reichsbahn zu führen. Zwischen dem Ärmelkanal in Hoek van Holland und der Schweiz (Basel, Luzern, Zürich) absolvierte am 15. Mai 1928 der Fernschnellzug FD „Rheingold" seine Jungfernfahrt. Extra für diesen Zug wurden von der Reichsbahn luxuriös ausgestattete Großraumwagen beschafft, die mit 23,5 Metern länger waren als die normalen Schnellzugwagen. Sie bestachen durch edles Interieur mit exquisiten Polstersitzen, alles von Künstlerhand entworfen. Aus der Bordküche wurden dem Gast am Sitzplatz ausgesprochen leckere Speisen serviert, wie man sie sonst nur in gehobenen Restaurants reichte. Zwei Wagen teilten sich eine Küche, weshalb der „Rheingold" immer mit gerader Anzahl an Reisezugwagen unterwegs war. Dazu kam der Gepäckwagen. Die Sonderlackierung war beigeviolett mit goldenen Verzierungen. Das Dach war silbergrau gehalten. 1939 wurde der „Rheingold" eingestellt, doch nach dem Zweiten Weltkrieg meldete er sich 1951 als „Rheingold-Expreß" wieder zurück. 1965 wurde die Relation ins TEE-Netz übernommen und der „Rheingold" feierte eine erneute Hochzeit als luxuriöser Schnellzug – bis zum Ende 1987.

Der Schienenzeppelin

Neben der Dampf- und der Elektrotraktion wurde um 1910 der Verbrennungsmotor für die Eisenbahnkonstrukteure eine interessante Option. In der Luftfahrt und natürlich im Automobilsektor hatte er sich bereits als unverzichtbar erwiesen. Der Flugzeugbau gab Impulse für eines der ungewöhnlichsten Schienenfahrzeuge. Seinen Traum vom schnellen Fahren wollte der Eisenbahnkonstrukeur Franz Kruckenberg mit ähnlichen Mitteln verwirklichen. Er kam auf die Idee, seinen Triebwagen von einem Propeller antreiben zu lassen. Gemeinsam mit Hermann Föttinger, einem Ingenieur und Erfinderkollegen, gründete er die Flugbahn-Gesellschaft mbH in der Absicht, ein Hochgeschwindigkeitsschienenfahrzeug zu bauen.

Am 25. September 1930 war es soweit. Die erste Testfahrt konnte unternommen werden. Der „Flugbahnwagen", wie er von den Konstrukteuren offiziell bezeichnet wurde, hatte eine Länge von 25,85 Metern. Als Antriebsquelle diente ein V12-Motor von BMW mit einem Hubraum von 46 Litern, der mit seinen 600 PS Leistung einen Heckpropeller antrieb. Wegen seines Aussehens und der unter der Verkleidung steckenden vergleichbaren konstruktiven Merkmale bekam das Fahrzeug den Spitznamen „Schienenzeppelin". Mit einer Leermasse von etwa 20 Tonnen war der Triebwagen sehr leicht.

Bei einer Testfahrt erreichte der Schienenzeppelin am 21. Juni 1931 die Rekordgeschwindigkeit von 230,2 Stundenkilometern. Trotz des Erfolgs ging der Triebwagen nicht in Serie. Er erfuhr in den folgenden Jahren mehrere Umbauten und wurde 1939 verschrottet.

Der Schienenzeppelin war ein Leuchtturmprojekt ohne kommerziellen Erfolg. Er prägte allerdings den Ruf Deutschlands als Land der Innovationen. *Sammlung Michael Dörflinger*

10 Der „Fliegende Hamburger"

Mit dem Schienenzeppelin hatte es noch nicht geklappt, doch drei Jahre später leitete ein stromlinienförmig designter und in Leichtbauweise gefertigter Triebwagen die Zeit des schnellen Personenverkehrs mit Verbrennungsmotoren in Deutschland ein. Zwischen Hamburg und Berlin brauste am 15. Mai 1933 der VT 877 a/b mit bis zu 160 km/h durch die Norddeutsche Tiefebene. Das zweiteilige, dieselelektrisch angetriebene Schienenfahrzeug war 1932 von der Waggon- und Maschinenbau AG (WUMAG) in Görlitz hergestellt und im Windkanal erprobt worden. Die Deutsche Reichsbahn verlieh dem Triebzug den griffigen Namen „Fliegender Hamburger", da es seine Aufgabe sein sollte, die Fahrzeit zwischen Hamburg und Berlin deutlich zu verkürzen. Tatsächlich schaffte es der VT 877 a/b am 19. Dezember 1932, trotz des winterlichen Wetters und Geschwindigkeitsbeschränkungen die 286 Kilometer lange Strecke zwischen dem Lehrter Bahnhof in Berlin und dem Hamburger Hauptbahnhof in 142 Minuten zurückzulegen. Dies war ein Rekord!

Angetrieben wurde der „Fliegende Hamburger" von zwei 420 PS leistenden Zwölfzylinder-Dieselmotoren von Maybach, von denen sich jeweils einer in jedem der beiden Wagen befand. Sie waren an Gleichstromgeneratoren angeschlossen, um den Strom für den elektrischen Antrieb zu liefern. Der Triebzug besaß eine Länge von 41,92 Metern und eine Leermasse von 77,4 Tonnen. Er war für eine Höchstgeschwindigkeit von 160 km/h zugelassen. Zwischen 1935 und 1938 folgten weitere Schnelltriebwagen der Bauarten „Hamburg", „Leipzig", „Köln" und „Berlin", die andere deutsche Städte verbanden.

Die Dieselschnelltriebwagen erreichten 160 km/h Spitzengeschwindigkeit. *Marco Barnebeck (Telemarco)/Pixelio.de*

IMMER SCHNELLER UNTERWEGS

Stromlinie

11

Diese Lok der Pennsylvania Railroad der Klasse T1 wurde zwischen 1942 und 1946 gebaut. *Slg. Michael Dörflinger*

Wie man sieht, hatten der Schienenzeppelin und der „Fliegende Hamburger" eine windschlüpfrige Form. Man hatte erkannt, dass niedriger Luftwiderstand die Geschwindigkeit begünstigt. Die ersten Versuche mit einer Stromlinienverkleidung fanden in den 1880er-Jahren in den USA statt. Doch bis die Stromlinienloks zum Einsatz kamen, sollten noch Jahre vergehen. Die Entwicklung in den 1930er-Jahren wurde vom Autobau bestimmt, der wiederum das Prinzip der Aerodynamik aus dem Flugzeugbau übernommen hatte. 1935 wurde mit der Baureihe 05 von Borsig eine dreizylindrige Stromlinienlok vorgestellt, die von der Reichsbahn als Höhepunkt der Ingenieurskunst vermarktet wurde. Die 05 002 stellte sogar einen Weltrekord auf (siehe S. 30). Als Fehlschlag erwiesen sich die beiden Muster der Baureihe 06 von Krupp. Sehr viel gelungener waren die Nachfolger der Schnellzuglokbaureihen 01 und 03 (01^{10} und 03^{10}), die – mit einer Stromlinienverkleidung versehen – ab 1939 ausgeliefert wurden. Im Zweiten Weltkrieg wurden die Stromlinienbleche abgenommen und nie wieder verwendet. Auch in anderen Ländern wurden Stromlinienloks gebaut. Die größten und stärksten kamen aus den USA, zum Beispiel die von Stardesigner Raymond Loewy gestalteten S1 und T1 der Pennsylvania Railroad. Siehe auch S. 31.

12 Der Schürzenwagen

Die Schürzenwagen gab es in verschiedenen Ausführungen. Dieses Bild zeigt einen Speisewagen der Mitropa in attraktiver roter Lackierung. *Sonneberg Wingolf*

Nicht nur die stromlinienförmige Form der Lokomotiven, sondern auch der Wagen begünstigte hohe Geschwindigkeiten. Mitte der 1930er-Jahre beabsichtigte die Deutsche Reichsbahn, die Geschwindigkeit der Fernzüge weiter zu erhöhen und peilte bis zu 150 km/h an. Das Erreichen dieses Ziels sollte auch durch entsprechend gestaltete Wagen erreicht werden. Im Folgenden bekam die Reichsbahn von der Waggonfabrik Wegmann sechs „gestromte" Versuchswagen geliefert. Die als „Schürzenwagen" bekannten Schienenfahrzeuge zeichneten sich durch bündig abschließende Türen und Fenster sowie eine weit über die Puffer reichende, zwischen den Drehgestellen heruntergezogene Außenhaut aus.

Nach der erfolgreichen Erprobung der ersten Schürzenwagen bestellte die Reichsbahn mehr. Am Bau beteiligten sich neben Wegmann nun auch Linke-Hofmann-Lauchhammer in Breslau, die M.A.N. in Nürnberg, die Waggonfabrik Uerdingen und andere. Neben den Personenwagen wurden auch Speise-, Gepäck-, Schlaf- und Postwagen gebaut.

Während des Zweiten Weltkriegs wurden viele der Wagen zerstört. Nach dem Krieg fanden die noch erhaltenen Schürzenwagen bei der DB, der Reichsbahn der DDR, den Österreichischen Bundesbahnen und anderen Staatsbahnen Verwendung. Mehrere Wagen sind heute als Exponate in verschiedenen Eisenbahnmuseen zu sehen.

Der Henschel-Wegmann-Zug

Am 15. Mai 1936 nahm zwischen dem Anhalter Bahnhof in Berlin und dem Hauptbahnhof von Dresden ein neuer Zug den Regelbetrieb auf. Zu seinen Besonderheiten gehörte, dass er die 180 Kilometer lange Strecke in nur 100 bis 110 Minuten ohne Zwischenhalt absolvierte. Dies war ein weiterer Vorstoß der Deutschen Reichsbahn ins Hochgeschwindigkeitszeitalter.

Die stromlinienförmig verkleidete Dampflokomotive mit der Baureihennummer 61 001 stammte von dem Kasseler Unternehmen Henschel. Von Wegmann wurden die Wagen geliefert. Deshalb sprach man vom Henschel-Wegmann-Zug.

Der Stromlinienzug war der Öffentlichkeit bereits 1935 bei der Ausstellung „100 Jahre deutsche Eisenbahnen" in Nürnberg vorgestellt worden. Bei einem Schnellfahrversuch wurde auf der Strecke Berlin–Hamburg eine Höchstgeschwindigkeit von 185 km/h erzielt. Henschel stellte 1939 noch eine zweite Lok dieser Baureihe her.

Nach dem Zweiten Weltkrieg befanden sich die Wagen bis 1962 im Dienst der Bundesbahn. Die 61 001 kam ebenfalls zur DB. Nach einem Unfall wurde sie jedoch 1952 ausgemustert und verschrottet. Die 61 002 wurde von der Reichsbahn der DDR übernommen. Seit 2002 befindet sie sich im Besitz eines Veranstalters von Eisenbahn-Events.

Mit Spitzengeschwindigkeiten und ohne Zwischenhalt verkehrte der Henschel-Wegmann-Zug zwischen Berlin und Dresden.
Sammlung Michael Dörflinger

14 Baureihe 01¹⁰

Die Schnellzuglok 01 1063 war die letzte 01¹⁰ im planmäßigen Einsatz: Das war 1975. *Rudi/Pixelio.de*

Stromlinie war der große Trend im Schnellverkehr der 1930er-Jahre. Die Reichsbahn benötigte als Nachfolger der Paradebaureihe 01 eine noch schnellere und stärkere Lok. Die Baureihe 01¹⁰ unterschied sich vor allem durch das Dreizylinder-Triebwerk und eine Vollverkleidung. Sie erreichte Geschwindigkeiten bis 150 km/h. 1939 wurde das erste Exemplar ausgeliefert. Wegen des Weltkriegs kam es nur noch zur Fertigung von 55 Exemplaren, die alle bei Schwartzkopff produziert wurden. Ab 1949 baute die Bundesbahn die Loks um, die Stromlinienverkleidung verschwand, die Kessel wurden erneuert. 34 Maschinen wurden in den 1950ern auf Ölhauptfeuerung umgebaut.

15 Pacific 231

Cover einer Einspielung des Werks. *Slg. Michael Dörflinger*

Die Baureihe 01¹⁰ war eine Pacific-Lok. Diese Bauart war damals so berühmt wie heute ein TGV oder ICE. Eisenbahnfan Arthur Honegger, ein Schweizer Komponist, der in Paris lebte, setzte diesen Dampfloks mit einer symphonischen Dichtung ein Denkmal. Die 2'C1'-Loks heißen in der amerikanischen Whyte-Notation Pacific, in Frankreich nach der Achsfolge 231. Nach diesen Bezeichnungen ist die Komposition benannt.

Am 8. Mai 1924 erlebte das Pariser Publikum die Uraufführung des rund sechs Minuten langen Stücks. In fünf Teilen beschreibt Honegger die Abfahrt, die Reise und die Ankunft einer Schnellzuglok. Honegger beschränkt sich auf klassische Orchesterinstrumente – anders als etwa sein Vorbild Erik Satie, der sieben Jahre früher ein Postschiff mit einem Nebelhorn verwendete oder eine Schreibmaschine in die Partitur aufnahm. Denn es ging ihm nicht um Lautmalerei, sondern darum, „einen visuellen Eindruck und einen physischen Genuss ins Musikalische (zu) übersetzen." Das ist ihm gelungen. Honegger wurde mit diesem Werk berühmt. „Pacific 231" zählt zu seinen meistgespielten Werken.

„Sir Nigel Gresley" 16

Die „Sir Nigel Gresley", Schwesterlok der Weltrekordhalterin „Mallard", ist noch betriebsfähig. *Jusben*

Am Wettrennen um immer schnellere Züge beteiligten sich auch die britischen Eisenbahngesellschaften mit ihren verkleideten Pacifics. Eine herausragende Rolle spielte die Klasse A4 der London and North Eastern Railway (LNER), die von dem Eisenbahningenieur Nigel Gresley konstruiert wurde.

Eigentlich sollte die vorgestellte Lok den Namen „Bittern" erhalten. Aber ein Eisenbahn-Begeisterter der Gesellschaft hatte bemerkt, dass es sich um die hundertste von Gresley stammende Pacific-Lok handelte. Es war nur naheliegend, sie nach dem bedeutenden Ingenieur zu benennen. Die „Sir Nigel Gresley" kam zwar schon 1937 mit der Nummer 4498 bei der LNER zum Einsatz. Den Geschwindigkeitsrekord, für den sie bekannt wurde, erzielte sie aber erst am 23. Mai 1959. Es handelte sich um den Rekord für Dampflokomotiven der Nachkriegszeit, der 180 km/h (112 Meilen pro Stunde) betrug.

Nach der Verstaatlichung und Vereinigung der britischen Eisenbahngesellschaften unter einem Hut fuhr die „Sir Nigel Gresley" unter der Betriebsnummer 60007 für British Railways. Sie wurde am 1. Februar 1966 ausgemustert. Seitdem verrichtete die berühmte Maschine ihren Dienst bei verschiedenen Museumsbahnen. Seit 2015 wird sie im National Railway Museum in York überholt.

Rekordlok 05 002

Verabschiedung der 05 002 im Hbf Hamburg bei schlechtem Wetter. *Archiv GeraMond*

Die Reichsbahn hatte mit ihren Schnellzugdampfloks einen hervorragenden Ruf. Der Schienenzeppelin hatte in Sachen Aerodynamik neue Maßstäbe gesetzt. Beide Vorteile vereinigten sich bei der 1935 vorgestellten dunkelrot lackierten 05 001 und ihrer Schwesterlok 05 002, die von der Firma Borsig gebaut wurden. Diese Dreizylinderloks läuteten in Deutschland die Ära der Stromliniendampfloks ein. Eine Blechverkleidung verhüllte die komplette Lok, die als Dreikuppler je zwei Laufachsen vorn und hinten besaß. Eigentlich waren die Loks der Baureihe 05 nur für 175 km/h zugelassen, doch angesichts der anstehenden Olympischen Spiele in Berlin ab August 1936 wollte das NS-Regime die Weltöffentlichkeit beeindrucken.

Am 11. Mai 1936 war es so weit. Der Stromlinienlok 05 002 gelang es, die magische Grenze von 200 km/h zu durchbrechen. 200,4 km/h waren es am Ende: neuer Weltrekord. Damit war die alte Bestmarke der S 2/6 nicht nur überboten worden, sondern förmlich pulverisiert. Doch dann verschwanden die Loks im grauen Einerlei des Regelbetriebs. Nach dem Zweiten Weltkrieg wurden die Stromlinienverkleidungen entfernt. Die 05er wurden noch bis 1958 eingesetzt. 05 001 steht heute im Nürnberger Verkehrsmuseum.

Der Rekord für die Ewigkeit 18

Der Rekord der 05 002 ließ die Engländer und vor allem Sir Nigel Gresley von der London and North Eastern Railway (LNER) nicht ruhen. Mit einer speziell für die Rekordfahrt umgebauten A4-Stromlinienlok holte die Bahngesellschaft den Geschwindigkeitsweltrekord nach Großbritannien. LNER Class A4 Nr. 4468 mit dem seltsamen Namen „Mallard" (Stockente) wurde am 3. Juli 1938 für ihre große Fahrt angeheizt. Mit einem 244 Tonnen schweren Zug am Haken jagte die „Mallard" mit Höchstgeschwindigkeit durchs Land. Das Aufzeichnungsgerät hatte eine Spitzengeschwindigkeit von 201,2 km/h gemessen. Einmal sogar lag der Wert bei 202,8 km/h. Das war ein offizieller Weltrekord und er gilt noch heute, auch wenn eine amerikanische Class S 1945 angeblich 208 km/h und mehr gefahren sein soll, allerdings fehlt dafür ein Beleg. Die Briten hatten sich auf den Weltrekord akribisch vorbereitet. Die Lok war stark modifiziert worden und die Verantwortlichen hatten sich eine leicht abschüssige Strecke ausgesucht.

Die Weltrekordlokomotive kann man heute im National Railway Museum in York besichtigen. Ihre blaue Stromlinienverkleidung macht die Maschine zu einem echten Hingucker. Bis heute hat es keine Dampflok mehr geschafft, diese Geschwindigkeit zu erreichen. Angesichts der teuren Vorbereitung, die ein solcher Rekord erfordert, bleibt der Rekord wohl für immer bestehen.

„Mallard", die schnellste Dampflok der Welt – heute ist sie nicht mehr fahrtüchtig. *Dudva/C.C. 2.0*

Trans-Europ-Express

Nach dem Zweiten Weltkrieg hatten die Europäer endlich begriffen, dass man nur friedlich zusammenleben konnte. Von der europäischen Einigung wurde nicht nur die Montanindustrie erfasst, auch kulturell fanden die Nationen zusammen. Und zum grenzüberschreitenden Austausch gehörte eine gute Verkehrsanbindung. Am 2. Juni 1957 erlebte die Eisenbahn eine Sternstunde, als der Trans-Europ-Express seinen Verkehr aufnahm. Die Bahngesellschaften von Deutschland, Frankreich, Italien, Belgien, der Niederlande, Luxemburgs und der Schweiz hatten ein gemeinsames Projekt gestartet: einen Dieselzugschnellverkehr zwischen wichtigen europäischen Großstädten. Die Züge waren reservierungspflichtig und es gab nur eine Klasse. Die Bundesbahn beschaffte für diese hochwertigen Züge den Dieseltriebwagen VT 11^5, die spätere Baureihe 601. 19 Triebköpfe wurden von MAN, Linke-Hofmann-Busch und Wegmann hergestellt. Die ersten von dem VT 11^5 gefahrenen internationalen Verbindungen waren von Frankfurt am Main nach Amsterdam, von Dortmund nach Ostende, von Hamburg-Altona nach Zürich und von Dortmund nach Paris. Mit der Einführung des Intercity endete die Glanzzeit des TEE.

Triebwagen VT 11^5, die TEE-Legende. Anstelle des DB-Logos stand damals „TEE". *khv24/pixelio.de*

Trans Europa Express

Cover der deutschen LP. *Sammlung Michael Dörflinger*

Es war im Jahr 1977 – der TEE war weiterhin der beste europäische Zug und er machte auch Halt in Düsseldorf, wo die Avantgarde-Band Kraftwerk zu Hause war. In diesem Jahr brachte die Gruppe das Album „Trans Europa Express" heraus, das es auch auf Englisch gesungen gab: „Trans-Europe Express". Der Bogen spannte sich von „Schaufensterpuppen" zu „Franz Schubert" und mittendrin der TEE, wenn auch in falscher Schreibung. Für Kraftwerk ist der TEE eine schnelle Verbindung in die Welt, womit man unkompliziert andere Menschen treffen kann. Die Band war stets begeistert von moderner Technik und Verkehrsmitteln, man denke nur an den legendären Titel „Autobahn".

Baureihe 175 der Reichsbahn

Als die Antwort des Ostens auf den Trans-Europ-Express oder auch als „DDR-ICE" galt der Schnelltriebwagen VT 18[16] der DDR-Reichsbahn. Obwohl der Eiserne Vorhang Europa spaltete, wollte man auch in der DDR einen Schnellzug für den internationalen Einsatz anbieten. Die Planer entschieden sich für Dieseltriebzüge, die als Baureihe VT 18[16] (später Baureihe 175) in das rollende Material der Deutschen Reichsbahn eingereiht werden sollten. Für die Herstellung war der VEB Waggonbau Görlitz zuständig. Insgesamt wurden zehn dieser dieselhydraulischen Schnelltriebzüge hergestellt. Die Motorleistung lag anfangs bei 662 kW (900 PS) je Triebkopf. Später wurde sie auf 736 kW (1.000 PS) erhöht. Im Einsatz waren die

Von 1965 bis 1984 im Einsatz. *Christoph-S./Pixelio.de*

Züge bis zu 160 km/h schnell. Unter so klangvollen Namen wie Neptun, Vindobona, Berlinaren, Karlex und Karola fuhren sie bis nach Kopenhagen, Wien, Prag, Malmö in Schweden und Karlovy Vary (Karlsbad) in der Tschechoslowakei. Allerdings war der grenzüberschreitende Verkehr mit diesen Zügen in den Westen vor allem Diplomaten, Skandinaviern und Westberlinern vorbehalten.

Geschwindigkeitsrekord der 103

Im Jahr 1961 erteilte die Bundesbahn den Auftrag zur Entwicklung einer Elektrolokomotive für den Reiseschnellverkehr. Sie sollte eine Nettoleistung von 5.000 Kilowatt und eine Höchstgeschwindigkeit von 200 Stundenkilometern erbringen. Vier Jahre später wurden von Henschel und Siemens-Schuckert vier Vorserienexemplare der neuen Baureihe E 03, später 103, ausgeliefert. Anlässlich der Internationalen Verkehrsausstellung in München erreichten sie auf der Strecke Augsburg–München 200 km/h. Die Serienproduktion begann 1970. Die 103 wurde zum Flaggschiff der Deutschen Bundesbahn. 1973 wurden Versuche angestellt, denn man wollte zeigen, was die bei ihrer Indienststellung stärkste einteilige Lok der Welt alles auf dem Kasten hat. 103 118 wurde mit einer speziellen Getriebeübersetzung versehen und absolvierte am 12. September 1973 auf einer Schnellfahr-Versuchsstrecke zwischen Gütersloh und Neubeckum eine Fahrt, auf der sie 252,9 km/h erreichte. Am 14. Juni 1985 erzielte 103 003 mit 283 km/h einen deutschen Geschwindigkeitsrekord.

103 003 und 103 118 wurden leider verschrottet, doch ihre Schwesterlok 103 113 kann man heute im Koblenzer DB-Museum bewundern. *thofi2/fotolia.de*

IMMER SCHNELLER UNTERWEGS

„Donald Duck"

In den Farben der Lufthansa verkehrten die Züge der Baureihe 403/404 ab dem 28. März 1982 zwischen den Flughäfen Düsseldorf und Frankfurt am Main. *Manfred Kopka C.C. 4.0*

Zu den Raritäten der deutschen Eisenbahn gehörte eine Baureihe, die unter den Spitznamen „Donald Duck" oder „Weißer Hai" bekannt werden sollte. Als Alternative zum lokbespannten Zug gab die Deutsche Bundesbahn 1970 die Entwicklung von drei Prototypen eines Triebzugs für den Schnellverkehr in Auftrag. An der Arbeit beteiligt waren mehrere Unternehmen: Linke-Hofmann-Busch (LHB), Messerschmitt-Bölkow-Blohm (MBB) und die M.A.N. für den mechanischen Teil sowie Siemens, Brown-Boveri & Cie. (BBC) und die AEG für den elektrischen Teil. Die Endfertigung der Triebwagenzüge übernahm LHB.

1973 erfolgte die Auslieferung der drei Einheiten. Die Bundesbahn stellte sie als Baureihen 403 und 404 in Dienst. Die Baureihe 403 bestand aus den Triebwagen, während die 404 für die angetriebenen Mittelwagen stand. Sie traten ihren Intercity-Dienst mit dem Winterfahrplan 1974/75 an. Besonders auffällig war die Front der Triebwagen, die an einen Entenschnabel oder ein Haifischmaul erinnerte, wodurch die Spitznamen entstanden. In technischer Hinsicht zeichneten sich die Maschinen durch ihre Neigetechnik aus, die allerdings nur eine Neigung von höchstens zwei Grad ermöglichte. Für manche Zugreisende war dies zu viel. Wegen Klagen über Übelkeit wurde diese Technik im Regelbetrieb abgeschaltet. Nach ihrer Ausmusterung aus dem Intercity-Betrieb wurden die Triebwagen für verschiedene andere Aufgaben eingesetzt, zum Schluss als Lufthansa-Airport-Express in weiß-gelber Farbe.

24 Hochgeschwindigkeitsverkehr

8. Mai 2009: Bei Testfahrten auf der Strecke St. Petersburg–Moskau hat der Velaro RUS, in Russland „Sapsan" genannt, mit 281 km/h einen nationalen Geschwindigkeitsrekord aufgestellt. *Siemens*

Wegen des wachsenden Autoverkehrs und sinkender Flugpreise verlor die Eisenbahn seit den 1960er-Jahren an Reiz. Wenn die Bahn mithalten wollte, musste sie schneller werden. Die Hochgeschwindigkeitszüge waren ein entscheidender Faktor, um die Attraktivität des Reisens auf der Schiene zu erhöhen. Schnellzüge wie der TEE oder der Intercity waren nicht mehr konkurrenzfähig. So ging man daran, neue Strecken zu planen, auf denen ein besonders schnelles Fahren möglich wurde. Japan war das erste Land, das ein Hochgeschwindigkeitsnetz ausbaute. Kurz vor Beginn der Olympischen Sommerspiele in Tokio eröffnete die japanische Staatsbahn eine 515,4 Kilometer lange Strecke zwischen Tokio und Osaka. Die Bezeichnung, die sich für die Züge durchsetzte, war Shinkansen, was eigentlich „neue Hauptstrecke" bedeutet. Die frühesten Versuche mit Hochgeschwindigkeitszügen waren in Westeuropa unternommen worden. Mit dem TGV und dem ICE gingen Frankreich und Deutschland an den Start. Der Shinkansen verlor seine Auszeichnung als schnellster Zug der Welt am 26. Februar 1981, als ein TGV eine Geschwindigkeit von 380,4 km/h erreichte. Damit war das Wettrennen um den schnellsten Zug eröffnet. Die Rekorde purzelten, wie wir auf den nächsten Seiten sehen werden.

Der Rekord des ICE

Nach dem Geschwindigkeitsrekord, den der TGV im Jahr 1981 aufgestellt hatte, sollte es einige Zeit dauern, bis die Bundesbahn in den Wettstreit um die höchste Geschwindigkeit eingreifen konnte. Voraussetzung dafür war eine geeignete Strecke, auf der solche Tempi möglich waren. 1988 konnte die zwischen Würzburg und Hannover projektierte Neubaustrecke, die Würzburg über Fulda, Kassel und Göttingen mit Hannover verbindet, in längeren Abschnitten eröffnet werden.

Am 1. Mai 1988 – bis zur Fertigstellung der gesamten Strecke sollte es noch fast drei Jahre dauern – raste der InterCityExperimental, aus dem dann der ICE entstehen sollte, zwischen Würzburg und Mottgers südlich von Fulda zu einem neuen Geschwindigkeitsweltrekord. 406,9 km/h zeigten die Messgeräte an. Der InterCityExperimental war bereits 1985 auf die Schienen gesetzt worden, doch ein Unfall verzögerte den Rekordversuch. Mit dieser eindrucksvollen Demonstration war der Durchbruch für den Hochgeschwindigkeits-Schienenverkehr in Deutschland gelungen, die Erfolgsgeschichte des ICE begann. Noch heute ist diese Marke deutscher Rekord. Die beiden Triebköpfe stehen in Minden und im Deutschen Museum.

Die Rekordstrecke verläuft durch das Sinntal. Hier verlässt ein ICE den zwei Kilometer langen Sinnbergtunnel.
Michael Dörflinger (kleines Bild), J. Braukmann Milseburg C.C.3.0 (großes Bild)

26 Mit dem ICE 1 in eine neue Ära

Mit dem ICE 1, der ersten ICE-Generation, brach das Hochgeschwindigkeitszeitalter in Deutschland an.

M. Bienick/Creative Commons

Sechs Unternehmen hatten an diesem Weltrekordzug mitgewirkt, der am 31. Juli 1985 an die Bundesbahn übergeben wurde. Er war dazu vorgesehen, den Hochgeschwindigkeitsverkehr auf den Schienen der Bundesbahn zu erproben. Seine Bezeichnung lautete dementsprechend auch: „InterCityExperimental" oder kurz „ICE-V", wobei das V für „Versuch" stand. Bereits kurz nach seiner offiziellen Vorstellung erzielte der ICE-V eine Höchstgeschwindigkeit von 317 km/h, ein Rekord auf deutschen Schienen. Der Hochgeschwindigkeitszug stellte später sogar noch diesen Wert in den Schatten, nämlich mit 345 km/h am 17. November 1986 und wie gesehen am 1. Mai 1988 mit 406,9 km/h.

Nach der erfolgreichen Erprobung des ICE-V begann 1988 die Serienfertigung. Bereits im folgenden Jahr wurden die ersten Exemplare ausgeliefert, wobei die Triebköpfe als Baureihe 401 in den Dienst der Deutschen Bundesbahn gestellt wurden. Die Zwischenwagen bildeten die Baureihen 801 bis 804. Die Bezeichnung ICE wurde beibehalten. Aber sie stand nun für „Intercity-Express".

27 TGV: Frankreichs Aushängeschild

Der TGV Sud-Est der ersten Generation, Rekordzug in orangefarbener Lackierung. *Joost J. Bakker/C.C. 2.0*

Die SNCF begann 1972 mit Testfahrten des TGV 001. Die Abkürzung TGV stand für „Train à grande vitesse" (Hochgeschwindigkeitszug). Dieser Zug bestand aus zwei Triebköpfen und drei Mittelwagen. Noch im gleichen Jahr erzielte der TGV zwischen den Städten Hendaye und Bordeaux eine Höchstgeschwindigkeit von 318 km/h.

Der Versuchszug besaß noch eine Gasturbine, die Generatoren antrieb, die wiederum Motoren mit Gleichstrom versorgten. Aber bei den TGV-Zügen, die 1978 für die Neubaustrecke zwischen Paris und Lyon neu ausgeliefert wurden, setzte man auf die Elektrotraktion, das heißt, die Stromversorgung erfolgte über Oberleitungen. Am 26. Februar 1981 erreichte einer der Züge eine maximale Geschwindigkeit von 380,4 km/h und war damit schneller als der Shinkansen. Weitere Rekorde folgten.

Mit dem Eurostar durch den Tunnel

Mit dem Eurostar kann man in weniger als drei Stunden von London nach Paris reisen. Bis zu 19 Züge verkehren täglich zwischen den beiden Metropolen. *Erich Westendarp/Pixelio.de*

Nach fast sechsjähriger Bauzeit erfüllte sich 1994 ein Jahrhunderte alter Traum: durch einen Tunnel von Kontinentaleuropa nach England zu gelangen. Mit der Eröffnung des 50 Kilometer langen Eurotunnels unter dem Ärmelkanal am 6. Mai 1994 durch Königin Elizabeth II. und den französischen Präsidenten François Mitterrand war es zum ersten Mal möglich, mit dem Zug direkt zwischen Paris und London zu verkehren. Für den Eisenbahnbetrieb war die Eurostar Group zuständig (heute Getlink). Alstom wurde die Entwicklung des Hochgeschwindigkeitszuges Eurostar, der auf dem TGV basierte, übertragen. Allerdings mussten für den Verkehr zwischen dem Kontinent und der britischen Insel zahlreiche Anpassungen vorgenommen werden. Der Eurostar ist beispielsweise etwas schmaler als der TGV und hat seitliche Stromabnehmer für das englische Stromschienensystem. Der Zug fährt teilweise mit 18 Mittelwagen und kann eine Länge von 393 Metern aufweisen. Damit war er anfangs der längste Hochgeschwindigkeitszug der Welt.

Seit 2015 gibt es eine moderne Version des Eurostar mit der Bezeichnung e320 beziehungsweise British-Rail-Klasse 374. Dieser Zug basiert nicht mehr auf dem TGV, sondern auf dem Siemens Velaro. Der e320 ist knapp 400 Meter lang und besteht aus zwei End- sowie 14 Mittelwagen. Die Höchstgeschwindigkeit kann 320 km/h betragen.

Der High Speed Train

Ein Intercity 125 auf der Fahrt durch die englische Stadt Bath. Seit der Aufspaltung von British Rail fahren die Hochgeschwindigkeitszüge für andere Eisenbahngesellschaften. *Matt Buck/ C.C. 2.0*

Hochgeschwindigkeitsverkehr war bei der Eröffnung des Kanaltunnels in Großbritannien nichts Neues. Bereits seit Ende der 1960er-Jahre arbeitete British Rail an Plänen für die Einführung eines Hochgeschwindigkeitszuges, „Advanced Passenger Train" (APT). Nach zahlreichen Testfahrten erzielte der erste APT am 10. August 1975 mit einer Geschwindigkeit von 245 km/h einen Rekord. Nach zahlreichen Verzögerungen durch technische Pannen und Streiks konnte der APT schließlich Ende 1981 den Plandienst antreten, der jedoch am dritten Tag wegen technischer Probleme schon wieder ein Ende nahm.

Bereits 1970 hatte aber British Rail den Startschuss für die Entwicklung eines anderen Hochgeschwindigkeitszuges gegeben. Während der erste APT mit Gasturbinen ausgestattet war und spätere Exemplare mit elektrischem Antrieb liefen, setzte man diesmal auf die bewährte Dieseltraktion. Wieder gab es Verzögerungen wegen Streiks. Aber 1973 konnten die ersten Versuchsfahrten des HST (High Speed Train) unternommen werden. Der Zug stellte mit 230 km/h einen Geschwindigkeitsrekord für Diesellokomotiven auf.

Die Serienproduktion des HST begann Ende 1975. Der planmäßige Einsatz erfolgte als „InterCity 125", in Anspielung auf die 125 Meilen pro Stunde (201 km/h), die erreicht werden sollten. Jeder dieser Züge setzte sich aus zwei Triebköpfen, die zur British-Rail-Klasse 43 zählten, und acht Mittelwagen zusammen. Bis 1982 entstanden im Werk Crewe der British Rail 95 HST-Züge.

Der Thalys

Nach der Verbindung mit Großbritannien rückte Belgien ins Visier der Franzosen. Der erste Thalys nach Brüssel verließ Paris am 4. Juni 1996. Er benötigte damals noch zwei Stunden und sieben Minuten, und vier Stunden und 47 Minuten bis Amsterdam. Heute können die 313,3 Kilometer zwischen Paris und Brüssel in nur 82 Minuten zurückgelegt werden. Der Thalys fährt auf dieser Strecke mit einer Durchschnittsgeschwindigkeit von 213 km/h. Im Konkurrenzkampf mit dem Luftverkehr trug der Thalys auf dieser Strecke den Sieg davon, denn viele Flugverbindungen zwischen den Metropolen wurden inzwischen eingestellt. Eingesetzt werden mehrsystemfähige Züge, die auf dem TGV basieren. Von Paris aus fahren Züge über Ostende, Lüttich und Brüssel nach Amsterdam sowie über einen Streckenast von Brüssel nach Lüttich, Köln, Essen und Dortmund. Dabei arbeiten die Züge mit verschiedenen Stromversorgungen, nämlich dem Wechselstromsystem in Deutschland und Frankreich sowie dem Gleichstromsystem in den Niederlanden und Belgien.

Schnell mal nach Paris – das macht der Thalys von mehreren deutschen Bahnhöfen aus möglich. Millionen von Fahrgästen nutzten bereits das Angebot. *Katharina Catjana/Pixelio.de*

Spaniens AVE

AVE heißt das spanische Hochgeschwindigkeitsnetz. Die Abkürzung steht für „Alta Velocidad Española" (d. i. „Spanische Hochgeschwindigkeit"). Das Hochgeschwindigkeitszeitalter begann auf der iberischen Halbinsel relativ spät. Doch das Streckennetz für die schnellen Züge wuchs schnell und ist heute eines der größten der Welt. Ein Ereignis, das für die spanische Regierung als Ansporn zur Einführung der Hochgeschwindigkeitszüge diente, war die Weltausstellung 1992 in Sevilla. Nur vier Jahre benötigte die spanische Eisenbahngesellschaft RENFE für die Planung und den Bau der 471 Kilometer langen Hochgeschwindigkeitsstrecke. Von Madrid aus brauchte die Eisenbahn bisher fast sechs Stunden in die andalusische Stadt. Auf der Neubaustrecke wurde die Fahrzeit auf zwei Stunden und 15 Minuten verkürzt. Die neu beschafften Züge basierten auf dem TGV Atlantique. Das äußere und innere Design wurde jedoch in Spanien entwickelt. 1996 begannen die Bauarbeiten für eine Hochgeschwindigkeitsstrecke zwischen Madrid und Barcelona. Die dafür benötigten Züge wurden diesmal von dem spanischen Unternehmen Patentes Talgo sowie von Bombardier entwickelt. Die RENFE stellte die Züge als Baureihe AVE S-102 ein. Anders als die in Spanien übliche Breitspur ist das AVE-Netz in Normalspur gelegt.

„El Pato", die Ente, heißen die Hochgeschwindigkeitszüge der Renfe. Sie verkehren auch in Andalusien. Spanien hat das längste Hochgeschwindigkeitsstreckennetz Europas. *Bombardier*

Angesichts einer Höchstgeschwindigkeit von 330 km/h scheint der Spitzname „Ente" für den S-102 unpassend, auch wenn das lange Vorderteil wirklich an einen Schnabel erinnert. *Bombardier*

AVE S-102: Spaniens schnelle Enten

Die Typenbezeichnung des neuen AVE S-102 für die Hochgeschwindigkeitsstrecke zwischen Madrid und Barcelona unterschied sich bei den beiden Herstellern. Patentes Talgo nannte ihn Talgo 350 und Bombardier HSP 350. 16 Einheiten wurden bestellt und ab 1998 ausgeliefert. 2004 folgte eine Bestellung von 30 Einheiten. Seit der Erstauslieferung hatte sich technisch viel getan, weshalb es zu einigen Änderungen gekommen war. Aus diesem Grund wurde der neue Baureihenname S-112 gewählt.

Den Spitznamen „Pato" („Ente") erhielten diese Hochgeschwindigkeitszüge sicherlich nicht wegen ihrer Geschwindigkeit, denn immerhin sind sie für 330 km/h zugelassen, sondern wegen der langen stromlinienförmigen Fahrzeugenden, die an einen Entenschnabel erinnern (siehe auch S. 35).

Als S-130 trat 2008 eine Baureihe in den Dienst der RENFE, die wieder von Talgo und Bombardier stammt. Diese Züge zeichnen sich dadurch aus, dass sie umspurbar sind und dadurch sowohl auf den normalspurigen Neubaustrecken als auch im alten spanischen Breitspurnetz fahren können. Wegen ihrer Ähnlichkeit zum S-102 erhielten sie den Spitznamen „Patito", was nichts anderes bedeutet als „kleine Ente".

Neben diesen Zügen werden von der RENFE auch Produkte aus dem Hause Siemens eingesetzt. Der zwischen 2002 und 2007 in 26 Einheiten gelieferte Velaro E war der erste einer neuen Fahrzeugfamilie, der bald andere Modelle folgen sollten (siehe S. 47). Auf der Neubaustrecke Madrid–Saragossa erzielte einer der Züge eine Höchstgeschwindigkeit von 403,7 km/h.

Der Shinkansen revolutionierte nicht nur den Eisenbahnverkehr in Japan. Er diente auch vielen anderen Ländern als Vorbild bei der Einführung von Hochgeschwindigkeitszügen. *Adam Page*

33 Schienenlegende Shinkansen

Wenige Tage vor dem Beginn der Olympischen Sommerspiele 1964 in Tokio eröffnete die japanische Staatsbahn eine 515,4 Kilometer lange Strecke zwischen den Großstädten Tokio und Osaka. Mit den ebenfalls eingeführten neuen Zügen konnte auf der Strecke eine Höchstgeschwindigkeit von 200 und später 210 km/h erreicht werden. Als Name der Züge setzte sich das Wort „Shinkansen" durch, was eigentlich „neue Hauptstrecke" bedeutet, aber auch auf die Schienenfahrzeuge angewandt wurde. Die Hochgeschwindigkeitszüge erwiesen sich als durchschlagender Erfolg. Die Anzahl der täglich beförderten Passagiere überschritt erstmals 1975 die Millionengrenze. Um dem technischen Fortschritt und anderen Anforderungen zu entsprechen, erfolgte 1985 die Einführung der Baureihe 100. Abhängig von der Strecke fuhren die Züge mit 220 oder 230 km/h Höchstgeschwindigkeit. Bei einer Testfahrt konnten 277,2 km/h erreicht werden. Die Einführung einer weiteren Shinkansen-Generation erfolgte 1990 mit der Baureihe 300. In diesem Jahr konnte auf einer Testfahrt mit einer Spitzengeschwindigkeit von 303,1 km/h ein Rekord erzielt werden. Das Jahr 1992 sah die Einführung der Baureihe 400, des „kleinen Shinkansen", der für eine ältere Schmalspurstrecke konzipiert war. Ein Testzug dieser Baureihe hatte 1991 eine Geschwindigkeit von 345 km/h erreicht. Zu den neuesten Baureihen gehört die E5-Serie.

Der Transrapid in Shanghai

Mit dem Bau der Strecke von Shanghai zum Flughafen Pudong schien endlich der kommerzielle Durchbruch für die Schwebebahntechnik gekommen zu sein. *Siemens*

Die Magnetschwebebahn Transrapid war in Deutschland nur auf seiner Versuchsstrecke im Emsland bei Testfahrten aktiv, wo sie Höchstgeschwindigkeiten von bis zu 450 km/h erzielte. Nirgends fand sich für die Schwebebahn ein kommerzielles Einsatzfeld.

Dies änderte sich, als man sich 2000 in China entschloss, die Millionenmetropole Shanghai mit dem Flughafen Pudong mittels der scheinbar zukunftsweisenden Fahrzeugtechnik zu verbinden. An der Fertigstellung waren unter anderem Siemens (Steuerungs-, Antriebs- und Signaltechnik) sowie ThyssenKrupp (Lieferung von vier sechsteiligen Zügen) beteiligt. Anfang 2004 konnte der Regelbetrieb aufgenommen werden. Der „Shanghai Maglev Train" erzielte eine Höchstgeschwindigkeit von 501 km/h und fährt auf der 30 Kilometer langen Strecke mit einer Betriebsgeschwindigkeit von bis zu 430 km/h. Aber nach der anfänglichen Begeisterung erfolgte die Ernüchterung: Um Strom zu sparen, wird die maximale Betriebsgeschwindigkeit nur noch zu bestimmten Uhrzeiten erreicht. Die Konkurrenz durch andere Verkehrsmittel hat zudem eine geringe Auslastung zur Folge. Immerhin ist die Magnetschwebebahn der potenziell schnellste Zug der Welt. Auch wenn der kommerzielle Nutzen nicht den ursprünglichen Erwartungen entspricht, so kam es zumindest zugunsten Chinas zu einem Technologietransfer.

DB-Flaggschiff ICE 3

Anders als bei dem Transrapid schrieb die DB mit dem ICE eine veritable Erfolgsgeschichte. Die dritte ICE-Generation wurde der Öffentlichkeit anlässlich der Expo 2000 in Hannover präsentiert. Mit Beginn dieser Weltausstellung wurde der ICE 3 erstmals in den Fahrplan integriert. Von den beiden älteren Generationen sind die ICE 3 durch die spitze Frontpartie leicht zu unterscheiden. Doch der große Unterschied steckt im Inneren, denn der ICE 3 besaß keine zwei Triebköpfe mehr, sondern der Antrieb war auf mehrere Wagen des Zuges verteilt. Die beiden Endwagen sowie zwei Mittelwagen sind angetrieben. Drei weitere Mittelwagen und der Speisewagen verfügen über keinen eigenen Antrieb. Vom ICE 3 existieren zwei Versionen, nämlich die Baureihe 403, die für den Inlandsverkehr vorgesehen ist, und die Baureihe 406. Diese wurde mit Baugruppen ausgestattet, die ihn mehrsystemfähig machten und ihm auch Fahrten auf den Gleichstromnetzen in Belgien und den Niederlanden ermöglichen. 2013 kam noch die Baureihe 407 hinzu, der „neue ICE 3", die technisch auch für Fahrten nach Frankreich ausgestattet ist. Sie gehört zur Velaro-Familie von Siemens. Die Höchstgeschwindigkeit der von Siemens und Bombardier hergestellten Fahrzeuge beträgt 330 km/h. Doch 2000 erreichte ein ICE 3 die Höchstgeschwindigkeit von 368 km/h. Damit erzielte er einen Weltrekord für elektrische Triebzüge mit verteiltem Antrieb und für Serienfahrzeuge. 2017 stand als Nachfolger der ICE 4 bereit.

Der ICE 3 ist an der spitz zulaufenden Frontpartie zu erkennen. *Michael Dörflinger*

In Russland muss der „Sapsan" oft bei extremen Witterungsverhältnissen verkehren. *Siemens*

Velaro RUS: Russlands Wanderfalke

Für „velocidad alta" (Hochgeschwindigkeit) soll die Bezeichnung „Velaro" stehen. Warum spanisch? Weil Siemens seine Velaro-Züge erstmals an die spanische RENFE verkaufte, die zwischen 2002 und 2007 genau 26 Züge erhielt. Auch in China ist seit 2011 eine Variante des Velaro im Dienst. Die im Land der Mitte erzielte Höchstgeschwindigkeit liegt bei 487 km/h.

Mit der russischen Eisenbahngesellschaft schloss Siemens bereits 2006 ein Abkommen über die Lieferung von Hochgeschwindigkeitszügen. Diese für die russische Breitspur gebaute Variante wird Velaro RUS genannt. In Russland heißen sie auch „Sapsan" („Wanderfalke"). Einsatzgebiet sind die Strecken Moskau–Sankt Petersburg sowie Moskau–Nischni Nowgorod. Am 8. Mai 2009 erreichte ein „Sapsan" bei Testfahrten auf der Strecke Sankt Petersburg–Moskau eine Geschwindigkeit von 281 km/h, was einen Rekordwert für die Eisenbahn in Russland darstellt. Die Höchstgeschwindigkeit im Planverkehr liegt jedoch bei 250 km/h. Für den Einsatz in Russland musste der Velaro nicht nur an zahlreiche gesetzliche Vorgaben, sondern auch an extreme Umweltbedingungen, wie Temperaturen bis zu minus 50 Grad Celsius, angepasst werden.

Der absolute Rekord

Alstom, der französische Hersteller der TGV-Züge, hatte erkannt, dass Rekorde ein hervorragendes Verkaufsargument sein können. So wurde bereits am 18. Mai 1990 der zwei Jahre alte Geschwindigkeitsrekord des InterCityExperimental pulverisiert. Mit dem V150 sollte der Führungsanspruch des TGV im Hochgeschwindigkeitsschienenverkehr untermauert werden. Der Name war Programm, denn er stand für „Vitesse 150", womit eine beabsichtigte Geschwindigkeit von mindestens 150 m/s, also umgerechnet 540 km/h anvisiert wurde. Der 268 Tonnen schwere Zug bestand aus zwei modifizierten Triebköpfen des TGV-POS 4402 und drei angetriebenen Mittelwagen. Durch zusätzliche Synchronmotoren konnte die Leistung von 9.300 auf 19.800 kW erhöht werden. Im Januar begann Alstom auf der Neubaustrecke Paris–Straßburg mit Tests, die Aspekte des Fahrens mit Spitzengeschwindigkeit untersuchten. Am 3. April 2007 war es dann soweit: Der V150 rast unter den Augen zahlreicher Beobachter auf eine schier unglaubliche Geschwindigkeit von 574,9 km/h. Dieser Weltrekord für ein zweispuriges Schienenfahrzeug konnte bislang nicht übertrumpft werden. Der V150 wurde nach der Rekordfahrt im Triumph nach Paris geschafft und in der Nähe des Eiffelturms ausgestellt. Später kamen die Wagenteile wieder in den Regelbetrieb. Viel Technik des V150 findet man im TGV-Nachfolger AGV wieder.

Dieses Foto zeigt den V150 beim Erreichen der Spitzengeschwindigkeit von 574,9 km/h. *Alain Stoll/C.C. 2.0*

Der Weltrekord des Taurus 38

Ein knappes Jahr vor dem Weltrekord des TGV hatte Alstom-Konkurrent Siemens sein Erfolgserlebnis. Die Fahrt des EuroSprinters ES64U4 (1216 050 der ÖBB) am 2. September 2006 auf der Neubaustrecke Nürnberg–Ingolstadt zwischen Kinding und Allersberg sollte in einem neuen Geschwindigkeitsweltrekord für Lokomotiven enden: Mit 357 km/h steht diese Lok bis heute an der Spitze der schnellsten Lokomotiven der Welt. Die Siemens-Ingenieure haben an der Lok im Vergleich zur Serienversion nicht viel geändert. Lediglich die Fahrspannung wurde erhöht und das Zugsicherungssystem deaktiviert. Der Taurus wurde zur Legende.

Siemens-Lok in österreichischen Diensten mit dem Rekordbutton an der Front. *Siemens*

Der Railjet der ÖBB 39

Nur vier Stunden dauert die Reise mit dem Railjet von München nach Wien. Dabei kann eine Höchstgeschwindigkeit von 230 Stundenkilometern erreicht werden. Der Railjet ist ein Hochgeschwindigkeitszug der Österreichischen Bundesbahnen (ÖBB) und der tschechischen Staatsbahn (ČD). Insgesamt 60 dieser „Premiumzüge" werden von den ÖBB und sieben von der ČD eingesetzt. Die Railjets zählen zu den schnellsten mit Loks bespannten Zügen der Welt. Für die Zugleistung sind die Elektroloks ES64U2 und ES64U4 von Siemens zuständig, die Baureihe, die den Rekord als schnellste Elektrolok hält, wie wir oben gesehen haben. Bei den ÖBB werden die Maschinen auch unter den allgemein bekannten Bezeichnungen

Schnelligkeit und Komfort zeichnen den attraktiv lackierten Railjet aus. *Siemens*

„Taurus" beziehungsweise „Taurus III" geführt. Die Lokomotiven, die eine Stundenleistung von 6.400 kW vorweisen können, finden nicht nur im schnellen Personenverkehr, sondern auch im schweren Gütertransport ein Einsatzfeld.

40 Die ältesten Eisenbahnstrecken

Land und Strecke bez. Länge	Eröffnung
England (Stockton-Darlington, 41 km)	27. 9. 1825
Österreich (Budweis-Kerschbaum, 64 km)	Sept. 1828
Frankreich (St. Etienne-Andrésieux, 18 km)	1. 10. 1828
Amerika, Ver. St. (Baltimore-Ellicotts mills, 24 km)	28. 12. 1829
Belgien (Brüssel-Mecheln, 20 km)	3. 5. 1835
Deutschland (Nürnberg-Fürth, 6 km)	7. 12. 1835
Frankreich (Paris-St. Germain, 21 km)	26. 8. 1837
Österreich (Floridsdorf-Deutsch Wagram, 13 km)	17. 11. 1837
Kuba (Habana-Guanajay, 50 km)	— 1837
Rußland (Petersburg-Zarskoje Selo, 27 km)	4. 4. 1838
Niederlande (Amsterdam-Haarlem, 17 km)	Sept. 1839
Italien (Neapel-Portici, 8 km)	3. 10. 1839
Schweiz (Basel-St. Louis, 2 km)	15. 6. 1844
Jamaika (Kingston-Spanishtown-St. Angil, 25 km)	21. 11. 1845
Dänemark (Kopenhagen-Roskilde, 32 km)	27. 6. 1847
Schweiz (Zürich-Baden, 23 km)	9. 8. 1847
Spanien (Barcelona-Mataro, 28 km)	30. 10. 1848
Kanada (St. Lawrence u. Industrial R. R., 19 km)	Mai 1850
Mexiko (Veracruz-Medellin, 20 km)	— 1850
Schweden (Kristinehamn-Sjöändan, 12 km)	— 1851
Peru (Lima-Callao, 13 km)	— 1851
Chile (Caldera-Copiapo, 89 km)	Jan. 1852
Ostindien (Bombay-Thana, 35 km)	18. 4. 1853
Norwegen (Kristiania-Strömmen, 18 km)	1. 7. 1853
Portugal (Lissabon-Carregado, 36 km)	— 1854
Brasilien (Porto de Mauá-Raiz da Serra, 18 km)	29. 4. 1854
Südaustralien (Goolwa-Port Elliot, 10 km)	18. 5. 1854
Victoria (Melbourne und Hobsons Bay, 10 km)	14. 9. 1854
Kolumbien (Aspinwall-Panamá, 76 km)	28. 1. 1855
Neusüdwales (Sydney-Parramatta, 23 km)	26. 9. 1855
Ägypten (Alexandria-Kairo, 211 km)	Jan. 1856
Türkei, Asiat. (Smyrna-Aidin, 130 km)	— 1857
Natal (Durban-Landungsplatz, 3 km)	26. 6. 1860
Rumänien (Küstendsche-Cernavoda, 66 km)	4. 10. 1860
Kapkolonie (Kapstadt-Eerste River, 34 km)	13. 2. 1862
Algerien (Algier-Blida, 51 km)	15. 8. 1862
Argentinien (Buenos Aires-Belgrano, 8 km)	1. 12. 1862
Paraguay (Asuncion-Itangua, 40 km)	1. 10. 1863
Neuseeland (Christchurch-Lyttelton, 2 km)	1. 12. 1863
Mauritius (Northern R. W., 50 km)	Mai 1864
Britisch-Guayana (Georgetown-Mahaica, 32 km)	1. 9. 1864
Queensland (Ipswich-Dalby, 64 km)	30. 7. 1865
Venezuela (Puerto Cabello-Palito)	Febr. 1866
Bulgarien (Rustschuk-Varna, 224 km)	7. 11. 1866
Java (Samarang-Tangweng, 79 km)	9. 8. 1867
Tahiti (Punaunia-Terayena Bay, 4 km)	— 1868
Uruguay (Montevideo-Las Pedras, 18 km)	1. 1. 1869
Griechenland (Athen-Peiraieus, 10 km)	18. 2. 1869
Tasmanien (Launceston und Western R. R., 69 km)	6. 2. 1870
Kolumbien (Bolivar; Sabanilla-Baranquilla, 30 km)	3. 12. 1870
Türkei (Konstantinopel-Tschekmedsche, 17 km)	5. 1. 1871
Honduras (Puerto Cortez-Santiago, 60 km)	25. 9. 1871
Japan (Tokio-Jokohama, 29 km)	12. 7. 1872
Tunesien (Tunis-Goletta)	1. 9. 1872
Westaustralien (Jarrabbale-Rockingham, 64 km)	— 1873
Costa Rica (Alajuela-Cartago, 47 km)	— 1874
China (Schang-hai-Kiang-wan; 1877 zerstört)	30. 6. 1876
Ecuador (Guajaquil-Bunte de Chimbo, 69 km)	— 1876
Guatemala (San José-Escuintla)	— 1880
Nicaragua (Corinto-Leon-Momotombo, 92 km)	15. 11. 1882
Rußland, Asiat. (Krasnowodsk-Kisil-Arwat, 336 km)	Juli 1883
Serbien (Belgrad-Nisch, 244 km)	15. 9. 1884
Portug.-Afrika (San Paolo de Loanda-Funda, 45 km)	31. 10. 1888
Sumatra (Padang-Pandjang, 150 km)	1. 7. 1891
Tongking (Phu Lang Thuong-Kep, 18 km)	— 1891
Deutsch-Ostafrika (Tanga-Muheja, 43 km)	— 1895
Siam (Bangkok-Ajuthia, 71 km)	28. 3. 1897
Kongostaat (Matadi-Stanleypool, 399 km)	1. 7. 1897
Korea (Teilstrecke von Söul-Tschemulpo, 42 km)	18. 9. 1899
D.-Südwestafrika (Swakopmund-Karibib, 180 km)	1. 6. 1900
Cypern (Nikosia-Famagusta)	21. 10. 1905

Diese Tabelle aus der fünften Auflage des Brockhaus-Konversationslexikons von 1911 listet die ältesten Strecken der damaligen Staaten mit dem Datum der Jungfernfahrt auf. *Brockhaus*

41 Das erste Zugticket

Die Oystermouth Tramroad Company verkaufte das erste Zugticket der Welt. *Sammlung Michael Dörflinger*

Vor Beginn des Dampflokzeitalters hatte es schon einige Eisenbahnen gegeben. Die nötige Zugkraft leisteten Pferde, die auf Gleisen fahrende Kutschen zogen. Die erste dieser Bahnen, die nicht nur Güter transportierte, sondern einen regulären Fahrbetrieb mit Passagierbeförderung anbot, war die im Frühjahr 1806 eröffnete Oystermouth Railway, die später als Swansea and Mumbles Railway bekannt wurde. Sie bekam 1807 das Recht, Fahrgäste an Bord zu nehmen. Die Strecke führte an der Küste der walisischen Swansea Bay von Swansea nach Mumbles.

Die Dampftraktion hielt auf der rund acht Kilometer langen Strecke erst 1877 Einzug. Bis 1960 wurde der Fahrbetrieb aufrecht erhalten, dann übernahmen Busse die Aufgaben der Bahn.

Älteste Eisenbahnbrücke der Welt

Eine alte Darstellung der Brücke Causey Arch. Links und rechts sieht man eine Pferdebahn. *William Weaver Tomlinson*

Wer heute im Norden Englands, südlich von Newcastle jenseits des Tyne-Flusses den Ort Gateshead besucht, hat es nicht weit zu einer historischen Attraktion: Ein paar Kilometer südwestlich verläuft die Strecke der Tanfield Railway, einer Museums-Dampfeisenbahn, die von sich behauptet, die älteste Eisenbahn der Welt zu sein. Die Ursprünge gehen bis in die Mitte des 17. Jahrhunderts zurück, als bereits ein Schienenstrang mit Holzgleisen gelegt worden war. Ziel war der Abtransport von Kohle. Die Tanfield Railway wurde 1725 eröffnet. Die Strecke führte damals auch auf einer gemauerten Brücke über den Causey-Bach. Rund 900 Pferdebahnen sollen damals täglich gefahren sein. Um diesen Verkehr zu bewältigen, wurde sie zweispurig angelegt. Heute hält die Museumsbahn und es sind für den Fotostopp ein paar Meter zu gehen. Die Causey Arch gilt als älteste Eisenbahnbrücke der Welt. Sie wurde 1725/26 vom Steinmetz Ralph Wood errichtet. Der gute Mann fürchtete sich davor, dass die Brücke mit einer Spannweite von 31 Metern einstürzen würde. Diese fixe Idee trieb ihn sogar in den Selbstmord. Völlig unnötig, wie die vielen Besucher heute noch sehen können.

Viele von ihnen kommen von dem nur rund fünf Kilometer entfernt gelegenen North of England Open Air Museum (Beamish, the Living Museum of the North) südlich von Gateshead, ein Museumsdorf, das englische Geschichte hautnah erleben lässt (siehe S. 238).

43 Eisenbahnpionier Richard Trevithick

Richard Trevithick (1771–1833). *John Linnell*

Richard Trevithick zählt zu den bedeutendsten Persönlichkeiten der industriellen Revolution und der Eisenbahngeschichte, obwohl er zu Lebzeiten nicht den Nutzen aus seinen Visionen und Ideen ziehen konnte. Trevithick war das jüngste von sechs Kindern eines Bergwerksingenieurs im englischen Cornwall. Er begann bereits im Alter von 19 Jahren in der Mine zu arbeiten und lernte so die Dampfmaschine kennen, die damals eingesetzt wurde, um das Wasser aus den Schächten zu pumpen. Aber er erkannte, dass die Dampfmaschine verbesserungsbedürftig war und zu mehr als nur zum Wasserpumpen eingesetzt werden konnte. Eine der ersten seiner vielen Erfindungen war 1801 die fahrende Hochdruckdampfmaschine mit dem Namen „Puffing Devil" (Schnaufender Teufel). Für eine Bergwerksgesellschaft im walisischen Pen-y-Darren baute er 1802 ein dampfbetriebenes Fahrzeug mit zwei Achsen, das auf den dortigen Schienen verkehren sollte, um die Zugtiere zu ersetzen. Damit erschuf er die erste Schienenlokomotive der Welt. 1803 baute er ein weiteres dampfgetriebenes Straßenfahrzeug, das als „London Steam Carriage" (Londoner Dampfwagen) bekannt wurde. Weitere Lokomotiven folgten. Aber der kommerzielle Erfolg blieb aus, und 1833 starb er verarmt an einer Lungenentzündung.

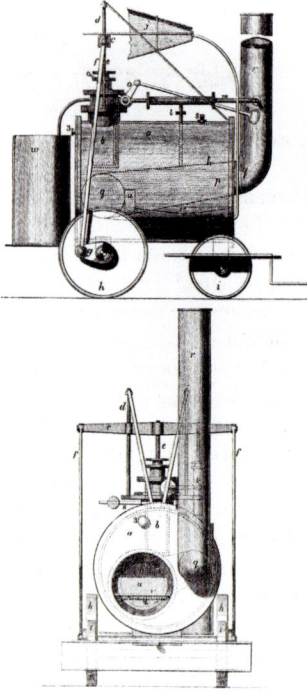

Mit dem „Puffing Devil" zeigte Trevithick, dass sich die Dampfkraft als Fahrzeugantrieb einsetzen ließ.
Sammlung Michael Dörflinger

Die erste Zahnradlok der Welt 44

Das Eingreifen der Zähne sollte das Durchrutschen der Räder verhindern. *Sammlung Michael Dörflinger*

Trevithick erlebte noch mit, wie sich die frühesten Lokomotiven behaupten konnten. Die 1812 von Matthew Murray gebaute „Salamanca" etwa kann gleich mehrere Besonderheiten vorweisen. Sie war die erste kommerziell erfolgreiche Lokomotive, war als erste mit zwei Zylindern ausgestattet und war die erste Zahnradlok. Wegen der Knappheit an Pferden gab John Blenkinsop (1783 bis 1831), der Leiter einer Kohlengrube in Middleton bei Leeds, dem Ingenieur Matthew Murray (1765–1826) den Auftrag, eine „travelling engine", also eine fahrende Dampfmaschine, zu bauen, um die Kohle vom Bergwerk zum Fluss Aire zu transportieren. Vom Fluss aus fand dann der Weitertransport auf dem Wasserweg statt. Um ein Durchrutschen der Räder zu vermeiden, kam ein von Blenkinsop patentierter Zahnstangenantrieb zur Anwendung. Dabei verlief außerhalb der Schmalspurschienen eine Zahnstange, in die ein großes Zahnrad an der mittleren Achse der Lok eingriff.

Von dem Salamanca-Typ wurden insgesamt vier Exemplare hergestellt. Die „Salamanca" selbst fand leider bereits 1818 ein Ende, als der Kessel explodierte und dabei der Lokführer ums Leben kam. Eine weitere Maschine dieses Typs explodierte 1834, was ebenfalls das Leben des Lokführers forderte. Die anderen Maschinen arbeiteten bis 1835 als Zechenloks. Danach setzte man wieder auf die Zugkraft von Pferden.

45 Die älteste erhaltene Lok

„Puffing Billy", die älteste erhaltene Dampflok der Welt, steht im Londoner Science Museum. *Andreas Nießeler*

Christopher Blackett, der Besitzer der Wylam-Zeche in der Nähe von Newcastle, entschloss sich 1813, also ein Jahr nachdem Blenkinsop in Middleton die „Salamanca" auf die Schiene gebracht hatte, ebenfalls zur Anschaffung einer Lokomotive. Er beauftragte seinen leitenden Mitarbeiter, William Hedley, mit dem Bau. Unterstützung leistete dabei Timothy Hackworth, der Vorarbeiter der Schmiede. Anders als bei der „Salamanca" verzichtete man aber bei der Wylam-Lok auf eine teure Zahnstange und vertraute auf die Haftreibung der Räder, die ein Durchrutschen verhinderte. Die Lokomotive erhielt den Namen „Puffing Billy" (d. i. „Schnaubender Billy") und ist nicht nur eine der ersten, sondern zugleich die älteste erhaltene Dampflok der Welt. Es entstanden noch zwei baugleiche Maschinen: „Wylam Dilly" und „Lady Mary".

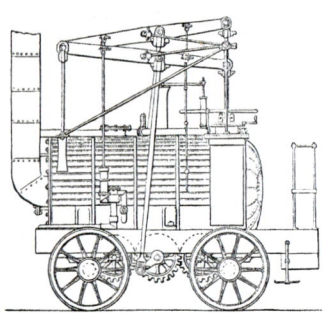

Der Rahmen der „Puffing Billy" besteht aus Holzbalken. *Sammlung Michael Dörflinger*

Bruntons „Mechanical Traveller"

Die Butterley Company in Derbyshire produzierte Eisen und betrieb auch den Abbau von Kalkstein. Das Gestein wurde auf einer abschüssig verlaufenden Pferdebahn zu einem zwei Kilometer entfernten Kanal transportiert. Etwa 1813 kam auf diesen Gleisen Bruntons „Mechanical Traveller" („Mechanischer Reisender") oder „Steam Horse" („Dampfpferd") genannte Lokomotive zum Einsatz. Da man wegen der steilen Strecke ein Durchrutschen der Räder befürchtete, konstruierte der schottische Ingenieur William Brunton eine Art mechanische „Füße", die das Fahrzeug vorwärts schoben. 1815 explodierte der Kessel der Lok während einer Vorführung und tötete zahlreiche Menschen. Es handelte sich um die älteste bekannte Kesselexplosion und war bis 1842 das schwerste Eisenbahnunglück.

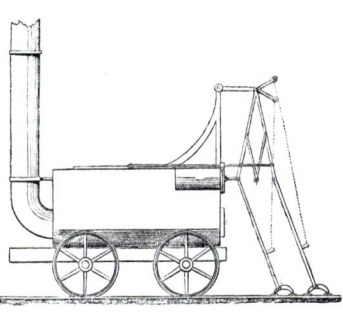

Nur mit 4,8 km/h bewegte sich der „Mechanical Traveller" vorwärts. *Sammlung Michael Dörflinger*

Timothy Hackworths Idee

Timothy Hackworth (1786–1850) gehörte zu den großen Eisenbahnpionieren. Er wuchs in der Nähe von Newcastle in dem Dorf Wylam auf, wo er in der Zeche als Schmied tätig war und beim Bau der „Puffing Billy" mitwirkte. Er arbeitete später für George Stephenson und wurde 1825 Superintendent für die Lokomotiven der Stockton and Darlington Railway, der ersten öffentlichen Eisenbahn Großbritanniens. Ab 1833 war er als selbstständiger Unternehmer tätig und baute Lokomotiven, die bis nach Russland und Nova Scotia in Kanada geliefert wurden. Hackworth werden mehrere Erfindungen zugeschrieben. Dazu gehört die Kuppelstange, die er vorschlug, als er für Stephenson arbeitete. Dabei handelt es sich um eine Stange, die mehrere Räder miteinander so verbindet, dass die Antriebskraft auf alle verbundenen Achsen der Lokomotive übertragen wird, was eine verbesserte Traktion zur Folge hat.

Kuppelstangen verbinden mehrere Räder miteinander. *Michael Dörflinger*

Der erste Personenwagen

„The Experiment". *Sammlung Michael Dörflinger*

Die ersten Eisenbahnstrecken waren für den Gütertransport, vor allem zum Abtransport von Rohstoffen aus Bergwerken, konzipiert. Man erkannte aber bald, dass sich die Gleise auch für den Personenverkehr nutzen ließen. Der erste bekannte, speziell für die Personenbeförderung konstruierte Wagen hatte die passende Bezeichnung „The Experiment". Er bestand aus einer einfachen hüttenartigen Kabine, die man auf ein vierrädriges Fahrgestell gesetzt hatte. Innerhalb der Kabine befanden sich Sitze entlang der beiden Längsseiten. „The Experiment" wurde von einem Pferd gezogen, weswegen ein Kutscher nötig war, der auf einem Sitz an der Vorderseite des Gefährts saß. Zum Einsatz kam der Passagierwagen auf der Stockton and Darlington Railway, die 1825 eröffnet wurde. Die unmittelbaren Nachfolger dieses Wagens hießen „Express" und „Defence". Sie waren ebenfalls für den Betrieb mit Pferden vorgesehen. Fahrgäste konnten sowohl innerhalb als auch außerhalb der Kabine Platz finden. Wenn sich der Wagen einer Kurve näherte, blies der Kutscher in ein Horn, um einen etwa entgegenkommenden Wagen zu warnen. Bei Gegenverkehr wich einer der Wagen auf ein Nebengleis aus.

Die erste amerikanische Eisenbahn

Die Gleise und das Gefälle der Bahn erleichterten das Ziehen der Wagen. *Sammlung Michael Dörflinger*

Die ersten Gleise, die den Pferden das Ziehen von Wagen erleichtern sollten, entstanden in Nordamerika schon im 18. Jahrhundert. Allerdings verwendete man damals als Gleise noch Holzbalken. Holz wurde zwar auch zum Bau der Granite Railroad (auf deutsch: Granitbahn) bei Quincy, im US-Bundesstaat Massachusetts, verwendet, aber man beschichtete die Balken oben mit Eisen, sodass sie einem großen Druck standhielten. Die Strecke wurde 1826 von Gridley Bryant erbaut und diente dem Transport von Granit zum Kai am Neponset River, von wo aus das Gestein auf dem Wasserweg weitertransportiert wurde. Bryant erfand zudem eine Weiche, einen mobilen Kran und einen achträdrigen Wagen, der auf der Eisenbahn zum Einsatz kam. Von der ursprünglich 4,8 Kilometer langen Granitbahn ist heute noch ein Teil erhalten und ist im Nationalen Verzeichnis historischer Stätten der USA aufgeführt.

Die Geburt der Eisenbahn

Wie viele andere der frühen Eisenbahnen, entstand auch die Stockton and Darlington Railway (S&DR) mit dem Ziel, den Abtransport von Kohle zu erleichtern. Die Bahn nahm 1825 den Betrieb auf und erstreckte sich von den Kohlebergwerken in der Nähe von Shildon, in der Grafschaft Durham, über die Stadt Darlington bis Stockton-on-Tees, von wo die Kohle auf dem Fluss Tees per Schiff weiterbefördert werden konnte. Von anderen Eisenbahnen unterschied sich die S&DR allerdings dadurch, dass der Eigentümer nicht das Bergwerk war, dessen Kohle transportiert wurde, sondern eine Eisenbahngesellschaft, die durch den Verkauf von Anteilen das Projekt finanzierte. Die Strecke konnte von allen genutzt werden, sofern sie ein entsprechendes Schienenfahrzeug besaßen und eine Gebühr bezahlten. Aus diesem Grund kann sich die Stockton and Darlington Railway rühmen, die erste öffentliche Eisenbahn gewesen zu sein, die mit Dampflokomotiven betrieben wurde. Es waren allerdings nicht nur Dampfzüge, die auf den Schienen fuhren, sondern auch Wagen, vor die noch Pferde gespannt waren. Neben dem Gütertransport diente die Strecke auch dem Personenverkehr. In den ersten drei Monaten nach ihrer Eröffnung am 27. September 1825 wurden auf der Strecke bereits über 9.000 Tonnen Kohle transportiert, und innerhalb eines Jahres nutzten 30.000 bis 40.000 Personen den Schienenverkehr.

1830 wurden die Gleise bis Middlesbrough verlängert, das weiter flussabwärts am Tees lag, wodurch der Umschlag der Kohle auf Schiffe mit größerem Tiefgang möglich war. Eine weitere Verlängerung in östliche Richtung erfuhr die Bahn in den 1840ern von Middlesbrough nach Redcar, das an der Küste lag, und 1861 nach Saltburn-by-the-Sea. 1863 kam es zur Vereinigung der S&DR mit der North Eastern Railway, aus der 1923 die London and North Eastern Railway wurde.

Dampfloks teilten sich auf der S&DR die Schienen noch mit Pferden. *Sammlung Michael Dörflinger*

George Stephenson

George Stephenson (1781–1848). *Slg. Michael Dörflinger*

George Stephenson spielte in der Frühzeit der Eisenbahngeschichte eine so herausragende Rolle, dass er oft sogar als „Erfinder" oder „Vater" der Eisenbahn bezeichnet wird. Seine berufliche Karriere begann wenig verheißungsvoll als Bergwerksarbeiter. Als 1811 in einer Miene bei Killingworth, nördlich von Newcastle, eine Dampfmaschine nicht richtig arbeitete, bot er an, die Maschine zu verbessern, was ihm gelang. Damit begann sein Aufstieg als Maschinenexperte. Seine erste Lokomotive baute Stephenson für die Kohlengrube von Killingworth. Insgesamt soll er 16 Exemplare dieser Maschine fertiggestellt haben. 1820 wurde er angeheuert, um eine 13 Kilometer lange Eisenbahnstrecke für eine Kohlengrube in der Grafschaft Durham zu bauen, und beim Bau der Stockton and Darlington Railway war Stephenson ebenfalls beteiligt. Er baute für diese Strecke mehrere Dampfloks, von denen die erste den Namen „Locomotion" erhielt.

Robert Stephenson & Co.

Um die Stockton and Darlington Railway mit Dampfkraft betreiben zu können, war es nötig, entsprechende Lokomotiven zu besorgen. George Stephenson, sein Sohn Robert, Edward Pease (einer der Gründer der Eisenbahngesellschaft) sowie Thomas Richardson, der ebenfalls an der S&DR beteiligt war, gründeten 1823 in Newcastle ein Unternehmen, das als weltweit erste Produktionsfirma für Lokomotiven gilt. Der junge Stephenson, später von manchen als „der größte Ingenieur des 19. Jahrhunderts" bezeichnet, übernahm die Rolle des Geschäftsführers, weswegen der Firmenname „Robert Stephenson & Co." lautete.

Robert Stephenson (1803–1859). *Slg. Michael Dörflinger*

Das Unternehmen lieferte Dampfloks für viele Staaten Europas.

„Royal George"

Timothy Hackworth, der zeitweise für die Firma Robert Stephenson & Co. gearbeitet hatte und ab 1825 Superintendent für die Lokomotiven der Stockton and Darlington Railway war, hatte vermutlich auch Einfluss auf die Konstruktion von Stephensons erster Lokomotive, der „Locomotion No. 1". 1826 bekam Hackworth die Gelegenheit, eine beschädigte Dampflokomotive, die bisher nur eine mäßige Leistung erbracht hatte, nach seinen Vorstellungen umzubauen. Er nannte seine Maschine „Royal George". Zu den Verbesserungen, die er anbrachte, gehörte ein Blasrohr, das senkrecht unter dem Schornstein stand und

Die „Royal George" glänzte durch ihre Leistungsstärke. *Sammlung Michael Dörflinger*

dadurch die Leistung erheblich verbesserte. Diese Anordnung wurde später auch bei anderen Lokomotiven übernommen.

„Stourbridge Lion"

Die „Stourbridge Lion" war die erste in den USA eingesetzte Dampflok und zugleich eine der ersten außerhalb Großbritanniens. Der Name entstand aufgrund des Löwenkopfes, der auf die Vorderseite des Kessels gemalt war, und der englischen Stadt Stourbridge, in der die Maschine von der Firma Foster, Rastrick & Co. 1829 hergestellt worden war. Die „Stourbridge Lion" war von der Delaware & Hudson Canal Company bestellt worden. Das Eisenbahnunternehmen war gegründet worden, um Kanäle für den Zweck zu bauen, den Kohletransport von der Grube bei Carbondale in Pennsylvania nach New York zu ermöglichen. Man entschloss sich jedoch schon bald, von den Minen bis zum westlichen Ende des vorhandenen Kanals ein Gleis zu bauen und als Zugmaschine eine Lok aus England zu bestellen. Die „Stourbridge Lion" bestand zwar die ersten

Für die Schienen zu schwer: die „Stourbridge Lion". *Slg. Dörflinger*

nach der Ankunft durchgeführten Tests. Sie erwies sich jedoch für die noch aus Holz bestehenden Gleise als zu schwer. Da sie nicht weiterverkauft werden konnte, wurde sie dem Ausschlachten überlassen.

Die legendäre „Rocket"

Eine der berühmtesten Lokomotiven der Eisenbahngeschichte ist zweifellos die „Rocket". Die Maschine mit der Achsfolge A1 wurde 1829 von George und Robert Stephenson konstruiert und von ihrer Firma „Robert Stephenson & Co." in Newcastle upon Tyne gebaut.

Die nachgebaute „Rocket". *Jim Daly*

Noch im gleichen Jahr erwies sich die „Rocket" als klarer Gewinner des Rennens von Rainhill (siehe S. 16), das zum Ermitteln einer geeigneten Zugmaschine für die Liverpool & Manchester Railway abgehalten wurde. Die Stephensons erhielten nicht nur den Preis von 500 Pfund, sondern bekamen auch den Vertrag für die Lieferung weiterer Lokomotiven an die Liverpool & Manchester Railway. Bei der Eröffnung der Eisenbahnlinie am 15. September 1830 ereignete sich ein Unglück, das für immer in die Geschichte der Eisenbahn einging: Der Parlamentsabgeordnete und frühere Handelsminister William Huskisson (siehe S. 198) wurde von der „Rocket" überfahren und starb an seinen Verletzungen.

Die „Rocket" von Stephenson stellte einen erheblichen technischen Fortschritt gegenüber früheren Konstruktionen dar und bündelte Entwicklungen wie den Mehrrohrkessel und das Blasrohr in einer Maschine. Auffallend waren auch der lange Schornstein, der das Anfachen des Feuers begünstigen sollte, und die Neigung der Zylinder um 35 Grad, was Platz für die Federung schuf. Die Firma Stephenson baute fünf weitere Loks nach dem Vorbild der „Rocket" für die Liverpool & Manchester Railway. 1862 wurde die „Rocket" dem Patentamt-Museum, aus dem später das Londoner „Science Museum" wurde, übergeben. 1998 war die legendäre Lokomotive anlässlich eines Festivals für britische Kunst und Wissenschaft sogar in Japan zu sehen. Von der Rocket existiert außerdem ein fahrtauglicher Nachbau.

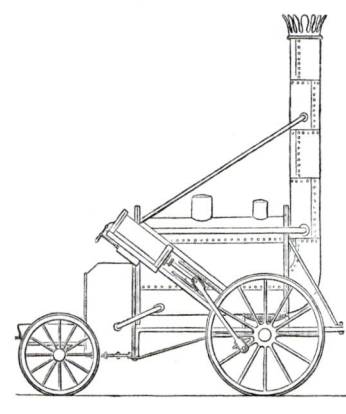

Auffallende Merkmale der „Rocket": die schräg eingebauten Zylinder und der hohe Schornstein.
Sammlung Michael Dörflinger

Die erste US-Dampflok

Ein Jahr nach der „Rocket" wurde „Tom Thumb" gebaut, die erste in den USA produzierte Dampflok, die auf einer öffentlichen Eisenbahnstrecke fuhr. Sie wurde von dem Erfinder und Industriellen Peter Cooper 1830 entworfen und gebaut, um die Besitzer der neu gegründeten Baltimore & Ohio Railroad (B&O) davon zu überzeugen, Dampfmaschinen einzusetzen. Cooper beabsichtigte dabei nicht, die Lok für den praktischen Einsatz zu verwenden. Für Aufsehen sorgte die „Tom Thumb" durch ein spontanes Rennen mit einem Pferdewagen, das allerdings die Tiere für sich entschieden, weil die Lok einen mechanischen Defekt erlitten hatte. Die

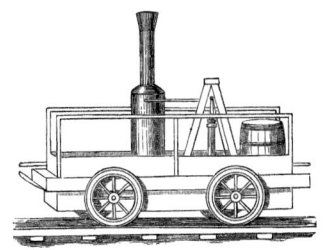

Die „Tom Thumb" war zu Demonstrationszwecken gebaut worden. *Sammlung Michael Dörflinger*

Demonstration war aber erfolgreich genug, um die Eisenbahngesellschaft von der Dampftraktion zu überzeugen. Im folgenden Jahr führte die B&O Versuche mit Dampfloks durch.

Die „DeWitt Clinton"

Die Dampflokomotive, die den Schienenverkehr in den USA einläutete, war nach dem ehemaligen Gouverneur des Bundesstaates New York benannt: DeWitt Clinton. Die Maschine war von der Westpoint Foundry in Cold Spring, in New York, für die Eisenbahngesellschaft Mohawk & Hudson Railroad gebaut worden. Die offizielle Eröffnungsfahrt fand 1831 statt. Dabei zog die Lok drei Postkutschen, die man auf

Die Fahrgäste saßen in Kutschen auf Eisenbahngestellen. *Sammlung Michael Dörflinger*

Eisenbahnfahrgestelle gesetzt hatte.

Die „DeWitt Clinton" wurde bereits 1833 wieder verschrottet. Allerdings stellte die New York Central Railroad, zu der die Mohawk & Hudson Railroad mittlerweile gehörte, einen funktionierenden Nachbau her. Dieses Replikat steht heute im Henry-Ford-Museum in Dearborn, Michigan.

Die „Best Friend of Charleston"

Das Jahr 1830 war ein besonderes Datum in der amerikanischen Eisenbahngeschichte. Nicht nur demonstrierte Peter Coopers „Tom Thumb" die Vorteile der Dampfkraft auf der Schiene. Weiter im Süden kam für die South Carolina Canal and Rail Road Company eine Dampflok auf die Gleise, die ebenfalls ein Novum vorweisen konnte: Sie soll die erste Lok gewesen sein, die in allen Einzelteilen in den USA hergestellt worden war. Zumindest war sie die erste amerikanische Lok, die für den produktiven Einsatz vorgesehen war. Gebaut wurde die „Best Friend of Charleston" von der Westpoint Foundry im Bundesstaat New York, die auch für die Herstellung der „DeWitt Clinton" verantwortlich war. Aber zum Einsatz kam die „Best Friend of Charleston" in dem südlichen Staat South Carolina, in dem die Stadt Charleston liegt. Für den Transport in den Süden wurde die Maschine erst zerlegt, dann auf ein Schiff verladen und nach der Ankunft in Charleston wieder zusammengebaut. Sie sollte von dem kleinen Ort Hamburg aus auf einer 219 Kilometer langen Strecke Baumwolle zum Hafen transportieren. Zu dieser Zeit war die Strecke jedoch noch nicht ganz fertig gestellt.

Die „Best Friend of Charleston" unternahm die Eröffnungsfahrt an Weihnachten 1830. Ab dem 15. Januar des folgenden Jahres wurde sie auf einer zehn Kilometer langen Strecke für den Personenverkehr eingesetzt. Dabei erreichte sie eine für die damaligen Verhältnisse enorme Geschwindigkeit von bis zu 40 km/h. Leider wurde sie am 17. Juni 1831 bei einer Kesselexplosion zerstört – es war das erste Unglück dieser Art in der amerikanischen Eisenbahngeschichte.

Eine von zwei Nachbauten der „Best Friend of Charleston". *Yellowdogsc/C.C. 3.0*

62 AUS DEN ANFÄNGEN DER EISENBAHN

Die „Old Ironsides"

Der amerikanische Erfinder und Industrielle Matthias W. Baldwin hatte bereits Erfahrung mit stationären Dampfmaschinen, als er 1831 seine erste Lokomotive baute. Diese Dampflok, die nur Vorführzwecken diente, war stark genug, um ein paar Wagen mit jeweils vier Fahrgästen zu ziehen. Im folgenden Jahr stellte er auf Bestellung der Philadelphia, Germantown & Norristown Railroad eine weitere Lokomotive her. Diese Maschine mit dem Namen „Old Ironsides" unternahm am 23. November 1832 ihren ersten Probelauf. Dabei handelte es sich um die erste Fahrt eines Personenzugs im Staat Pennsylvania. Allerdings bewegte sich die Lokomotive nur mit 1,6 Stundenkilometern vorwärts.

„Old Ironsides" mit Wagen. *Sammlung Michael Dörflinger*

Nach weiteren Tests und Verbesserungen erreichte sie schließlich eine Spitzengeschwindigkeit von 45 km/h. Die „Old Ironsides" entsprach zwar nicht gänzlich den Erwartungen der Auftraggeber, doch mit ihr begann Baldwin seinen Siegeszug im Lokomotivenbau (siehe S. 82).

George Stephensons Passagierwagen

Die Eisenbahnen gewannen für den Personenverkehr schnell an Bedeutung. Die ersten von Dampfloks gezogenen Züge fuhren zwar nicht weit, aber sie konnten mehr Wagen anhängen, als es bei Reisen mit Zugpferden möglich war. Mit dem Aufkommen des Personenverkehrs war es nötig, spezielle Passagierwagen zu entwickeln. Ein Beispiel dafür war der Wagen „The Experiment", der an eine Hütte auf Rädern erinnerte und noch von Pferden gezogen wurde. Auch der berühmte Lokomotivenbauer George Stephenson konstruierte einen Personenwagen, allerdings für den Betrieb mit Dampfkraft. Dieser Wagen lief auf vier Rädern. Die Fahrgäste saßen auf dem offenen Wagen und waren noch wenig windgeschützt. Auch ein Dach hielt man noch nicht für nötig. Allerdings gab es bereits Fächer zum Verstauen des Gepäcks im unteren Teil. Ein Bild mit diesen von Stephenson konstruierten Passagierwagen ist von der Liverpool & Manchester Railway bekannt. Die unten abgebildete Zeichnung schickte Stephenson 1835 an die Boston & Lowell Railroad in den USA.

Stephensons Passagierwagen. *Slg. Michael Dörflinger*

61 Die großartige Breitspurbahn

Der Erfolg der ersten Eisenbahngesellschaften steigerte sich zu einer allgemeinen Euphorie. Überall wurden nun Bahnstrecken gebaut. Die Great Western Railway (GWR) gehörte zu den frühesten britischen Eisenbahngesellschaften und zählte später zu den „Großen Vier" (siehe S. 86 ff.). Die Geschichte der GWR begann in der englischen Stadt Bristol. Die Händler der zweitgrößten Hafenstadt des Landes sahen ihre Stellung durch die wachsende Bedeutung Liverpools, von wo aus noch dazu eine Eisenbahnstrecke nach London gebaut werden sollte, bedroht. In Bristol traf man deshalb die Entscheidung, ebenfalls eine Eisenbahnlinie in die Hauptstadt zu bauen, und noch dazu eine bessere als die der Konkurrenten, was sich auch in der verwendeten Breitspur von 2.140 mm zeigte. Kein geringerer als Isambard Kingdom Brunel, der sich bereits durch mehrere Projekte einen Namen gemacht hatte, wurde als Chefingenieur für den Bau der Eisenbahn gewählt. 1841 begannen die Züge zwischen dem Bahnhof Paddington und Bristol zu verkehren. Aber schon zwei Jahre früher hatte die GWR durch die Inbetriebnahme der ersten kommerziellen Telegrafenleitung der Welt von sich Reden gemacht. 1841 waren die Gleise der GWR 275 Kilometer lang. Bis 1924 war die Streckenlänge auf 6.111 Kilometer gewachsen. Die Züge der GWR verkehrten nun nicht mehr nur zwischen London und Bristol, sondern fuhren bis in die Midlands und nach Wales. Nach dem „Spurweitenkrieg" mit anderen Gesellschaften wurde die GWR um 1865 auf Normalspur umgebaut.

Dieser illustrierte Reiseführer wurde 1893 von der GWR herausgegeben.
Sammlung Michael Dörflinger

Isambard Kingdom Brunel

Isambard Kingdom Brunel (1806 bis 1859) hieß einer der berühmtesten Ingenieure des 19. Jahrhunderts. In der Eisenbahngeschichte ist er vor allem als Chefingenieur der Great Western Railway (GWR) bekannt. Eine Statue von ihm steht heute am Bahnhof Paddington in London. Zu den Projekten, mit denen er sich beschäftigte, zählten außer Eisenbahnen auch Tunnel, Schiffe und Brücken. Zu seinen bekanntesten Tunnelbauprojekten gehörte der Box-Tunnel zwischen Bath und Chippenham, der seinerzeit mit 2,95 Kilometern der längste Eisenbahntunnel der Welt war und auf der Hauptstrecke der GWR lag. Die Brunel-Breitspur geht ebenfalls auf ihn zurück.

Brunel (vordere Mitte) beim Stapellauf der „SS Great Eastern", des bis dahin größten Dampfschiffes.
Sammlung Michael Dörflinger

Die 1859 eröffnete Royal Albert Bridge ermöglichte den Zugverkehr über den Fluss Tamar. *Slg. Michael Dörflinger*

Fairlie-Paradies Ffestiniog

Wenn man wissen will, was eine Fairlie-Lokomotive ist, dann macht man sich am besten auf die Reise nach Wales. Dort kann man diese seltene Spezies noch auf freier Eisenbahn beobachten. Die Bahngesellschaft Ffestiniog hatte 1836 eine Pferdebahn eingerichtet. Die Strecke ins Tal wurde allein durch die Schwerkraft bewältigt. Die Pferde saßen dabei in eigenen Wagen und wurden erst für die Fahrt bergauf angeschirrt. Ziel der Ffestiniog-Bahn war der Transport von Schiefer aus den Bergwerken zum Hafen Porthmadog. Ab 1863 fuhren die ersten Dampfloks. Nun konnte deutlich mehr Material transportiert werden. Die Spurweite von 600 Millimetern wurde beibehalten. Man brauchte zugstarke Schmalspurloks, die auch sehr wendig sein mussten. Nur wenige Jahre später fand man mit den Maschinen der Bauart Fairlie ein passendes Konzept, bei dem auf den teuren Bau eines zweiten Gleises verzichtet werden konnte. Die Doppellokomotiven sind so etwas wie siamesische Zwillinge, denn sie haben eigentlich kein Heck, sondern zwei symmetrisch aufgebaute Vorderteile und einen Führerstand in der Mitte. Nach dem Zweiten Weltkrieg wurde der Verkehr auf der Strecke eingestellt. Doch bereits 1954 konnten die ersten Züge mit Fairlie-Loks auf dem wieder instand gesetzten Schienenstrang rollen – bis heute. Zwischen Ende März und Anfang November wird jeden Tag gefahren, in den Wintermonaten nur an wenigen Tagen.

Lok Nummer 10 „Merddin Emrys" ist die älteste Fairlie, die noch im Dienst steht. *Mike Buck/C.C. 3.0*

AUS DEN ANFÄNGEN DER EISENBAHN

Die erste deutsche Eisenbahn

In Großbritannien hatte die Eisenbahngeschichte ihren Anfang. Schon bald erkannte man auch auf dem europäischen Festland die Vorteile der dampfgetriebenen Zugmaschinen. Die ersten kontinentaleuropäischen Länder, die eigene Eisenbahnen einweihten, waren Belgien, Frankreich und das Königreich Bayern.

Die Nachrichten von den erfolgreichen ersten englischen Eisenbahngesellschaften, wie der Stockton and Darlington Railway, gelangten bis nach Bayern, wo sich eine Gruppe von Kaufleuten dafür einsetzte, eine Gesellschaft zum Bau einer Eisenbahnstrecke zwischen Nürnberg und Fürth zu gründen. Auf diese Weise entstand 1833 die Ludwigs-Eisenbahn-Gesellschaft, die im folgenden Jahr die Konzession für den Bau der sechs Kilometer langen Strecke erhielt.

Eine eigene Lok konnte die bayerische Eisenbahngesellschaft nicht herstellen. Deshalb nahm man Kontakt mit der Lokomotivenfabrik Robert Stephenson & Co. in Newcastle auf. Stephenson bestand darauf, dass man beim Bau der Strecke die Spurweite der Stockton and Darlington Railway von 1.435 Millimetern, der späteren Normalspur, übernahm. 1835 traf in Nürnberg die bestellte Lokomotive in ihre Einzelteile zerlegt ein. Man hatte sie zunächst per Schiff transportiert und dann mit Maultieren in die Werkstatt gezogen, wo sie zusammengebaut und auf die Gleise gestellt werden sollte. Zudem hatte man einen Bahnhof aus Holz errichtet. Am 7. Dezember war es soweit:

Der „Adler" vor der Abfahrt. *Sammlung Michael Dörflinger*

Der „Adler", die erste mit Dampf betriebene Zugmaschine in Deutschland, unternahm nach einem Kanonenschuss die Eröffnungsfahrt. Der Regelbetrieb wurde am folgenden Tag aufgenommen. 1836 bestellte die Bahngesellschaft bei Stephenson noch eine Reservelok, der man den Namen „Pfeil" gab. Neben den Loks blieben aber bis 1862 noch pferdebespannte Züge im Einsatz. In den 1850er-Jahren wurden der „Adler" und seine Schwesterlokomotive ausgemustert. Die Originale existieren heute nicht mehr, dafür aber zwei Nachbauten des legendären „Adler", die 1935 und 1952 hergestellt wurden.

Der „Adler" mit ihrem Schlepptender auf einem Foto. *Sammlung Michael Dörflinger*

65 Es waren Bierfässer

Ein kostbares Transportgut. *Sammlung Michael Dörflinger*

In England waren die frühen Züge für den Transport von Kohle aus den Bergwerken vorgesehen. In Bayern hatte man für den ersten Gütertransport ebenfalls eine zur Landeskultur passende Ware ausgewählt, nämlich zwei Bierfässer. Man nahm diesen Auftrag sehr ernst. Deswegen sollte auch ein gewisser Direktorialkommissär Löhner dafür Sorge tragen, dass alles reibungslos verlief. Am Nachmittag des 11. Juli 1836 wurden die beiden Fässer zum bereitstehenden Zug der Ludwigsbahn geschafft und mühsam auf den Tender gehoben. Der „Adler" stand schon unter Dampf, Passagiere nahmen Platz. Dann setzte sich der Zug – wie man es nun schon ein halbes Jahr lang gewohnt war – in Gang. Erstmals in der Geschichte der deutschen Eisenbahn wurden Güter transportiert. Doch abgesehen von weiterem Biernachschub und einigen Zeitungen schien das Interesse für diese Transportform zunächst gering zu sein. Viele andere Strecken wurden aber mit der Absicht geplant, die Eisenbahn zur Fracht wichtiger Rohgüter und Industriewaren zu nutzen.

66 Friedrich List, der Eisenbahnförderer

Zwei Jahre vor der Eröffnung der ersten deutschen Eisenbahn hatte Friedrich List (1789–1846) seine maßgebliche Schrift „Ueber ein sächsisches Eisenbahnsystem als Grundlage eines allgemeinen deutschen Eisenbahnsystems und insbesondere über die Anlegung einer Eisenbahn von Leipzig nach Dresden" veröffentlicht. List hatte während seines Aufenthalts in den USA Erfahrungen mit der Eisenbahn gemacht. Er hatte im Bergbaugebiet von Pennsylvania reiche Kohlevorkommen entdeckt und mit einigen Partnern ein Bergwerk gegründet. Um die Kohle zum Schuykill-Kanal und weiter nach Philadelphia transportieren zu können, gründete er 1831 eine Eisenbahngesellschaft. Züge, so erkannte List, hatten den Vorteil, dass sie meist rentabel waren, was auf Kanäle oft nicht zutraf.

Lists Büste im Nürnberger Eisenbahnmuseum. *Michael Dörflinger*

Durch mehrere Veröffentlichungen versuchte er, maßgebende Kreise für den Eisenbahnbau in Deutschland zu gewinnen.

Erste deutsche Fernstrecke

Friedrich List hatte in der Schrift von 1833 eine Eisenbahnlinie zwischen Leipzig und Dresden propagiert. Er zeigte den Verantwortlichen in Sachsen, wie profitabel die Eisenbahn sein konnte. Um Geld zu sparen, sollte erst einmal eine Trasse auf billigem Unterbau errichtet werden. Von den zu erwartenden Gewinnen sollte die verbesserte Trassierung finanziert werden. Da diese Eisenbahn ein profitorientiertes Unternehmen war und man Geldgeber und potenzielle Unterstützer überzeugen wollte, war geplant, die über 110 Kilometer lange Trasse in Abschnitten zu eröffnen. Den Anfang machte am 24. April 1837 die Strecke von Leipzig in das zehn Kilometer entfernte Althen, heute ein Stadtteil von Leipzig. Die restliche Strecke wurde am 7. April 1839 für den Verkehr freigegeben.

Der Zug fuhr anfangs nur bis Althen. *Sammlung Michael Dörflinger*

Made in Germany

Johann Andreas Schubert (1808–1870) war der Sohn eines Tagelöhners in Sachsen, der es schaffte, zum Professor für Maschinenbau und Bauingenieurwesen aufzusteigen. 1837 war er maßgeblich bei der Gründung der Maschinenbauanstalt Übigau beteiligt. Im Jahr darauf entstand in dem Werk in Übigau, das heute zu Dresden gehört, eine Lok mit dem Namen „Saxonia". Zwar hatte die Königliche Eisengießerei in Berlin schon 1815 eine kleine, allerdings nicht einsatzfähige Lokomotive gebaut. Bei der „Saxonia" handelte es sich aber um die erste funktionsfähige, für den praktischen Betrieb vorgesehene Dampflok aus deutscher Produktion. Mit dieser Maschine sollte die Leipzig–Dresdner Eisenbahn von Dampflokimporten aus England unabhängig werden. Die Maschine war mehr oder weniger der Nachbau eines englischen Vorbilds namens „Comet" mit einem auffälligen Stehkessel. Die „Saxonia" wurde 1856 ausgemustert. 1988 entstand in der DDR ein Nachbau.

Nachbau von 1988. *Jürgen Heegmann/Creative Commons*

Die Kunze-Knorr-Bremse

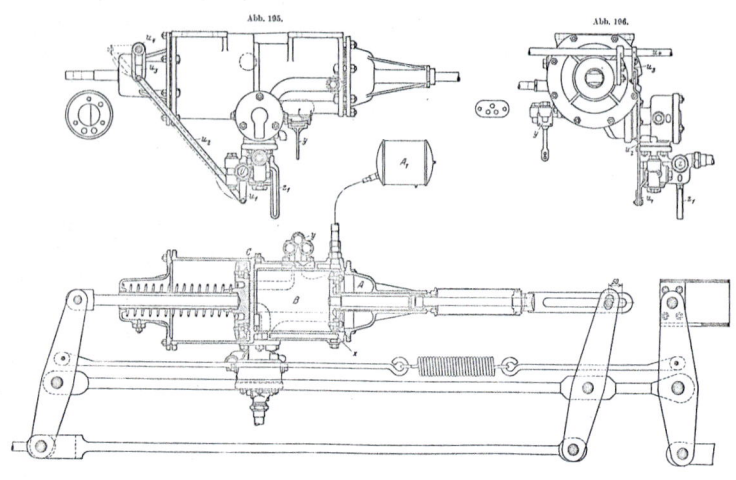

Technische Zeichnung der mehrlösigen Kunze-Knorr-Bremse, die mit Druckluft arbeitet. *Knorr-Bremse AG*

Hier an jedem Wagen hatte ein Bremser seinen Arbeitsplatz. *Rudis-Fotoseite.de/Pixelio.de*

Bis 1927 beschäftigte die Reichsbahn Bremser. Sie saßen in Bremserhäuschen, die an jedem Güterwaggon – früher auch Personenwagen – angebracht waren. Auf ein Pfeifsignal des Lokführers hin mussten sie diesen Wagen bremsen. Doch dann wurden alle Güterwagen mit der Kunze-Knorr-Bremse ausgerüstet, einer automatischen durchgehenden Druckluftbremse, mit der selbst in langen Güterzügen die Bremskraft nicht nur stufenweise verstärkt, sondern auch stufenweise wieder gelöst werden konnte, was sie von der Westinghouse-Bremse unterschied. Mit dieser Einrichtung wurden nicht nur große Summen eingespart, die durch die wegfallenden Personalkosten und die Beschleunigung des Güterverkehrs realisiert wurden, sondern die KK-Bremse sorgte vor allem für höhere Betriebssicherheit.

AUS DEN ANFÄNGEN DER EISENBAHN

Die Westinghouse-Bremse

Die frühen Eisenbahnkonstrukteure beschäftigten sich damit, wie man Züge in Bewegung brachte. Aber der Amerikaner George Westinghouse (1846–1914) aus Pittsburgh wollte das Gegenteil, nämlich den Zug zum Stehen bringen. Dies gelang ihm erstmals 1869, als er nur 22 Jahre alt war, mit einem Versuchszug der Pennsylvania Railroad. Er erreichte dies durch die Verwendung einer Druckluftbremse. Dazu hatte er auf der Lokomotive einen Kompressor installiert. Jeder Wagen war mit einem Druckluftbehälter und einem speziellen Ventil versehen. Eine Druckluftleitung lief von Wagen zu Wagen, um die Behälter zu füllen und die Ventile zu steuern. Dadurch konnte der Lokführer von seiner Maschine aus alle Bremsen der angehängten Wagen betätigen. Vorher mussten im Zugverbund mit den Zügen sogenannte Bremser mitfahren, um die Bremsen der Wagen einzeln zu betätigen. Die Erfindung von Westinghouse sorgte nicht nur für mehr Sicherheit, sondern hatte auch eine Rationalisierung des Eisenbahnverkehrs zur Folge und erlaubte darüber hinaus höhere Geschwindigkeiten. Westinghouse gründete zur Produktion dieser Bremseinrichtungen die Firma Westinghouse Air Brake Company (WABCO). In Deutschland wurde die Westinghouse-Bremse zunächst in Schnellzügen und dann sukzessive in den anderen Personenzügen eingebaut. 1887 verbesserte Westinghouse seine Erfindung zur Westinghouse-Schnellbremse.

Mit der Westinghouse-Luftdruckbremse konnte ein Zug mit einer einzigen Handbewegung zum Halten gebracht werden. Dies war ein enormer Vorteil gegenüber den einzeln betätigten Bremsen.
SriMesh/C.C. 3.0

Der älteste deutsche Bahnhof

Nach der Ludwigseisenbahn war die 1837 gegründete München–Augsburger Eisenbahn-Gesellschaft das zweite bayerische Unternehmen dieser Art. Während man in München auf dem Marsfeld einen provisorischen Bahnhof aus Holz zimmerte, engagierte man in Augsburg den aus der Oberpfalz stammenden Architekten Johann Georg Gollwitzer (1810–1890), um einen Bahnhof zu errichten. Am 4. Oktober wurde der erste, vor dem Roten Tor gelegene, Augsburger Bahnhof mit Böllerschüssen, Blasmusik und Chorgesang sowie dem Beifall der zahlreichen Zuschauer in Betrieb genommen. Allerdings erfüllte das Gebäude nicht lange diese Bestimmung, denn schon 1845 ersetzte es ein neuer Bahnhof am Rosenauberg, der als Durchgangsbahnhof einige Vorteile aufwies, während es sich beim Vorgänger um einen Kopfbahnhof handelte. Mittlerweile war Augsburg durch den Ausbau der Ludwig-Süd-Nord-Bahn auch aus nördlicher und südlicher Richtung mit der Eisenbahn erreichbar. Der erste Bahnhof wurde für andere Zwecke verwendet, unter anderem als Militärreitschule. Aber 1920 kaufte die Stadt Augsburg das alte Bahnhofsgebäude und integrierte es in einen neuen Straßenbahnbetriebshof.

Der ehemalige Augsburger Bahnhof liegt etwas versteckt in der Nähe der Stadtmauer am Roten Tor. Nur wenige wissen über seine Bedeutung in der Eisenbahngeschichte Bescheid. *Michael Dörflinger*

Erste deutsche Auslandsverbindung

Herbesthal war der letzte deutsche Bahnhof vor der belgischen Grenze. *Sammlung Michael Dörflinger*

Das Gebiet um die beiden Städte Eupen und Malmedy westlich von Aachen ist eine Region, die dadurch bekannt wurde, dass Deutschland sie 1919 im Versailler Vertrag an Belgien abtreten musste. Bis dahin war die Gegend Teil des deutschen Bundesstaates Preußen. Bereits 1838 wurde hier an einer Eisenbahnstrecke von Aachen nach Verviers und Lüttich gebaut, die 1843 eröffnet werden konnte. Damit war der Deutsche Bund an das Ausland angeschlossen. Erstmals hatte die Eisenbahn eine Landesgrenze überwunden. Der Grenzübertritt erfolgte zwischen Herbesthal auf preußischer und Welkenraedt auf belgischer Seite. In Herbesthal wurde der erste Grenzbahnhof der Welt aufgebaut, der Gebäude für die Grenzpolizei und den Zoll benötigte. Für die Eisenbahner wurde eine eigene Siedlung angelegt. In Welkenraedt wurde erst später ein Bahnhof errichtet. Bis dahin waren auch die belgischen Grenzer in Herbesthal tätig. Der Ort hatte durch den Grenzverkehr einen spürbaren Aufstieg erfahren und wurde sehr bekannt. Viele Reisende mussten hier darauf warten, dass die Lokomotiven der beiden Bahngesellschaften ausgetauscht wurden. Um einen möglichst angenehmen Aufenthalt zu sichern, wurden Wartesäle und ein eigenes Fürstenzimmer für höher gestellte Persönlichkeiten eingerichtet. Durch die Nordseebäder und die Alpenregionen war der Grenzübergang auch touristisch von Bedeutung. Mit Ausbruch des Ersten Weltkriegs 1914 wurde Herbesthal zu einem bedeutenden Nachschubzentrum. Nach dem Friedensvertrag von Versailles 1919 hatte sich die Grenze näher an Aachen herangeschoben. Das jetzt belgische Herbesthal verlor an Bedeutung, 1966 wurde der Bahnhof sogar geschlossen.

Die Wagenklassen waren früher groß auf den Wagen angeschrieben. Teilweise beherbergte ein Wagen auch zwei unterschiedliche Klassen und war dann zweifarbig lackiert. *mirvav/Fotolia.de*

73 Wagenklassen

Das Fahren mit der Eisenbahn war immer auch eine Frage des gesellschaftlichen Status. Gekrönte Häupter hatten ihre eigenen Salonwagen, der Geburts- und Geldadel wollte unter sich bleiben. Der einfache Reisende musste aufs Geld schauen. Die Eisenbahngesellschaften reagierten darauf mit verschiedenen Wagenklassen. Heute kennt man die teure 1. Klasse und die von der überwiegenden Mehrheit gebuchte 2. Klasse. Das war nicht immer so. Neben diesen beiden „Polsterklassen" gab es für die einfache Bevölkerung eine dritte Wagenklasse mit Holzbänken, die man auch als „Holzklasse" bezeichnet hatte. Dem Standesdünkel in Preußen war es geschuldet, dass die Staatsbahn 1852 sogar eine vierte Wagenklasse einführte, die lediglich eine rudimentäre Ausstattung bot. Bänke gab es zunächst nur an den Wänden, ansonsten boten diese Wagen keinerlei Komfort. Angenehm war hingegen der niedrige Preis, der vielen das Bahnfahren erschwinglich machte. Verglichen mit der 3. Klasse kostete ein Ticket die Hälfte. Die 4. Klasse setzte sich in Norddeutschland bald allgemein durch, doch in einigen süddeutschen Staaten hatte man darauf verzichtet. Erst 1906 boten sie eine 4. Klasse an, die aber dann meist aus älteren Wagen der 3. Klasse bestand. In Preußen hatten die Wagen je nach Klasse eine eigene Lackierung. 1928 wurde in Deutschland die 4. Klasse abgeschafft.

Die Mindener Museumseisenbahn

Dieser Wagen, mit der 2. Klasse im grünen Teil, der 3. Klasse im braunen, wurde bereits 1906 in Aachen gebaut. Er gehört zum Preußenzug. Seine Bezeichnung lautet: 852 „Altona". *Erich Westendarp/Pixelio.de*

Wagen mit den alten Klassen kann man zum Beispiel in Minden finden. In der zweiten Hälfte des 19. Jahrhunderts gewann die Eisenbahn für den Personenverkehr und die Wirtschaft in Deutschland eine zunehmende Bedeutung. Zahlreiche regionale Betreibergesellschaften sprangen aus dem Boden, um den wachsenden Bedarf befriedigen zu können. Ein Beispiel dafür waren die Mindener Kreisbahnen (MKB), die 1892 gegründet wurden und Strecken in den damaligen Kreisen Minden und Lübbecke in Ostwestfalen-Lippe unterhielten. Ein anderes Beispiel ist die Wittlager Kreisbahn, die 1891 gegründet wurde, um den zur Provinz Hannover gehörenden Landkreis Wittlage zu erschließen.

Wer wissen möchte, wie es bei damaligen Klein- und Nebenbahnen zuging, welche Klassen es gab und wie die Wagen innen aussahen, kann dies heute noch bei der Museumseisenbahn Minden (MEM) erfahren. Die Aktiven treten sogar in historischen Bahnuniformen auf. Bei der Mindener Museumseisenbahn steht eine möglichst authentische Zusammenstellung des Rollmaterials im Vordergrund. Bei Zukäufen achtet man deshalb genau darauf, dass eine Neuerwerbung in das Konzept passt. Während hier der „Preußenzug" im Zentrum der Bemühungen steht, wird auf der ehemaligen Wittlager Kreisbahn im Landkreis Osnabrück eine Nebenbahn der Deutschen Reichsbahn-Gesellschaft aufgebaut. Die Hauptlok, die auch den „Preußenzug" führt, ist die im Jahr 2000 erworbene 7512 „Hannover", eine preußische T 11 von 1908. Andere Juwelen der Sammlung sind etwa eine preußische T 13 aus dem Jahr 1919, ein Wismarer Schienenbus von 1933 und neun Dieselloks, die älteste darunter von 1934.

Die älteste Gebirgsbahn

Das sehenswerte SÜDBAHN Museum in Mürzzuschlag am südlichen Ausgangspunkt der Bergstrecke wurde anlässlich der 150-Jahrfeier der Semmeringbahn im Jahr 2005 gegründet. *Südbahnmuseum*

Von 1861 stammt diese Lok aus dem Bestand der ehemaligen österreichischen Südbahn. *Ex13/C.C. 4.0*

Die Güterzug-Dampflok 180.01 von Gölsdorf war der erste Fünfkuppler. *Südbahnmuseum*

Die 1854 eröffnete Semmeringbahn gehört zum UNESCO-Welterbe. Sie war die erste Gebirgsbahn Europas und Teil der Südbahn, die Wien mit Triest und den alten Adriabädern der Habsburgermonarchie verband. Mit ihren vielen spektakulären Viadukten, Steigungen bis 28 Promille und engen Kurven bietet die Semmeringbahn dem Eisenbahnfan auch heute noch ein faszinierendes Fahrerlebnis. Auf dem Semmering machte früher die Wiener Haute volée Urlaub. Viele manchmal etwas heruntergekommene Prachtbauten erinnern an diese Zeit. In Mürzzuschlag wurde ein großer Bahnhof gebaut, denn hier wurden Loks stationiert, die die Züge über den Semmering verstärken sollten. Auf Teilen des Areals befindet sich das Südbahnmuseum, das an die Geschichte der Strecke erinnert.

Das sehenswerte Nationale Slowenische Eisenbahnmuseum (Železniški muzej Slovenskih železnice) in Ljubljana verfügt ebenfalls über Bestände der alten k.u.k. Südbahn.

Vom Pazifik nach Osten

Seit 1846 reichte das Gebiet der Vereinigten Staaten von der nordamerikanischen Ostküste bis zur Westküste. Doch über die Rocky Mountains von Ost nach West zu reisen, war ein beschwerliches und zeitaufwendiges Unterfangen. Der amerikanische Kongress erließ deshalb 1862 und 1864 Gesetze, die den Bau einer transkontinentalen Eisenbahn erleichtern sollten. Bereits 1861 hatten kalifornische Händler, die als die „Großen Vier" bekannt waren, eine Eisenbahngesellschaft mit dem Namen Central Pacific Rail Road (CPRR) gegründet. Nach der Verabschiedung des ersten Gesetzes begann der Streckenbau vom kalifornischen Sacramento aus Richtung Osten, während die Union Pacific Railroad von Omaha in Nebraska aus Richtung Westen die Gleise verlegte. Die CPRR hatte für diese Tätigkeit zahlreiche Arbeiter aus China angeheuert. Bis zur Fertigstellung der transkontinentalen Eisenbahn wurden von der CPRR etwa 2.900 Kilometer an Gleisen verlegt und neun Tunnel gegraben.

Nach Vollendung der transkontinentalen Eisenbahn bot die CPRR Reisen für Touristen an. *Slg. Michael Dörflinger*

Der goldene Nagel

Während sich die Arbeiter der Central Pacific Rail Road mit ihren Gleisen von Kalifornien aus nach Osten vorwärts arbeiteten, begann 1862 in Omaha, im Bundesstaat Nebraska, die Union Pacific Rail Road (UP) nach Westen Gleise zu verlegen. Die Union Pacific hatte ebenfalls staatliche Hilfen bekommen, um das Projekt durchzuführen. Dazu gehörten Staatsanleihen und ungefähr 4,8 Millionen Hektar Land. Bei den etwa 20.000 Arbeitern, die täglich bis zu neun Kilometer Schiene verlegten, handelte es sich zum großen Teil um irische Einwanderer. Sowohl die harten Arbeitsbedingungen als auch Überfälle durch Indianer kosteten mehreren Hundert Arbeitern das Leben. Am 9. Mai 1869 war es dann soweit: Die Strecken der Union Pacific und der Central Pacific trafen sich am Zielpunkt, dem „Promontory Summit", nördlich des Großen Salzsees in dem damaligen Territorium Utah. Am folgenden Tag wurden in einer Zeremonie die letzten Nägel eingeschlagen: einer aus Gold, einer aus Silber und einer aus einer Mischung aus Gold, Silber und Eisen sowie am Ende der letzte Nagel aus Gold.

Das Einschlagen des goldenen Nagels am 10. Mai 1869 war für die Arbeiter der beiden Eisenbahnen ein Tag des Feierns und ein bedeutendes Datum in der Eisenbahngeschichte. *Andre J. Russell*

Der Londoner Untergrund

Die „Tube" (Röhre) ist die älteste U-Bahn der Welt. Mit täglich bis zu fünf Millionen Passagierfahrten ist sie heute ein unverzichtbares Verkehrsmittel in London. *Christa Richert*

Die Industrielle Revolution ließ die Bevölkerung Londons stark wachsen. Mit etwa 2,8 Millionen Einwohnern war die Hauptstadt des Empires die größte Metropole der Welt. Die Infrastruktur hatte Mühe, mit dem wachsenden Verkehr Schritt zu halten. In den Straßen drängten sich Fußgänger und Wagen. In den 1850ern hatten die Bahnlinien die Außenbezirke der Themse-Stadt erreicht. Sie hatten aber keine Möglichkeit, ins Zentrum zu fahren. Stattdessen mussten die Passagiere aussteigen und zu Fuß oder in Kutschen ihre Reise fortsetzen.

Am 10. Januar 1863 geschah jedoch etwas Außergewöhnliches: Ein Dampfzug fuhr zwischen Paddington und Farringfon – und zwar in einem Tunnel. Es war die erste Untergrundbahn der Welt. In der Folgezeit wurden neue Strecken eingeweiht, und am 7. Dezember 1869 fuhr erstmals ein Zug durch den Themse-Tunnel, der bereits 1843 fertig gestellt, aber aus Geldmangel für den Schienenverkehr nicht hatte eröffnet werden können. Die Züge fuhren anfangs noch mit Dampfkraft, was trotz der Abzugsschächte eine nicht geringe Belastung für die Passagiere und vor allem für die Beschäftigten der Eisenbahn bedeutete. Am 18. Dezember 1890 erfolgte jedoch die Eröffnung einer Strecke von der City bis Stockwell, die mit elektrischer Traktion betrieben wurde. Da kein Rauchabzug mehr nötig war, konnten die Tunnel in größeren Tiefen gebohrt werden und sogar übereinander verlaufen. Wegen dieser röhrenförmigen Tunnel erhielt die Londoner Untergrundbahn die umgangssprachliche Bezeichnung, die auch heute noch verwendet wird: „Tube".

Westafrikas erste Eisenbahn

Das französische Ministerium für Marine und Kolonien organisierte im Jahre 1880 einen Wettbewerb, der den großen französischen Unternehmen offenstand, um eine Eisenbahnstrecke zwischen Dakar und dem 265 Kilometer entfernten Saint-Louis, der damaligen Hauptstadt Französisch-Westafrikas, zu bauen und zu betreiben. Das Projekt der Bahnstrecke Dakar–Saint-Louis wurde anschließend der Baufirma Batignolles (SCB) übertragen.

Die beiden Städte, die über die Schiene verbunden werden sollten, liegen heute im Senegal. Damals war die Kolonialmacht Frankreich erst dabei, ihre Kontrolle über die ehemaligen lokalen Staaten und Stämme durchzusetzen. Die örtliche Bevölkerung reagierte auf die Eisenbahn deswegen oft feindselig. Am 29. Dezember 1884 kam es beispielsweise zu einem Angriff auf eine Mannschaftsunterkunft. Am 19. Februar 1885 entgleiste ein Zug. Am 8. März des gleichen Jahres wurde ein Zug mit „Projektilen" beschossen, und am 24. März kam es zu einem weiteren Entgleisen an einer Brücke infolge des Absenkens der Böschung. Die Lokomotive und zwei angehängte Wagen verschwanden im Sumpf. Trotz aller Widerstände und Unglücke konnte die Strecke in ihrer Gesamtheit bereits im Juli 1885 in Betrieb genommen werden. Später wurde die Eisenbahnlinie von Dakar aus bis nach Bamako, der Hauptstadt des heutigen Staates Mali, erweitert.

Der Streckenbau zwischen Dakar und Saint-Louis gilt als technische Meisterleistung und ging sogar ähnlichen Projekten im britischen Westafrika voraus. Heute ist allerdings eine Eisenbahnreise zwischen den beiden senegalesischen Städten nicht mehr möglich.

Die Eisenbahn Dakar–Saint-Louis bot neue Transport- und Reisemöglichkeiten zur Erschließung des Landes, wurde von vielen Einheimischen aber auch als Symbol einer fremden Macht gesehen. *Sammlung Michael Dörflinger*

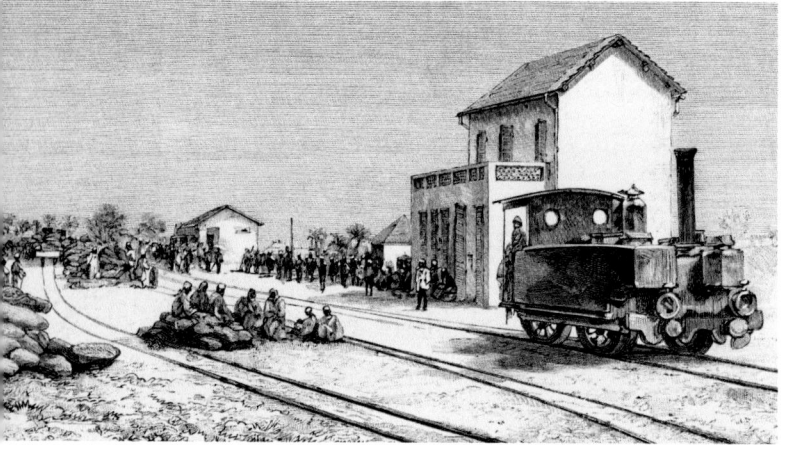

Die erste Diesellok

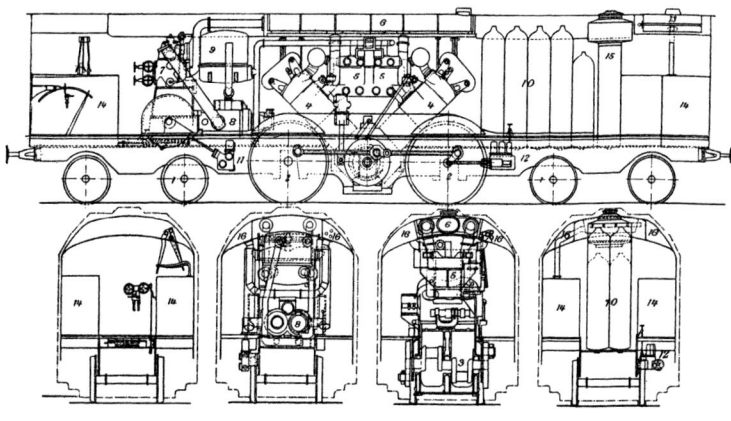

Eine Konstruktionszeichnung der Thermolokomotive. *Sammlung Michael Dörflinger*

Sie sah ein bisschen aus wie ein selbstfahrender Wagen. Auf der Schweizer Seite des Bodensees absolvierte die erste Großdiesellok der Welt ihre Jungfernfahrt. Rudolf Diesel hatte für die Idee einer Lokomotive mit seinem Motor nach Partnern Ausschau gehalten und zusammen mit dem Berliner Oberbaurat Adolph Klose und der Schweizer Firma Sulzer in Winterthur ein Team gefunden, mit dem er eine Firma gründete. Die 1912 entstandene „Diesel-Klose-Sulzer-Thermolokomotive" war von der Königlich Preußischen Eisenbahn-Verwaltung bestellt und von der Firma Borsig in Berlin gebaut worden. Der Motor stammte von Sulzer in Winterthur. Thermolokomotive hieß die Maschine, weil Diesel seinen Motor als Wärmekraftmaschine bezeichnet hatte. Eine erste Probefahrt unternahm die Lok auf der Strecke von Winterthur nach Romanshorn in der Schweiz. 1913 wurde sie in einer Triumphfahrt nach Berlin überführt. Immerhin erreichte die mit einem 883 kW (1.200 PS) starken Vierzylinder-Zweitaktmotor ausgestattete Lok bei Nenndrehzahl eine Höchstgeschwindigkeit von 100 km/h. Doch unvermeidliche Kinderkrankheiten, der Riss in einem Motorzylinder und der ein Jahr später einsetzende Erste Weltkrieg verhinderten einen Erfolg dieser Maschine. 1920 wurde die Thermolok verschrottet. Zu dieser Zeit galt sie bereits als konzeptionell veraltet.

Um ein Erfolg zu werden, war die Technik der Thermolok noch nicht ausgereift genug. *Sammlung Michael Dörflinger*

Baldwin, die Nummer 1

Die Baldwin Locomotive Works in Philadelphia – später in dem kleinen Ort Eddystone – erwuchsen aus bescheidenen Verhältnissen. Matthias William Baldwin, der Firmengründer, hatte sich 1832 durch den Bau der „Old Ironsides" einen Namen gemacht. Die Finanzkrise von 1837 und die folgende Rezession überlebte Baldwins Unternehmen nur knapp, und durch den 1861 ausgebrochenen Bürgerkrieg fiel der wichtigste Absatzmarkt für die Baldwin-Lokomotiven, die Südstaaten, weg. Die fehlende Nachfrage wurde jedoch bald durch Bestellungen der US-Regierung für die Armee ausgeglichen. Während der Dampflokära stiegen die Baldwin Locomotive Works zum weltweit größten Hersteller von Dampfloks auf. In den USA zählten sie zu den „Big Three". Die anderen der „Großen Drei" waren die American Locomotive Company (ALCO) und die Lima Locomotive Works. Im 19. Jahrhundert stellte Baldwin unter anderem Lokomotiven der Bauarten 4-4-0 „American", 2-6-0 „Mogul" und 2-8-0 „Consolidation" her. Im 20. Jahrhundert gehörten 2-8-2 „Mikado", 4-6-2 „Pacific", 4-8-2 „Mountain", 2-8-8-4 „Yellowstone" und 4-6-6-4 „Challenger" zum Programm.

Mit dem Aufkommen der Diesellokomotiven verlor Baldwin aber zunehmend an Bedeutung. Bis 1956, als das endgültige Ende der Produktion von Dampfloks erfolgte, hatten die Baldwin Locomotive Works über 70.500 Dampflokomotiven hergestellt.

Ein Blick in die Produktionshalle der Baldwin Locomotive Works. *Sammlung Michael Dörflinger*

Borsig, die Nummer 2

Johann Friedrich August Borsig gründete 1837, im Alter von 33 Jahren, in Berlin ein eigenes Unternehmen. Schon sein erstes Produkt, ein Schienenstuhl, brachte ihn mit der Eisenbahn in Kontakt. Borsig stellte neben Gussteilen bald auch Dampfmaschinen her. Seine erste Lokomotive absolvierte 1841 ihre Testfahrt und wurde noch im gleichen Jahr von der Berlin-Anhaltischen Eisenbahn-Gesellschaft übernommen. Sie war eine der ersten in Deutschland gebauten Lokomotiven. Der Eisenbahnboom bescherte ihm weitere Aufträge. Zunächst baute er seine Loks nach amerikanischem Vorbild. Aber anlässlich der Berliner Industrieausstellung 1844 stellte er die „Beuth" vor, seine 24. Lokomotive und erste Eigenkonstruktion. Bei einem Wettrennen gegen eine Stephenson-Lok gewann die „Beuth" mit einem Vorsprung von zehn Minuten. 1846 verließ bereits die hundertste Lokomotive sein Werk, 1854 die fünfhundertste. Allerdings starb Borsig noch im gleichen Jahr. Sein Sohn Albert führte die Firma erfolgreich weiter. 1858 fand eine Feier zur Fertigstellung der tausendsten

August Borsig (1804–1854) nach einem Gemälde von Franz Krüger. *Sammlung Michael Dörflinger*

Lok statt. 1872 konnte sich das Unternehmen als größter europäischer und weltweit zweitgrößter Lokomotivenhersteller bezeichnen. Während der Weltwirtschaftskrise der 1930er-Jahre fusionierte Borsig mit der AEG. Daraufhin wurde die Lokomotivenproduktion nach Hennigsdorf in Brandenburg verlagert.

1935 entstand die Borsig-Schnellzuglokomotive der DR-Baureihe 05. *Sammlung Michael Dörflinger*

Eisenbahnvermesser in den USA 1888. Es ging meistens ruhiger zu als in „Winnetou I". *John C. H. Grabill*

83 Berufe bei der Eisenbahn

Aufbau und Betrieb einer Eisenbahn sind sehr aufwendig und erfordern viel Personal. Was passiert, wenn man an Mitarbeitern spart, kann man derzeit bei der Deutschen Bahn sehen. Allerdings brachte es der technische Fortschritt mit sich, dass viele Berufe, die es bei der Eisenbahn einst gab, heute nicht mehr existieren. Das gilt zum Beispiel für die Bremser, die Heizer, die Schrankenwärter oder den Streckengeher, der die Gleise entlang lief, um etwaige Schäden festzustellen.

Der prominenteste Beruf, der in der großen Eisenbahnzeit bei vielen Jungen so begehrt war wie später der Astronaut oder der Pilot, heißt Lokführer. Er hatte die Gewalt über seine Lokomotive, war im Dampflokzeitalter verantwortlich für Wasser, Kohle und Sand, die nötigen Wartungsaufgaben und den Papierkram. Doch seine Arbeit in der Dampflok war anstrengend, der Arbeitsplatz neben der Feuerbüchse sehr heiß. Dazu kamen die unterschiedlichen Arbeitszei-

Schienenleger auf dem Sinai im Ersten Weltkrieg.
Official History of Australia in the War of 1914-1918. Volume XII

SUPERLATIVE: GRÖSSER UND STÄRKER

ten. Abgesehen von den geringeren Wartungsanforderungen moderner Loks hat sich hier gar nicht so viel geändert.

Der Heizer war der zweite Mann an Bord der Dampflok neben dem Lokführer. Seine wichtigste Aufgabe war es, den Kessel mit Kohle zu beschicken. Um Lokführer werden zu können, musste man viele Jahre auf dieser gering vergüteten, körperlich anstrengenden Stelle ausharren. Der Zugführer begleitete den Personenzug in den Wagen und war der Ansprechpartner für seine Fahrgäste. Ihm unterstanden die Schaffner.

Im Bahnbetrieb spielt das Rangieren vor allem von Güterzügen eine wichtige Rolle. Eigene Rangierloks verrichten an den großen Güterbahnhöfen diese Arbeit. Für das Be- und Entladen der Güterwagen braucht man Personal. In den Zeiten vor der massenhaften Verbreitung von Lieferwagen und Lkw war die Eisenbahn das wichtigste Transportmittel von Lebensmitteln, Industrie- und Verbrauchsgütern. Im Hintergrund arbeiten die Bahnverwaltungen, die auch die Fahrpläne erstellen, Verbindungen planen, Werbung machen und vieles mehr. Die Eisenbahn stellt viele Arbeitsplätze verschiedenster Art.

Heizer bei der Arbeit. *Redmann Gerhard/Pixelio.de*

Dieser Lokführer ist beim Georgetown Loop in Colorado beschäftigt. *B. T. Renstrom/Fotolia.de*

84 London and North Eastern Railway

Ein Zug der Newcastle & Carlisle Railway (N&CR), eine der frühen Vorgänger-Eisenbahngesellschaften der London and North Eastern Railway (LNER). *Sammlung Michael Dörflinger*

Ein Gesetz von 1921 fusionierte die meisten britischen Eisenbahngesellschaften zu vier Unternehmen, den „Big Four" („die Großen Vier"). Eine davon war die London and North Eastern Railway (LNER). Die LNER setzte sich aus sieben früher selbstständigen Eisenbahngesellschaften zusammen. Wie der Name schon sagt, betrieb die Gesellschaft Eisenbahnstrecken im nordöstlichen Teil des Landes, das heißt, von London aus Richtung Norden über York und Newcastle ins schottische Edinburgh bis nach Aderdeen und Inverness im Norden Schottlands. Die Strecken der LNER hatten insgesamt eine Länge von 10.610 Kilometern. Zum rollenden Material der Eisenbahngesellschaft gehörten 7.700 Lokomotiven, 20.000 Wagen sowie 29.700 Güterwaggons.

Von 1923 bis 1941 war Nigel Gresley der leitende Ingenieur der LNER. Er konstruierte einige der berühmtesten Dampflokomotiven Großbritanniens. Dazu gehörte die „Mallard", die am 3. Juli 1938 den bis heute gültigen Geschwindigkeitsrekord für Dampfloks erzielte. Zu den berühmten Zügen gehörte der „Silver Jubilee", der von 1935 bis 1939 zwischen dem Bahnhof King's Cross in London und Newcastle mit einer Durchschnittsgeschwindigkeit von 108 km/h verkehrte. Während einer Versuchsfahrt erreichte dieser Zug sogar 180 km/h. Zu den legendären Zügen zählte auch der „Flying Scotsman", der bereits ab 1862 für eine der Vorgängergesellschaften auf der Hauptstrecke entlang der Ostküste zwischen London und Edinburgh verkehrte. 1948 wurde die LNER verstaatlicht.

London, Midland and Scottish Railway

Als weitere Eisenbahngesellschaft, die zu den „Großen Vier" zählte, entstand 1923 die London, Midland and Scottish Railway (LMS). Zu den Eisenbahnen, die in der LMS aufgingen, gehörten die London and North Western Railway, die Midland Railway, die Lancashire and Yorkshire Railway sowie zahlreiche kleinere Unternehmen. Die LMS konnte einige Besonderheiten vorweisen: Sie zählte zu den größten Transportunternehmen der Welt und war der zweitgrößte Arbeitgeber im Vereinigten Königreich. Die Gleise der LMS erstreckten sich über eine Länge von 11.056 Kilometern. Eine der wichtigsten Routen war die West Coast Main Line, die von London nach Birmingham, Liverpool und entlang der Westküste Englands bis nach Glasgow und Edinburgh in Schottland lief. Eine andere bedeutende Strecke war die Midland Main Line, die Manchester, Sheffield und Leeds über Nottingham und Leicester mit London verband. Zu den berühmtesten Zügen gehörte der „Coronation Scot", der mit seiner Stromlinienlok vom Bahnhof Euston in London im Expresstempo nach Glasgow fuhr. Da die einzige Zwischenstation Carlisle im englischen Norden war, schaffte der Zug die Strecke in sechs Stunden und 30 Minuten. 1948 wurde die London, Midland and Scottish Railway Teil der staatlichen British Railways.

Der „Coronation Scot" wurde von einer Stromlinienlok gezogen. Er erreichte bei einer Sonderfahrt eine Höchstgeschwindigkeit von 183 km/h.
Sammlung Michael Dörflinger

Southern Railway

Die London & South Western Railway, die London, Brighton and South Coast Railway, die South Eastern Railway, die London Chatham and Dover Railway und einige kleinere Eisenbahngesellschaften bildeten 1923 die Southern Railway (SR). Sie war im Gegensatz zu den anderen „Großen Vier" der britischen Eisenbahnen mehr im Personenverkehr als im Gütertransport tätig. Die SR verband London unter anderem mit den südenglischen Städten Southampton, Brighton, Dover, Portsmouth, Salisbury, Exeter und Plymouth. Während des Zweiten Weltkriegs spielte sie nicht nur eine wichtige Rolle beim Transport von Soldaten und militärischer Ausrüstung an die Küste, sondern war auch schweren Bombenangriffen ausgesetzt. Zu den bekanntesten Dampflokomotiven der SR gehörte die Lord-Nelson-Klasse, von der 16 Maschinen hergestellt wurden und die zunächst für den Verkehr zwischen Victoria Station in London und dem Hafen von Dover vorgesehen waren, später aber auch für den Expressverkehr in den Südwesten Englands eingesetzt wurden. Alle Exemplare trugen die Namen berühmter britischer Admirale. Einen besonders guten Ruf genossen die Züge mit den Namen „Golden Arrow" und „Night Ferry", die auf britischer Seite den Eisenbahnverkehr zwischen London und Paris ermöglichten. Infolge der Verstaatlichung wurde die Southern Railway 1948 Teil von British Railways.

Die „Lord Nelson" ist die einzige noch existierende Lok der Lord-Nelson-Klasse, derzeit ist sie abgestellt. *Jusben*

Die Deutsche(n) Reichsbahn(en)

Die Revolution im November 1918 fegte in Deutschland nicht nur die gekrönten Häupter vom Thron, sondern hatte mit der Schaffung der Weimarer Republik auch die Vereinheitlichung und Zentralisierung der Eisenbahn zur Folge. So entstand am 1. April 1920 die Deutsche Reichsbahn. Die nationale Eisenbahngesellschaft verfügte über ein Streckennetz von 53.560 Kilometern und beschäftigte als größter Arbeitgeber der Welt über 1,1 Millionen Menschen. Doch sie stand gewaltigen Problemen gegenüber: Das Rollmaterial war im Krieg auf Verschleiß gefahren worden und musste unter großen Anstrengungen erneuert werden. Viele Eisenbahner sind im Krieg gefallen oder waren nun invalide. Die wirtschaftliche Situation des Reiches war katastrophal, und die Hyperinflation machte eine längerfristige Festlegung des Fahrpreises praktisch unmöglich. Aus Gründen, die mit den Reparationsforderungen der Siegermächte zusammenhingen, wurde im Jahr 1924 die Deutsche Reichsbahn-Gesellschaft (DRG) gegründet, die den Betrieb übernahm. Trotz aller widrigen Umstände wuchs das Streckennetz der DRG bis 1935 auf 68.728 Kilometer. Damit besaß Deutschland den größten zusammengehörenden Verkehrsbetrieb der Welt. 1937 erfolgte die Umbenennung in Deutsche Reichsbahn.

Nach dem Zweiten Weltkrieg behielt man die Bezeichnung Deutsche Reichsbahn in der sowjetischen Besatzungszone und später in der DDR bei. Es waren vor allem Dampflokomotiven, die zunächst bei der Deutschen Reichsbahn der DDR zum Einsatz kamen. 1965 wurden 88,4 Prozent der Transporte unter Dampf und

Logo der Deutschen Reichsbahn-Gesellschaft. *DB AG*

nur 8,6 Prozent mit Diesel- sowie drei Prozent mit Elektrolokomotiven durchgeführt. Später beschaffte die DR modernere Loks, aber oft fehlten die Mittel, um das alternde Schienennetz und das rollende Material zu erhalten. Nach der Wiedervereinigung der beiden deutschen Staaten kam die Deutsche Reichsbahn im Jahr 1990 zum Sondervermögen der Bundesrepublik Deutschland und ging 1994 in der Deutschen Bahn AG auf.

Logo der Deutschen Reichsbahn der DDR. *DB AG*

Bundesbahn der Alpenrepublik

Die Bildung einer Staatsbahn durch die Verstaatlichung einzelner privater Bahnen begann in der k. u. k. Monarchie Österreich-Ungarn bereits gegen Ende des 19. Jahrhunderts. In der österreichischen Reichshälfte waren diese ehemaligen Eisenbahngesellschaften unter den k.k. Staatsbahnen (kkStB) zusammengefasst und unterstanden dem Eisenbahnministerium. Nach dem Ersten Weltkrieg und der Auflösung Österreich-Ungarns fielen die einzelnen Teile der kkStB an die Nachfolgestaaten des österreichischen Teils der alten Donau-Monarchie. In der Republik Österreich hieß die staatliche Eisenbahngesellschaft ab dem 10. November 1920 Österreichische Bundesbahnen. Man entschied sich für die Abkürzung BBÖ, da das eigentlich logische ÖBB bereits von einer schweizerischen Bahn gebraucht wurde. Mit dem Anschluss Österreichs an das Deutsche Reich im März 1938 wurden auch die BBÖ Teil der Deutschen Reichsbahn.

Nach dem Zweiten Weltkrieg wurden die ÖBB – die Abkürzung wurde von dem schweizerischen Unternehmen nicht mehr verwendet – neu gegründet. Für die ÖBB sind heute über 40.000 Mitarbeiter tätig. Auf einem 4.865 Kilometer langen Schienennetz werden jährlich ungefähr 235 Millionen Fahrgäste und 115 Millionen Tonnen Güter befördert. Die ÖBB zählen zu den pünktlichsten Bahngesellschaften Europas.

Der Cityshuttle gilt als Rückgrat des ÖBB-Nahverkehrs. Hier dient ein Taurus 1116 als Antrieb. Der Cityshuttle ist ein Wendezug, der von der Lok entweder gezogen oder geschoben wird. *ÖBB*

Eine Elektrolok der Baureihe RE 420 unterwegs in der Biaschina. *David Gubler/bahnbilder.ch*

Viersprachig auf Schienen

Die Schweizerischen Bundesbahnen (Abkürzung SBB CFF FFS in den drei großen Landessprachen, auf die rätoromanische Abkürzung wird verzichtet) wurden 1902 gegründet. Mehrere große Privatbahnen wurden verstaatlicht und zusammengeschlossen. Es war der Beginn einer Erfolgsgeschichte. Schon früh, nämlich während des Ersten Weltkriegs, wurde die Elektrifizierung der Eisenbahnstrecken in der Schweiz gezielt vorangetrieben, sodass 1936 bereits 71,7 Prozent des Netzes der SBB elektrifiziert waren. 1946 lagen schon 92,8 Prozent des Streckennetzes unterm Fahrdraht. Das Netz der Schweizer Eisenbahnen gilt heute als fast vollständig elektrifiziert. Trotz Streckenstilllegungen in den 1950er- und 1960er-Jahren besitzt die Schweiz unter den Flächenstaaten das dichteste Eisenbahnnetz der Welt. Angesichts der oft schwierigen geografischen Bedingungen, die aufwendige Kunstbauten erfordern, ist das besonders eindrucksvoll.

Mit dem Projekt „Bahn 2000" wird der Schienenverkehr in der Schweiz beschleunigt und attraktiver gemacht. Dabei setzt man nicht wie in anderen Ländern auf den Bau neuer Hochgeschwindigkeitsstrecken, sondern auf die Einrichtung von Knotenbahnhöfen, zwischen denen die Fahrzeit nur eine Stunde beträgt. Beschleunigt und umweltfreundlicher sollte auch der Verkehr von Nord nach Süd werden. Zu diesem Zweck wurde der mit 57 Kilometern längste Tunnel der Welt gebohrt: der Gotthard-Basistunnel, der über zwei Röhren verfügt. Die Züge erreichen bei ihrer Fahrt durch den Tunnel eine Höchstgeschwindigkeit von 250 km/h.

Zweimal DB

Wer mit der Bahn fährt, hat immer Vorfahrt. Trotz aller kleinen Desaster wie kaputten Klimaanlagen oder Verspätungen ist die Eisenbahn immer noch das sicherste und sauberste Verkehrsmittel. *Erich Westendarp/Pixelio.de*

Ein wichtiges Datum für die westdeutsche Wirtschaft nach dem Zweiten Weltkrieg, und damit auch für die Eisenbahn, war der 21. Juni 1948, an dem mit der Währungsreform die Deutsche Mark eingeführt und ein wichtiger Grundstein für das folgende Wirtschaftswunder gelegt wurde. Am 23. Mai 1949 entstand aus den drei westlichen Besatzungszonen die Bundesrepublik Deutschland. Der 7. September des gleichen Jahres gilt als der Geburtstag der Deutschen Bundesbahn (DB). Dampfloks blieben zunächst noch die wichtigsten Zugmaschinen der Bahn. Neue Baureihen wurden bis 1959 hergestellt.

Eine neue Ära für die Bundesbahn begann 1991 mit dem Start der Hochgeschwindigkeitszüge. Mit Einführung des Sommerfahrplans in diesem Jahr begann der neue Intercity-Express mit Geschwindigkeiten von bis zu 250 Stundenkilometern seinen Regelbetrieb. Um dies zu ermöglichen, waren neue Gleise, Brücken, Tunnel und sogar Bahnhöfe gebaut worden.

Ein weiteres Datum von epochaler Bedeutung für die Eisenbahn in Deutschland war der 1. Januar 1994, an dem durch die Fusion der Bundesbahn und der Deutschen Reichsbahn die Deutsche Bahn AG (DB AG) entstand. Zur gleichen Zeit trat das Eisenbahnneuordnungsgesetz in Kraft. Damit wurde eine Reform eingeleitet, um auf die schwierige Situation, in der sich die Bahn befand, zu reagieren. Nachdem der Transport auf der Schiene jahrzehntelang an Bedeutung verloren hatte, gelang es dem Zugverkehr in den letzten 20 Jahren, sich wieder als internationales hochmodernes Verkehrsmittel zu etablieren.

Notationssysteme

Stilisierte Seitenansicht (o = Laufachse, O = Treibachse, - = Malletlok)	UIC-System (u.a. Deutschland, Italien)	Whyte-Notation (u.a. USA, Großbritannien)	Französisches System (u.a. Frankreich, Russland)	Amerikanischer Name
oO	1A	2-2-0	110	Planet
oOo	1A1	2-2-2	111	Patentee
ooO	2'A	4-2-0	210	Crampton/Norris
oooO	3A	6-2-0	310	Crampton
OO	B	0-4-0	020	Four-Wheel-Switcher
oOO	1'B	2-4-0	120	Hanscom
oOOo	1'B1'	2-4-2	121	Columbia
ooOO	2'B	4-4-0	220	American
ooOOo	2'B1'	4-4-2	221	Atlantic
OOO	C	0-6-0	030	Six-Wheel-Switcher
oOOO	1'C	2-6-0	130	Mogul
ooOOO	2'C	4-6-0	230	Ten-Wheeler
oOOOo	1'C1'	2-6-2	131	Prairie
ooOOOo	2'C1'	4-6-2	231	Pacific
oOOOoo	1'C2'	2-6-4	132	Adriatic
ooOOOoo	2'C2'	4-6-4	232	Hudson, Baltic
OOOO	D	0-8-0	040	Eight-Wheel-Switcher
oOOOO	1'D	2-8-0	140	Consolidation
oOOOOo	1'D1'	2-8-2	141	Mikado
oOOOOoo	1'D2'	2-8-4	142	Berkshire
ooOOOO	2'D	4-8-0	240	Twelve-Wheeler
ooOOOOo	2'D1'	4-8-2	241	Mountain/Mohawk
ooOOOOoo	2'D2'	4-8-4	242	Northern/Niagara
OOOOOo	E1'	0-10-2	051	Union
ooOOOOO	2'E	4-10-0	250	Mastodon
oOOOOOo	1'E1'	2-10-2	151	Santa Fe
oOOOOOoo	1'E2'	2-10-4	152	Texas
ooOOOOOOo	2'F1'	4-12-2	261	Union Pacific
OOO-OOO	CC	0-6-6-0	030+030	Erie
ooOOO-OOOoo	(2'C)C2'	4-6-6-4	230+032	Challenger
oOOOO-OOOoo	(1'D)D2'	2-8-8-4	140+042	Yellowstone
ooOOOO-OOOoo	(2'D)D2'	4-8-8-4	240+042	Big Boy

Überall anzutreffen: Die G 10

Die ersten Exemplare dieser erfolgreichen Güterzuglok wurden 1910 fertiggestellt. Als 1925 die letzte Maschine ausgeliefert wurde, zählte die preußische G 10 mit über 2.600 gebauten Loks längst zu den wichtigsten Baureihen, die von den Preußischen Staatseisenbahnen eingesetzt wurden. Sie besaß die für die klassischen Güterzugloks typischen fünf Treibachsen. Dadurch hatte sie gegenüber Baureihen wie dem Vierkuppler G 8 (bei der Reichsbahn als Baureihe 55) den Vorteil einer niedrigeren Achslast. Die Reichsbahn ließ diesen Typ, der als Baureihe 57$^{10-35}$ einsortiert wurde, noch bis zur Einführung der Einheitsloks im Jahr 1925 bauen. Viele G 10 sind auch ins Ausland verkauft worden oder mussten nach dem Ersten Weltkrieg als Reparationen abgegeben werden. Deshalb gehört sie zu den mit am weitesten verbreiteten Dampflok-Baureihen. Zu den Ländern, in denen sie von den dortigen Bahngesellschaften eingesetzt wurde, gehören Frankreich, Norwegen, Polen, die Tschechoslowakei, Österreich, die Türkei, Rumänien und Litauen. Bei der Bundesbahn fuhren die letzten bis 1968, in der DDR wurde die letzte G 10 sogar erst 1972 abgestellt.

Die preußische G 10 war keine völlige Neukonstruktion. Das Führerhaus und der Kessel stammten aus der Produktion der P 8, das Fahrwerk entstand auf Basis der T 16, wurde allerdings modifiziert, so dass die vorderste und die hinterste Achse seitenverschiebbar konstruiert waren.

1922 trat diese Lok als „Halle 6011" ihren Dienst bei der KPEV an. Bei Gründung der Reichsbahn bekam sie die Nummer 57 3088. 1970 wurde sie bei der Bundesbahn ausgemustert. *Hugh llewelyn/C.C. 2.0*

SUPERLATIVE: GRÖSSER UND STÄRKER

58 311 ist im Besitz der Ulmer Eisenbahnfreunde und betriebsbereit. *Erich Westendarp/Pixelio.de*

Fast schon eine Einheitslok

Der Erste Weltkrieg verlangte wie der Drache in einer mittelalterlichen Sage immer neue Soldaten, immer mehr Waffen und Munition, auch immer mehr Lokomotiven, denn der Transport dieser Menschen und Güter musste gesichert sein. Mit Fug und Recht kann man die Güterzuglok G 12 als Vorläuferin der berühmten Einheitsloks der Reichsbahn, wie der 44 oder 52, bezeichnen. Denn um einen möglichst reibungslosen Ablauf sicherzustellen, war es besonders wichtig, möglicht baugleiche Maschinen mit universal austauschbaren Ersatzteilen oder einheitlicher Bedienung zu haben. So kam es 1917 bei den Länderbahnen von Preußen, Baden, Württemberg und Sachsen zur Anschaffung der Güterzuglok G 12 (in Sachsen wurde sie als XIII H bezeichnet). Lediglich Bayern ging noch seine eigenen Wege. Diese noch bis 1924 gebaute Maschine war ein Fünfkuppler mit vorderer Laufachse und geht auf einen Henschel-Entwurf für die Türkische Staatsbahn zurück. Bei der Reichsbahn bekam sie die Baureihenbezeichnung 58. Da die G 12 vor allem auf gebirgigen Strecken sehr erfolgreich war, wurde sie von der Reichsbahn der DDR rekonstruiert und im Erzgebirge noch bis 1976 eingesetzt. Die Bundesbahn stellte ihre 58er bereits 1953 ab.

Die stärkste deutsche Dampflok

45 010 ist die einzige erhaltene Dampflok dieser schweren Güterzuglok-Baureihe. Sie wurde im Dampflokwerk Meiningen aufgearbeitet und ist im Besitz des DB-Museums. *Jörg Hesse*

Die Deutsche Reichsbahn wollte den Güterverkehr auf den großen Magistralen durch eine starke und schnellere Lok aufwerten. In den Jahren 1936 und 1937 baute Henschel die ersten beiden Exemplare der stärksten deutschen Dampflok aller Zeiten. 1940/41 folgten weitere 26, mehr war angesichts des Weltkriegs nicht mehr möglich. Die Baureihe 45 war als Fünfkuppler mit Vorlaufachse konstruiert. Das Dreizylinder-Triebwerk leistete etwa 2.800 PS. Doch die Reichsbahner waren mit der Lok nicht so ganz zufrieden. Das lag an einem Problem, mit dem auch die in diesem Punkt baugleiche Schnellzuglok 06 zu kämpfen hatte. Der Kessel war zu lang und anfällig. Die Feuerbüchse wiederum war zu klein dimensioniert. Dieser Konstruktionsfehler forderte von den Heizern alles ab, manchmal standen sogar zwei Heizer im Führerhaus. Doch als später die Bundesbahn neue Kessel mit mechanischer Rostbeschickung (Stoker) einbaute, war das Problem beseitigt. Allerdings waren die Unterhaltskosten der Baureihe 45 unverhältnismäßig hoch. Nach dem Zweiten Weltkrieg blieb eine Lok in der Ostzone. Sie wurde später zur Hochdrucklok H 45 024 umgebaut – ein böser Fehlschlag. Alle anderen wurden in die Bundesbahn überführt. Bis auf fünf, die einen neuen Kessel erhielten (darunter die abgebildete 45 010), wurden sie 1959 ausgemustert. Die anderen arbeiteten noch bis Ende der 1960er-Jahre als Bremsloks. Die einzige überlebende 45er wurde nach einem Brand im DB-Museum aufgearbeitet und erstrahlt in neuem Glanz.

Die stärkste Einrahmenlok der Welt

Weil die Deutsche Reichsbahn mit der Elektrifizierung ihrer Strecken immer weiter voranschritt, wurden Mitte der 1930er-Jahre neue Elektroloks gebraucht. Pünktlich zum Jubiläum 100 Jahre Eisenbahn in Deutschland wurde im Mai 1935 die erste von AEG und Krupp gebaute E 18 ausgeliefert. Insgesamt wurden 55 Exemplare hergestellt, zwei davon in der Nachkriegszeit. Geschwindigkeiten von bis zu 150 km/h erreichte das neue Flaggschiff der Reichsbahn. Die viermotorige E 18 mit 3.040 Kilowatt Stundenleistung besaß einen geschweißten Rahmen und eine aerodynamische Verkleidung. Sie kam überwiegend im gut ausgebauten süddeutschen Netz zum Einsatz, doch auch im Raum Halle und in Schlesien wurde sie gebraucht. Nach Tests errang die E 18 den Titel der leistungsfähigsten Einrahmen-Elektrolok der Welt. 1937 wurde die E 18 auf der Weltausstellung in Paris mit mehreren Großen Preisen ausgezeichnet. Die Maschinen trugen ursprünglich eine graublaue Lackierung. Bei der Bundesbahn waren sie zunächst chromoxidgrün, später kobaltblau angestrichen. Mitte der 1970er bekamen drei Exemplare noch den ozeanblau/elfenbeinfarbenen Lack der Personenzug-Loks. Im neuen Nummernschema ab 1968 erhielten sie die Bezeichnung 118. Die letzte E 18 wurde bei der DB noch 1984 eingesetzt. Die in der sowjetischen Besatzungszone verbliebenen E 18 waren als Reparationen einkassiert worden, kehrten aber 1952 wieder zurück. Sie erhielten ab 1970 die Nummer 218. Auch in Österreich waren einige Loks verblieben.

Schnellzuglok E18 047 in der historischen blauen Lackierung der frühen DB-Zeit. *Erich Westendarp/Pixelio.de*

Die berühmte Schnellzugdampflok Union Pacific 844. *Chris Galbraith/Fotolia.de*

96   Die legendäre UP 844

Zu den großen Dampfloklegenden der amerikanischen Eisenbahnen zählt die UP 844. Sie ist die einzige Dampflok einer der großen Eisenbahngesellschaften, die nie in den Ruhestand getreten ist. Die UP 844 war eine von zehn Lokomotiven, die 1944 von ALCO (American Locomotive Company) an die Eisenbahngesellschaft Union Pacific (UP) geliefert wurden. Bei der Union Pacific zählten diese Loks zur FEF-Klasse, die ursprünglich für den Reisezugverkehr vorgesehen war. Mit der zunehmenden Verwendung von Diesellokomotiven im Personenverkehr wurden die FEF-Maschinen immer häufiger für den Güterverkehr eingesetzt. Nach dem Zweiten Weltkrieg gefährdete eine Reihe von Streiks in der Kohleindustrie den Nachschub an Brennmaterial, weswegen man bei der Union Pacific die FEF-Lokomotiven auf Ölfeuerung umstellte und sie mit 23.000 Liter großen Tanks ausstattete. Nach der Whyte-Notation gehörten die FEF-Lokomotiven zur Klasse 4-8-4, die auch als „Northern" bezeichnet wurde. Die UP 844 kann eine Höchstgeschwindigkeit von 190 km/h erreichen und eine Leistung von 3.400 kW erbringen. Heute wird die Lok nicht mehr für den regulären Betrieb verwendet. Stattdessen kann man sie bei Sonderfahrten und speziellen Veranstaltungen sehen. Als noch voll funktionsfähige Dampflok tauchte die UP 844 auch in mehreren Filmen auf.

Big Boy: die starken Jungs

Obwohl die Eisenbahngesellschaft Union Pacific starke Dampflokomotiven besaß, kämpften die Maschinen damit, schwere Güterzüge über die steilen Gebirgspässe der Rocky Mountains zu schleppen. Oft spannte man deshalb mehrere Loks vor einen Güterzug, was jedoch teuer war, da es mehr Personal und Brennstoff erforderte. Die Eisenbahngesellschaft entwickelte deshalb gemeinsam mit ALCO eine bärenstarke Baureihe, die für den Einsatz mit schweren Güterzügen in den Rocky Mountains konzipiert war. Die Gelenklokomotiven der UP-Klasse 4000 waren die einzigen Maschinen mit der Achsformel (2'D)D2' und gehörten zu den schwersten und leistungsfähigsten Dampfloks, die jemals gebaut worden waren. Die ersten 20 Exemplare der Baureihe wurden 1941 ausgeliefert, fünf weitere folgten 1944. Entworfen wurden die Giganten, die im Volksmund „Big Boys" genannt wurden, von dem erfahrenen Konstrukteur Otto Jabelmann, der bereits den Bau der etwas kleineren Vorgängerklasse 3900 (Challenger) geleitet hatte. Die Big Boys erfüllten die Erwartungen, die man an sie gestellt hatte, zur vollsten Zufriedenheit. Sie zogen bis zu 4.040 Tonnen auf der steilen Strecke in den Wasatch-Bergen. Die wachsende Konkurrenz durch die Diesel- und Gasturbinenloks in den 1950ern führte jedoch dazu, dass sie bald abgestellt wurden. Der letzte Diensttag eines Big Boys im regulären Gütertransport war der 21. Juli 1959. Von den ursprünglichen 25 Exemplaren der Klasse 4000 existieren heute noch acht, zumeist in Museen.

Die UP 4012 zog 21 Jahre lang schwere Frachtwagen und legte dabei 1,6 Millionen Kilometer zurück. *joeb*

Pennsylvania Station

Einer der frequentiertesten Fernverkehrs-Bahnhöfe der westlichen Welt liegt mitten in der Metropole New York, direkt in Manhattan, nicht weit vom Empire State Building. Täglich benutzen den chronisch überlasteten Bahnhof etwa 630.000 Fahrgäste. Die Züge halten auf 21 Gleisen. Die Pennsylvania Station – oder einfach Penn Station – hat ihren Namen von der 1846 gegründeten Eisenbahngesellschaft Pennsylvania Railroad Company (PRR), die ein dichtes Schienennetz im Nordosten der Vereinigten Staaten unterhielt und zeitweise als größte Eisenbahngesellschaft (gemessen am Umsatz) der USA galt. Wer allerdings nach einem beeindruckenden Bahnhofsgebäude sucht, wird umsonst Ausschau halten, denn die Penn Station befindet sich gänzlich im Untergrund.

Vor dem Bau der Penn Station endeten die Gleise der PRR westlich des Hudson Rivers. Wer von dort aus nach Manhattan gelangen wollte, musste eine Fähre besteigen und den Fluss überqueren. Ein Eisenbahntunnel unter dem Fluss galt zunächst wegen der Abgase der Dampfloks als undurchführbar. Dies änderte sich jedoch, als Anfang des 20. Jahrhunderts die Elektrotraktion aufkam. Schon 1903 begann man mit dem Bau der ersten beiden Tunnel aus westlicher Richtung. Auch aus dem Osten wurden vier Tunnel unter dem East River gegraben. Das Bahnhofsgebäude der Pennsylvania Station in New York wurde 1910 eröffnet. Es galt als ein Meisterwerk der Beaux-Arts-Architektur und eines der herausragendsten architektonischen Werke New Yorks.

Dies schützte jedoch die Pennsylvania Station nicht vor dem Abriss im Jahr 1963. Sie machte dem Madison Square Garden Platz und wurde in den Untergrund verlagert.

Die ursprüngliche Pennsylvania Station war ein beeindruckendes Gebäude. *Sammlung Michael Dörflinger*

Der größte Bahnhof der Welt

Das palastartige Empfangsgebäude des New Yorker Hauptbahnhofs in Manhattan wurde 1913 errichtet. Jedes Jahr kommen über 20 Millionen Touristen zur Besichtigung hierher. *Sebastian D./Fotolia.de*

Er ist der Bahnhof der Superlative: Die Grand Central Station – oder richtiger Grand Central Terminal – in New York ist mit 67 Gleisen auf zwei Ebenen der größte Bahnhof überhaupt. Als Kronjuwel von New York bezeichnet sich der Bahnhof selbst. Dass da was dran ist, dafür sorgt schon die prächtige Architektur dieser Kathedrale des Verkehrs. 60 Geschäfte, 35 Lokale und jede Menge kultureller Veranstaltungen sorgen dafür, dass sich hier niemand unter den vielen Fremden einsam fühlt.

Das im Februar 1913 eröffnete Empfangsgebäude hatte einen älteren Bahnhof ersetzt und mehr als das. Das neue Gebäude im historisierenden Stil der Beaux-Arts wurde zu einem atemberaubenden Blickfang. Hundert Jahre nach seiner Einweihung zum Denkmal erhoben, birgt der Bahnhof viele Geheimnisse und versteckte Schönheiten, wie etwa den Sternenhimmel an der Decke der Haupthalle oder den direkten Zugang vom Bahnsteig zum Luxushotel Waldorf-Astoria. Kein Wunder, dass der größte Bahnhof der Welt auch von Hollywood gebührend beachtet wird. Viele bekannte Spielfilme wurden hier gedreht, nicht zuletzt „Carlito's Way", in dem Al Pacino auf dem Bahnsteig einen spektakulären Heldentod stirbt.

Die Halle mit dem Tonnengewölbe ist 29 Meter hoch und mit 32 Kilogramm Blattgold verziert. *Mark Fischer/C.C. 2.0*

100 Washington Union Station

Selbst wer noch nie die Hauptstadt der USA besucht hat, kennt trotzdem den Hauptbahnhof von Washington, denn das Bahnhofsgebäude dient wegen seiner höchst eindrucksvollen Architektur immer wieder als Kulisse für Filmszenen. Dazu gehörten „Mr. Smith geht nach Washington" und der Hitchcock-Thriller „Der Fremde im Zug". Die Union Station ist einer der bedeutendsten Verkehrsknotenpunkte der Vereinigten Staaten und zugleich ein Freizeitort. Ursprünglich besaß jede der größeren Eisenbahngesellschaften einen eigenen Bahnhof in der Hauptstadt. 1901 entschlossen sich jedoch die Pennsylvania Railroad und die Baltimore and Ohio Railroad, einen gemeinsamen Bahnhof zu bauen. Diese Vereinigung der Eisenbahngesellschaften unter einem Dach verlieh dem neuen Bahnhof den Namen: Union Station. Auch die Politiker hatten etwas mitzureden: Der neue Bahnhof sollte einen „monumentalen Charakter" haben. Diese nicht unbescheidene Vorgabe setzte der Architekt Daniel Burnham im neoklassizistischen Stil um. So ist zum Beispiel die mehr als 200 Meter lange Hauptfassade von Motiven des Konstantinbogens in Rom inspiriert. Auf den Säulen stehen allegorische Figuren, die den Fortschritt des Eisenbahnwesens symbolisieren sollen.

Bei der Eröffnung 1908 war die Union Station der größte Bahnhof der Welt. Die Bahnsteige befinden sich in zwei Ebenen, wobei die Durchgangsgleise nur in der unteren Etage liegen.

Der Ersatz für die „Big Boys"

**Die UP 18 ist eines der beiden heute noch existierenden Exemplare der GTEL.
Sie ist im Besitz des Illinois Railway Museum.** *H. Michael Miley/C.C. 2.0*

Loks der Union Pacific kann man in Union Station nicht antreffen. Die fahren weiter im Westen. Zum Ziehen schwerer Güterzüge auf den steilen Strecken in den Rocky Mountains begann die Union Pacific in den 1950er-Jahren mit der Einführung von Gasturbinenlokomotiven, mit denen die „Big Boys" ersetzt werden sollten. Die Bezeichnung lautete GTEL, was für „gas turbine-electric locomotive" stand. Dabei wurde eine Gasturbine verwendet, um einen elektrischen Generator anzutreiben. Die Turbine verbrauchte zwar ungefähr doppelt so viel Treibstoff wie ein ebenso starker Dieselmotor, aber der Vorteil war, dass billigeres Schweröl verbrannt werden konnte. Die GTEL wurden von ALCO und General Electric gemeinsam entwickelt. Tests mit einem Prototypen begannen 1949. Die Auslieferung der ersten GTEL-Generation erfolgte 1952 und 1953. Die zehn Maschinen bekamen die Bezeichnungen UP 51 bis UP 60. Jede dieser Loks wog 230.000 Kilogramm und konnte eine Leistung von 3.400 kW erbringen. Die Auslieferung der zweiten Generation, deren Bezeichnungen von UP 61 bis UP 75 reichten, begann 1954. Hinsichtlich der Leistung gab es keine Unterschiede zum ersten Baulos. Dies änderte sich mit der Einführung der dritten Generation (UP 1 bis UP 30), die von 1958 bis 1961 in Dienst gestellt wurde. Dabei handelte es sich um Doppellokomotiven mit einer Leistung von 6.300 kW. Die Maschinen zählten nicht nur zu den leistungsfähigsten Schienenfahrzeugen, sie sorgten auch für einen erheblichen Lärm, weswegen sie den Beinamen „Big Blow" erhielten. Was schließlich zur Ausmusterung der GTEL führte, waren die steigenden Preise für das Schweröl.

Das Kraftpaket von Datong

China war lange ein rückständiges Land, inzwischen holt es aber mächtig auf, auch in Sachen Eisenbahn! Die nach dem Tod Mao Zedongs stattfindenden Reformen brachten nicht nur die Wirtschaft zum Wachsen, sie führten auch zu einer technischen Modernisierung. Das Lokomotivenwerk CRRC Datong wurde bereits 1953 in der nordchinesischen Stadt Datong gegründet. Nach über 5.000 Dampflokomotiven erfolgte 1988 schließlich die Umstellung auf die Dieseltraktion. In den 1990er-Jahren lief auch die Produktion von Elektroloks an. 2004 ging CRRC Datong eine Kooperation mit Alstom ein, was nicht nur einen Technologietransfer zur Folge hatte, sondern auch zum Bau von Elektroloks der Klasse HXD2 führte. Diese Loks basierten auf Alstoms Prima-Klasse. Die ersten chinesischen HXD2 wurden 2007 fertiggestellt. Mit einer Leistung von 10.000 kW zählten diese Doppelloks zu den stärksten Maschinen ihrer Art. Sie waren für den schweren Gütertransport konzipiert, vor allem für den Kohletransport in China. Die Vorgaben bei der Konstruktion legten fest, dass sie auch bei Temperaturen von bis zu minus 40 Grad Celsius einsatzfähig sein mussten. Eine Version für den Frachtverkehr auf Hauptstrecken mit der Bezeichnung HXD2B wurde in China ab Dezember 2009 hergestellt. Dabei handelte es sich nicht um Doppelloks, sondern um einzelne Lokomotiven. Datong gehört heute zur CRRC Corporation, dem weitaus größten Hersteller von Schienenfahrzeugen der Welt.

Die HXD2B ist für den Gütertransport auf Hauptstrecken vorgesehen. *Chiu Ho-yang/C.C. 2.0*

Peking Westbahnhof   103

Chinas rasantes Wirtschaftswachstum der letzten Jahrzehnte brachte erhöhte Anforderungen an die Infrastruktur mit sich. Dazu gehörten ein Ausbau des Schienennetzes und das Errichten neuer Bahnhöfe. 1996 entstand nach einer dreijährigen Bauzeit im Pekinger Stadtbezirk Fengtai der „Westbahnhof", der auf Englisch „Beijing West Railway Station" heißt. Mit einer Fläche von 510.000 Quadratmetern war dies bis 2010 der größte Bahnhof des asiatischen Kontinents. Im Durchschnitt wird der Bahnhof täglich von 150.000 bis 180.000 Reisenden benutzt. Einer der bekanntesten Züge, der hier abfährt, ist die Quinghai-Tibet-Bahn, die Peking mit der tibetanischen Hauptstadt verbindet (siehe S. 128). Auch die Züge der Schnellfahrstrecke nach Hongkong starten im Westbahnhof.

Das Hauptgebäude des Pekinger Westbahnhofs ist beeindruckend. *Nyx Ning/C.C. 3.0*

Bahnhof Peking   104

Der Zentralbahnhof oder Bahnhof Peking ist der kleinste der großen Bahnhöfe der chinesischen Hauptstadt. Anders als West- und Südbahnhof ist der Bahnhof Peking aber relativ zentral gelegen, sogar innerhalb der Stadtmauer, und er kann auf eine lange Geschichte zurückblicken. Der Bahnhof war eines von zehn öffentlichen Gebäuden, die 1959 zum zehnjährigen Bestehen der Volksrepublik China erbaut wurden. Die Architektur verband traditionelle chinesische Einflüsse mit sozialistischem Realismus. Ende der 1950er-Jahre benutzten jährlich sechs Millionen Menschen den Bahnhof. In den späten 1970ern war diese Zahl auf 15 Millionen angestiegen, und nach den Wirtschaftsreformen schnellte die jährliche Fahrgastzahl auf über 30 Millionen hoch.

Der Bahnhof bei Nacht. *Torsten Weidemann/Pixelio.de*

Der Bau der beiden anderen großen Bahnhöfe führte zu einer dringend benötigten Entlastung. Heute benutzen den Verkehrsknotenpunkt täglich zwischen 120.000 und 150.000 Fahrgäste.

Der Bahnhof Schanghai Hongqiao ist für ein hohes Fahrgastaufkommen konzipiert. *Mark Pegrum/C.C. 2.0*

105 Asiens flächengrößter Bahnhof

Nach den chinesischen Wirtschaftsreformen der 1980er-Jahre entwickelte sich die Metropole Schanghai zu einem der wichtigsten Industriezentren der Welt. Zu dem wirtschaftlichen Aufstieg trug der Umstand bei, dass Schanghai als wichtigster Eisenbahnknoten die nördlichen und südlichen Städte Chinas miteinander verbindet. Die Stadt besitzt heute vier große Bahnhöfe. Unter ihnen ragt der 2010 eröffnete Hongqiao heraus. Mit einer Gesamtfläche von 1,3 Millionen Quadratmetern gilt er als der größte Bahnhof Asiens. Das Hauptgebäude hat eine Länge von 420 Metern und eine Breite 200 Metern. Der Bahnhof wird täglich von etwa 210.000 Reisenden benutzt und dient als Endstation mehrerer Hochgeschwindigkeitszüge. Dazu gehören die Strecke nach Nanjing, die für eine Höchstgeschwindigkeit von 350 km/h zugelassen ist und täglich von etwa 180.000 Personen benutzt wird, sowie die 1.302 Kilometer lange Hochgeschwindigkeitsstrecke nach Peking.

Der Bahnhof Hongqiao erstreckt sich über vier Ebenen. Im Untergrund befinden sich die Zugänge zur U-Bahn, Bushaltestellen, ein Taxistand sowie eine Passage zum internationalen Flughafen. Alle 30 Gleise, die durch den Bahnhof laufen, liegen auf der Ebene darüber. Die Hochgeschwindigkeitszüge müssen jedoch außerhalb des Gebäudes halten. Ein Stockwerk weiter oben liegt die Wartehalle.

Betriebsamster Bahnhof der Welt

Mit täglich rund 3,6 Millionen Fahrgästen gilt der Bahnhof Shinjuku in der japanischen Hauptstadt Tokio als betriebsamster Bahnhof der Welt. Er kann über vier große und viele kleinere Ein- und Ausgänge betreten und verlassen werden, und die Züge können an 36 Bahnsteigen halten. Der Verkehrsknotenpunkt lässt zwar nichts an modernster Technik vermissen, seine Geschichte reicht jedoch bis ins 19. Jahrhundert zurück. Als der Bahnhof 1885 eröffnet wurde, befand er sich noch in einem ruhigen Vorort der rasch wachsenden Stadt. Erst mit der Eingemeindung wurde Shinjuku 1920 Teil der japanischen Hauptstadt. Mit der Eröffnung von immer mehr Eisenbahnstrecken, die Shinjuku als Haltestation nutzten, entwickelte sich der Bahnhof zum wichtigsten Knotenpunkt im Westen der Metropole. Der Bahnhof befand sich seit 1906 unter staatlicher Kontrolle. Mit der 1987 erfolgten Privatisierung der Staatsbahn kam er in den Besitz der neuen Eisenbahngesellschaft JR Higashi-Nihon, die für den Personenverkehr im Großraum Tokio und in der Region Tohoku zuständig ist. Die Gegend um den Bahnhof Shinjuku ist das bedeutendste Einkaufs- und Vergnügungsviertel der Hauptstadt. Wegen der Größe des Bahnhofs halten manche Züge zweimal, um für die Fahrgäste den Weg vom jeweiligen Eingang zum Zug zu verkürzen. Der Bahnhof dient heute elf Zuglinien von sechs Eisenbahngesellschaften als Haltestelle, was nicht nur zur Betriebsamkeit, sondern auch zur Verwirrung mancher Fahrgäste beiträgt.

Emsiges Treiben herrscht in und um den Bahnhof Shinjuku. *Daniel Ramirez/C.C. 2.0*

Victoria Terminus Mumbai

Victoria Terminus Train Station in Mumbai, Start und Ziel vieler Rundfahrten. *D. Ott/Fotolia.de*

Wenn es einen Bahnhof gibt, der Shinjuku in Tokio den Rang als betriebsamster der Welt streitig machen kann, dann ist es der Chhatrapati Shivaji Maharaj Terminus. Vielen Eisenbahnfreunden und Indienreisenden ist er wahrscheinlich unter seinem früheren Namen besser bekannt: Victoria Terminus. Der Bahnhof liegt in der durch ihre Filmindustrie berühmten Millionenmetropole Mumbai am Arabischen Meer, die früher einmal Bombay hieß. Der gigantische Bahnhof, der sich auf einer Fläche von 2,85 Hektar ausbreitet (soviel wie vier Fußballfelder), wird täglich von etwa drei Millionen Menschen und 1.000 Zügen benutzt. Die Architektur im Stil der viktorianischen Neogotik trug dazu bei, dass der Bau 2004 zum UNESCO-Weltkulturerbe erklärt wurde.

An der Stelle des heutigen Gebäudes war bereits 1853 ein Bahnhof für die erste indische Eisenbahnlinie mit Personenverkehr errichtet worden. 1878 begannen die Bauarbeiten für ein neues Bauwerk, das bei seiner Fertigstellung 1888 als das größte und wichtigste Gebäude in Britisch-Indien galt. Der englische Architekt Frederick William Stevens hatte sich bei seinen Vorstudien von der Londoner St Pancras Station inspirieren lassen. Der Bahnhof wurde zur Erinnerung an das goldene Regierungsjubiläum Königin Victorias im Jahr 1887 „Victoria Terminus" benannt. Eine Erweiterung des Bahnhofs wurde in den 1920er-Jahren durchgeführt. 1996 erfolgte die Umbenennung zum Andenken an den im 17. Jahrhundert lebenden indischen Herrscher Chhatrapati Shivaji Maharaj.

Kraftpaket Ae 8/14 der SBB

Vom großen Indien zurück in die kleine Schweiz: Der Bedarf an stärkeren Lokomotiven für die Gotthardbahn führte in den 1920er-Jahren bei den SBB zu einer Form der Doppellokomotive, die bisher übliche Mehrfachtraktionen oder Zugteilungen überflüssig machen sollte. 1929 bestellten die SBB bei der Schweizerischen Lokomotiv- und Maschinenfabrik (SLM), die mit Brown, Boveri & Cie. (BBC) zusammenarbeitete, einen Prototypen. Diese Elektrolok sollte ungefähr 250 Tonnen wiegen und über acht Triebachsen verfügen.

Die 1931 ausgelieferte Ae 8/14 11801 besaß einen Buchli-Antrieb, einen von dem Schweizer Ingenieur Jakob Buchli entwickelten Antrieb für Elektrolokomotiven. Sie erbrachte eine Stundenleistung von 5.514 kW. Diese Lok befand sich bis 1975 im Einsatz und wurde 1984 als historisches Triebfahrzeug klassiert.

Eine weitere Lok, die Ae 8/14 11851, wurde 1932 an die SBB geliefert. Für den Bau zuständig war wieder die SLM, die diesmal mit der Maschinenfabrik Oerlikon kooperiert hatte. Der entscheidende Unterschied zur ersten Lok waren der SLM-Universalantrieb und die Doppelmotoren. Die modernere Technik ermöglichte eine Stundenleistung 6.470 kW. Diese Lok wurde 1976 ausgemustert und demontiert. Die 1938 in Dienst gestellte und aus der Kooperation von SLM und BBC entstandene Ae 8/14 11852 war eine Weiterentwicklung der 11851. Sie besaß ebenfalls einen SLM-Universalantrieb und brachte es auf eine Stundenleistung von 8.162 kW. 1971 erlitt sie einen Kabelbrand und wurde nicht mehr repariert.

Ae 8/14 11801 zog 1984 noch einmal Güterzüge, wie hier beim Halt im Bahnhof Schwyz. *Peter Alder*

109 Russisches Schwergewicht

Die WL85 wurde für anspruchsvolle Aufgaben unter extremen Bedingungen konzipiert. *Artem Svetlov/C.C. 2.0*

Auch ein echtes Kraftpaket ist die „Byk", zu deutsch „Bulle", mit der weniger bildhaften Bezeichnung WL85 (BJI85) der Sowjetischen Eisenbahnen (SŽD). Die Elektrolok hatte diese Bezeichnung natürlich wegen ihrer Leistung und Größe bekommen. Mit einer Stundenleistung von 10.000 kW galt sie zeitweise als die stärkste Lokomotive der Welt. Es handelte sich um eine Maschine mit der Achsfolge Bo'Bo'Bo' + Bo'Bo'Bo'. Dies bedeutete, dass die Lok aus zwei identischen Einheiten besteht, wobei jede Einheit über drei Drehgestelle mit jeweils zwei Achsen verfügt. Das Fahrzeug läuft demnach auf insgesamt zwölf Achsen. Die Lokomotive wiegt 288 Tonnen und kann eine Höchstgeschwindigkeit von 110 Stundenkilometern erreichen. Sie wurde so konzipiert, dass sie auch bei sibirischen Temperaturen von minus 50 oder einer Tropenhitze von 40 Grad Celsius arbeiten kann. Sie wird zum Ziehen von schwersten Güterzügen eingesetzt.

Von der WL85 wurden 1983 in der Elektrolokomotivenfabrik Nowotscherkassk die ersten Exemplare zu Testzwecken gebaut. Die Serienfertigung begann 1986. Bis 1994 stellte das Werk in der südwestrussischen Stadt Nowotscherkassk 270 Exemplare her. Alle Fahrzeuge befinden sich bei der Ostsibirischen Eisenbahn und der Krasnojarsker Eisenbahn im Dienst. Heute ist der Bestand durch Unfälle und Brände geschwunden und nicht mehr alle Lokomotiven der Baureihe sind im Einsatz.

Eisenerz-Giganten

Die Iore-Lokomotiven verrichten auch unter extremen Wetterbedingungen ihren Dienst. *Bombardier*

Das schwedische Unternehmen LKAB (Luossavaara-Kiirunavaara Aktiebolag) fördert im nördlich des Polarkreises liegenden Kiruna Eisenerz. Dabei handelt es sich um das größte Eisenerzbergwerk der Welt. Auf etwa dem gleichen Breitengrad liegt das ebenfalls zur LKAB gehörende weltweit größte untertägige Eisenerzbergwerk von Malmberget. Von dort werden Eisenerzpellets per Eisenbahn nach Luleå an der schwedischen Ostseeküste und zum norwegischen Hafen Narvik transportiert. Die Züge müssen für diese Aufgaben Höchstleistungen erbringen und unter extremen klimatischen Verhältnissen funktionsfähig bleiben.

1994 bestellte die Eisenbahngesellschaft MTAB (später LKAB Malmtrafik), eine LKAB-Tochtergesellschaft, bei ADtranz (seit 2001 Bombardier Transportation) neun Lokomotiven für den Eisenerztransport. Die Maschinen wurden im schweizerischen Oerlikon entwickelt und in Kassel gebaut. Die erste dieser Lokomotiven wurde im Jahr 2000 in Dienst gestellt. Dabei handelte es sich um eine Doppellokomotive mit einer Leistung von zweimal 5.400 kW. Die Lok kann Züge mit einem Gewicht von 8.600 Tonnen und einer Ladung von 6.880 Tonnen Eisenerz ziehen. Die Lokomotiven werden als „Iore" bezeichnet (manchmal auch als IORE geschrieben), was für „Iron ore" (Eisenerz) steht. Weitere Maschinen bestellte LKAB Malmtrafik 2007 und 2011. Insgesamt wurden 17 Paare der Iore-Loks hergestellt.

Das prächtige Backsteingebäude des Hauptbahnhofs aus dem Jahr 1889 gehört heute zu den Wahrzeichen Amsterdams. *Paul Asman und Jill Lenoble/C.C. 2.0*

111 Baujuwel in Amsterdam

Der Bahnhof Amsterdam Centraal, der Hauptbahnhof der niederländischen Hauptstadt, steht mit jährlich 68 Millionen Passagieren erst an 25. Stelle unter den betriebsamsten Eisenbahnstationen Europas, für viele gilt er aber als einer der interessantesten. Er wird oft als das beste Beispiel für die niederländische Neorenaissance-Architektur gehalten und zählt deshalb zu den wichtigsten Sehenswürdigkeiten der niederländischen Großstadt.

Der Bahnhof war nicht unumstritten, als er 1889 eröffnete. Viele waren der Meinung, dass er den Amsterdamern den Blick auf den Hafen abschneide. Manche sahen ihn als einen Angriff auf die Schönheit und den Ruhm der Hauptstadt. Heute würde niemand mehr so urteilen. Die Bauarbeiten für den Hauptbahnhof begannen bereits 1882. Das Gebäude wurde auf drei künstlichen Inseln errichtet, wobei der Sand vom Bau des Nordseekanals stammte. Da der Untergrund nicht stabil genug war, mussten über 8.600 Holzpfähle in den Boden gerammt werden, um das Gebäude zu stützen.

Im Amsterdam Centraal hält täglich zweimal der aus London kommende Eurostar. Neunmal täglich kann mit dem Thalys über Rotterdam, Antwerpen und Brüssel nach Paris gefahren werden. Der ICE International fährt alle zwei Stunden nach Frankfurt und einmal täglich bis nach Basel.

Europas betriebsamster Bahnhof

Der Pariser Nordbahnhof – auf französisch „Gare du Nord" – ist mit täglich ungefähr 700.000 Reisenden und 2.100 abfahrenden Zügen nicht nur der betriebsamste Bahnhof Europas, er gehört auch zu den berühmtesten. Sein Flair verführte auch immer wieder Regisseure dazu, ihn als Kulisse ihrer Kinofilme zu verwenden, dazu gehören Klassiker wie „Die Bourne Identität" und „Die fabelhafte Welt der Amélie".

Am Gare du Nord kommen die Züge aus dem Norden und Nordosten an. Von hier fährt der Eurostar nach London. Mit dem Thalys sind Brüssel, Amsterdam, Köln und Essen zu erreichen. TGV-Züge verbinden die nordfranzösischen Städte Lille, Boulogne, Calais und Dünkirchen mit der Hauptstadt. Außerdem ist der Gare du Nord Ausgangspunkt mehrerer Regional- und Nahverkehrszüge.

An der Stelle des heutigen Gare du Nord entstand 1846 eine Eisenbahnstation, die damals noch als „Belgischer Bahnhof" bezeichnet wurde. Sie gehörte zur privaten Eisenbahngesellschaft Chemin de Fer du Nord, deren Strecken nicht nur die nordfranzösischen Städte bedienten, sondern bis nach Belgien reichten. Wegen des stark steigenden Verkehrs waren 1860 ein teilweiser Abriss und ein bis 1865 dauernder Neubau notwendig. Die Zahl der Gleise wurde anlässlich der Weltausstellungen 1889 und 1900 erhöht. Heute verfügt der Bahnhof an der Place Napoléon III. über 31 Bahnsteiggleise.

Die Fassade des Gare du Nord wird von neun Frauenstatuen gekrönt. *Carsten Kykal/Fotolia.de*

Zentralbahnhof in Frankfurt

Frankfurt am Main ist heute nicht nur wegen seines Flughafens, sondern auch durch seinen Hauptbahnhof die wichtigste Verkehrsdrehscheibe Deutschlands. Mit jährlich etwa 164 Millionen Passagieren steht der Frankfurter nach dem Hamburger Hauptbahnhof hinsichtlich der Betriebsamkeit an zweiter Stelle in Deutschland und an vierter Stelle in Europa. Der „Centralbahnhof" besteht seit 1888. Ursprünglich besaß Frankfurt drei kleinere Bahnhöfe im Westen der Stadt, deren Kapazitäten aber angesichts des wachsenden Eisenbahnverkehrs nicht mehr ausreichten. Der Bau eines Großbahnhofs war schon längere Zeit beabsichtigt, konnte aber erst ernsthaft in Angriff genommen werden, nachdem Preußen 1866 Frankfurt und die umliegenden Gebiete annektiert hatte. 1880 schrieb die Preußische Akademie für Bauwesen einen Wettbewerb unter den führenden Architekten für den Entwurf eines „Denkmalbaus" aus. Für das Empfangsgebäude und die Bahnsteighalle wurden zwei verschiedene Architekten ausgewählt.

1888 erfolgte nach fünfjähriger Bauzeit die Einweihung. Der Kopfbahnhof war ursprünglich mit 34 Bahnsteiggleisen geplant gewesen, was das Machbare jedoch übertroffen hatte. Schließlich hatte man sich mit 18 Gleisen begnügen müssen. 1924 konnte infolge einer Erweiterung um zwei Hallen die Anzahl der Bahnsteiggleise auf 25 erhöht werden.

Die Verkehrsdrehscheibe Frankfurt Hauptbahnhof bei Nacht. *Thomas Leiss/Fotolia.de*

Europas größter Kopfbahnhof 114

Der Leipziger Hauptbahnhof wurde 1915 fertiggestellt. Er ist bis heute der größte Kopfbahnhof Europas. Er löste fünf einzelne Bahnhöfe ab. Auf Gleis 24 stehen heute Museumslokomotiven. *Peter von Bechen/Pixelio.de*

Als Messestadt war es für Leipzig stets wichtig, eine gute Verkehrsanbindung zu besitzen. Kein Wunder, dass auch die Eisenbahn in der sächsischen Großstadt eine herausragende Rolle spielt. Leipzig wurde schon früh an die Eisenbahn angebunden (siehe S. 69). Bereits 1837 fuhren die ersten Züge von Leipzig in das rund zehn Kilometer entfernte Althen, das war das erste Teilstück der ältesten deutschen Fernbahn Leipzig–Dresden. Doch lange Jahre bestanden mehrere Bahnhöfe nebeneinander. Das änderte sich am 4. Dezember 1915 mit der Eröffnung des Leipziger Hauptbahnhofs, der zum größten Kopfbahnhof Europas geworden war. 26 Gleise endeten in dem Kopfbahnhof selbst, weitere fünf wurden außerhalb der Halle errichtet. In Teilen war der neue Bahnhof allerdings schon ab 1912 genutzt worden. Im Zweiten Weltkrieg entstandene Schäden konnten relativ schnell beseitigt werden.

Nach der Wiedervereinigung wurde der Leipziger Hauptbahnhof komplett saniert und erstrahlt wieder im schönsten Glanz. Bereits die Ankunft in Leipzig bietet dem Eisenbahnfreund ein besonderes Erlebnis, denn der mächtige Hauptbahnhof aus der Kaiserzeit ist auch optisch ein Leckerbissen. Als Sahnehäubchen gibt es auf Gleis 24 drei alte Elektroloks, einen Diesel-Schnelltriebwagen und eine Dampflok der Baureihe 52 zu besichtigen.

Hamburg Hauptbahnhof

Etwa 175 Millionen Reisende benutzen jährlich den Hamburger Hauptbahnhof. Dadurch ist der Bahnhof der Hansestadt der betriebsamste Deutschlands. Im europäischen Vergleich steht er hinter den beiden Pariser Bahnhöfen Gare du Nord und Châtelet-Les Halles an dritter Stelle.

1870 hatte Hamburg vier Bahnhöfe für die vier Strecken, die in der Hafenstadt endeten: den Berliner Bahnhof, den Lübecker Bahnhof, den Bahnhof Klosterthor und den Hannoverschen Bahnhof. Aber mit dem wachsenden Eisenbahnverkehr zeigte sich immer mehr, dass die Verteilung des Zugbetriebs in mehrere Hamburger Endstationen impraktikabel war. Ein Hauptbahnhof sollte Abhilfe schaffen. 1900 schrieb die Stadt einen Wettbewerb für den Entwurf der neuen zentralen Bahnstation aus. Es sollte ein monumentales Bauwerk werden, das sich an der Fassade des Hamburger Rathauses orientierte. Die Bauarbeiten begannen 1902. Die zwölf Bahnsteige wurden mit einer riesigen aus Eisen bestehenden Halle überdacht, und an den beiden Ausgängen standen 45 Meter hohe Türme. Am 6. Dezember 1906 konnte der neue Hauptbahnhof in Betrieb genommen werden.

Heute ist der Hamburger Hauptbahnhof einer der wichtigsten Eisenbahnknoten Deutschlands. Er dient sowohl dem Fern- als auch dem Regional- und dem S-Bahn-Verkehr. Wichtige Direktverbindungen ins Ausland gibt es nach Aarhus und Kopenhagen in Dänemark, Amsterdam in den Niederlanden, Basel und Chur in der Schweiz, Prag in der Tschechischen Republik, Villach in Österreich und Budapest in Ungarn.

Charakteristisch für den Hauptbahnhof Hamburg sind die beiden Uhrentürme. *kameraauge/Fotolia.de*

Der Hamburger Hauptbahnhof von 1906 ist ein klassischer Reiterbahnhof, hier die andere Seite. Er gehört zu den größten Bahnhöfen Deutschlands mit täglich rund einer halben Million Reisenden. *kameraauge/Fotolia.de*

Miniatur Wunderland

Wer sich für die Eisenbahn interessiert, muss sich nicht unbedingt an Bahnhöfen aufhalten. In der Hamburger Speicherstadt kann man in der größten Modellbahnanlage der Welt Züge, Bahnhöfe, Gleise und vieles, was damit zusammenhängt, im Miniaturformat sehen. Auf der 1.499 Quadratmeter großen Anlagenfläche befinden sich 15,4 Kilometer Gleise in Nenngröße H0, 1.040 Züge, 263.000 Figuren, 9.250 Autos, 4.340 Gebäude sowie 42 Flugzeuge. Laut der Deutschen Zentrale für Tourismus ist das Miniatur Wunderland eines der beliebtesten Reiseziele in Deutschland. Seit der Gründung haben bereits über 15 Millionen Menschen die Anlage besucht. Das Miniatur Wunderland ist in mehrere Modellbau-Welten aufgeteilt: Mitteldeutschland, Knuffingen, Knuffingen Airport, Österreich, Hamburg, Amerika, Skandinavien, Schweiz, Italien und Venedig. Jedes Segment ist bis ins Detail durchkomponiert.

Das Miniatur Wunderland ist die größte Modelleisenbahnanlage der Welt. *Dietmar Grummt/Pixelio.de*

117 Der Hindenburgdamm

Von Hamburg aus erreicht man in drei Stunden mit dem Zug die Insel Sylt. Der Weg führt ganz sensationell übers Wasser. Es war eines der größten Ereignisse für die Reichsbahn in den 1920er-Jahren, als sie am 1. Juni 1927 stolz verkünden konnte, dass die Nordseeinsel Sylt ab sofort trockenen Fußes erreicht werden könne.

In vier Jahren Bauarbeit war es gelungen, Sylt durch einen elf Kilometer langen Eisenbahndamm mit dem Festland zu verbinden. Zur Einweihung war der Reichspräsident Paul von Hindenburg höchstpersönlich erschienen, und er war unter den ersten, die mit dem Zug über die neue Strecke fahren durften. Reichsbahnchef Dorpmüller taufte das Bauwerk nach dem damals beliebten Feldherrn und Präsidenten. So heißt er heute noch, auch wenn immer wieder Leute zu Wort kommen, die sich für eine Umbenennung stark machen. Jetzt konnten Züge der Marschbahn von Hamburg aus über Elmshorn, Husum und Niebüll direkt nach Westerland auf Sylt fahren und dort die Urlauber absetzen. Vor allem war es nun möglich, die beliebte Insel unabhängig von den Gezeiten immer zu erreichen.

Bis zu eineinhalbtausend Arbeiter waren auf der Baustelle beschäftigt: ein Knochenjob. Die Kosten beliefen sich auf umgerechnet rund 75 Millionen Euro. 1972 wurde die Strecke zweigleisig ausgebaut. Einen Fahrdraht gibt es nicht, weshalb anfangs Dampfloks, später Dieselloks den Verkehr übernahmen. Fünf Jahre nach der Eröffnung konnten auch erstmals Autos per Zug auf die Insel transportiert werden. In Niebüll werden die Pkw und Lkw auf Autotransportwagen verladen und über den Damm geschafft.

Über den Hindenburgdamm werden Dieselloks eingesetzt, meist 218er oder 245er. *Gabriele Planthaber/Pixelio.de*

118 SUPERLATIVE: GRÖSSER UND STÄRKER

Die Brücke der Vogelfluglinie 118

Ihre Bedeutung hat die Fehmarnsundbrücke nicht nur, weil sie die Insel mit dem Festland verbindet, sondern auch, weil sie die Reisezeit zwischen Hamburg und Kopenhagen deutlich verkürzt. *Eric Rockel/Pixelio.de*

Eine andere deutsche Insel, genauer gesagt die drittgrößte, ist Fehmarn. Den ersten handfesten Plan, diese Ostseeinsel mit dem Festland zu verbinden, gab es schon seit 1912. Aber erst 1941 begannen die Bauarbeiten, die wegen des Zweiten Weltkrieges schon bald wieder abgebrochen werden mussten. Erst 1960 erfolgte der erste Spatenstich für eine Straßen- und Eisenbahnbrücke. Die Eröffnung der Brücke am 30. April 1963 war nicht nur ein wichtiges Datum für die Insel Fehmarn, sondern auch für die Eisenbahn in Deutschland. Mit der Freigabe der Eisenbahn- und Straßenbrücke über den Fehmarnsund war es nun möglich, Hamburg über Lübeck in einer annähernd geraden Linie, der sogenannten „Vogelfluglinie", mit der dänischen Hauptstadt Kopenhagen zu verbinden. Die Bahnlinie führt seitdem von Hamburg aus direkt zum neuen Fährbahnhof Puttgarden auf Fehmarn. Von dort aus überquert eine Fähre den 19 Kilometer breiten Fehmarnbelt zwischen der deutschen Seite und der dänischen Insel Lolland. Von dem dänischen Hafen Rødby geht es dann teilweise über eine Neubaustrecke weiter in die dänische Hauptstadt. Mit der Vogelfluglinie wurde ein bereits seit hundert Jahren gehegter Plan endlich Realität.

Allgäuer Brückenrekord

Die größten Stampfbetonbrücken der Welt findet man im südbayerischen Kempten. *Sammlung Michael Dörflinger*

Das im bayerischen Allgäu liegende Kempten ist eine der ältesten Städte Deutschlands. Seit 1851 überquerte bei Kempten die König-Ludwig-Brücke die Iller. Das Holzbauwerk war von der Königlich Bayerischen Staatseisenbahn für die Ludwig-Süd-Nord-Bahn errichtet worden. Im Laufe der Jahre nahm aber nicht nur der Zugverkehr erheblich zu, auch die Lokomotiven und Waggons wurden immer schwerer. Es war offensichtlich, dass ein neuer Iller-Übergang errichtet werden musste.

Von 1904 bis 1906 entstanden südlich der König-Ludwig-Brücke die drei Oberen Illerbrücken. Es handelte sich dabei um die weltweit größten Brücken aus Stampfbeton, das heißt, der Beton wurde beim Bau durch Druckstöße verdichtet. Arbeiter aus dem gesamten deutschsprachigen Raum waren angeworben worden, und eines der Unternehmen hatte für das Projekt sogar spezielle Betonmischmaschinen konstruiert. Die drei Brücken werden oft nur als zwei gesehen, da es sich bei einer um eine Doppelbrücke handelt. Auf jeder der Brücken verliefen zwei Gleise, wobei die Gleise der Doppelbrücke zum alten Kemptener Hauptbahnhof führten, während die Gleise der südlichen Brücke den Bahnhof in Kempten umgingen und weiter zum südlich liegenden Durchgangsbahnhof Kempten-Hegge liefen. 1969 bekam Kempten einen neuen Hauptbahnhof, der nun durch die südliche Brücke angefahren wurde. Deswegen wurden die beiden nördlichen Brücken dem Straßenverkehr übergeben. Die Illerbrücken sind zwar weniger bekannt als andere Sehenswürdigkeiten der Stadt, aber Kempten kann mit ihnen einen Weltrekord vorweisen.

... gleich bei der Autobahn

Maschen: Für viele ist dieser Ort ein A-ha-Erlebnis. War da nicht mal? – Ja, es war die Country-Band Truck Stop, in deren Hitsingle es 1979 hieß:

„Der wilde, wilde Westen
Fängt gleich hinter Hamburg an
In einem Studio in Maschen
Gleich bei der Autobahn".

Südlich von Hamburg liegt das kleine Dorf, das nicht nur ein Tonstudio beheimatet, sondern hier treffen auch die Autobahnen 1, 7 und 39 aufeinander und bilden ein großes Kreuz. Doch am bedeutsamsten ist sicher eine Anlage, die im Nordosten des Ortes liegt. Es handelt sich nämlich um den zweitgrößten Rangierbahnhof der Welt. Seine Fläche beträgt 280 Hektar, das entspricht rund 300 Fußballfeldern. Nur noch einer in der Welt ist größer: der Rangierbahnhof Bailey Yard bei North Platte im US-Bundesstaat Nebraska, der an der Transkontinentalstrecke von San Francisco nach Chicago liegt.

Der Rangierbahnhof Maschen wurde ab 1970 gebaut, um mehrere alte Anlagen in Hamburg zu ersetzen. Der größte deutsche Hafen in Hamburg und andere deutsche Häfen benötigen Maschen für die Abwicklung des Hafenhinterlandverkehrs. Außerdem ist er das Drehkreuz für den Güterverkehr mit Skandinavien. Bis zu hundert Güterzüge werden jeden Werktag in Maschen behandelt. Die tägliche maximale Rangierleistung liegt bei rund 4.000 Wagen.

Der Rangierbahnhof bei Maschen im Dämmerlicht. Ästhetik der schieren Größe. *johas/Fotolia.de*

Der neue Hauptstadtbahnhof

Mit jährlich etwa 110 Millionen Reisenden steht der Berliner Hauptbahnhof in der Liste der belebtesten Bahnhöfe in Deutschland hinter den Hauptbahnhöfen von Hamburg, Frankfurt und München. In der europäischen Rangordnung kommt er erst an neunter Stelle. Aber er kann trotzdem mit einigen Superlativen aufwarten. So ist er der größte Turm- oder Etagenbahnhof Europas. Dies bedeutet, dass sich Gleise auf verschiedenen Ebenen kreuzen. Der Bahnhof ist als Verknüpfungspunkt verschiedener Verkehrsträger in der Hauptstadt konzipiert.

Durch die Teilung lag Berlin lange Zeit abseits der wichtigen europäischen Verkehrsrouten. Dies sollte sich mit der Wiedervereinigung ändern. Die Stadt an der Spree wurde zum Sitz der Dachgesellschaft der Deutschen Bahn AG und stieg mit dem neuen Hauptbahnhof zu einem der bedeutendsten Eisenbahndrehkreuze innerhalb Deutschlands auf.

Beim Bau handelte es sich um eines der teuersten Bahnhofsprojekte seit dem Zweiten Weltkrieg. 85.000 Tonnen Stahl wurden für das auf fünf Etagen – zwei davon im Untergrund – angelegte Gebäude verbraucht. Die Grundsteinlegung des Berliner Hauptbahnhofs erfolgte am 9. September 1999. Bereits am 4. März 2006 fuhr zum ersten Mal ein ICE durch den Nord-Süd-Tunnel des Bahnhofs, allerdings noch zu Testzwecken. Die offizielle Eröffnung fand am 26. März in Anwesenheit vieler prominenter Gäste statt. 54 Rolltreppen und zehn Aufzüge verbinden die Stockwerke miteinander. Die Züge halten in der obersten und der untersten Etage an insgesamt 14 Bahnsteigen. Rund 15.000 Quadratmeter des Gebäudes werden von 80 Einzelhandelsgeschäften genutzt.

Der Berliner Hauptbahnhof ist Verkehrsknoten und Einkaufszentrum zugleich. *Hannelore Dörflinger*

Das Deutsche Technikmuseum

An der Stelle des Museums stand früher der Anhalter Güterbahnhof. Über dem Eingang schwebt ein „Rosinenbomber" aus der Zeit der Berliner Luftbrücke von 1948/49. *Tina Gössl/Pixelio.de*

Berlin hat für die Verkehrstechnik eine besondere Bedeutung. Man denke nur an die Hersteller Borsig, Siemens oder AEG. Das Deutsche Technikmuseum bezeugt diese großartige Historie. Thematisch bewegen sich die Dauerausstellungen zwischen Chemietechnik, Film und Foto, Druck, Textil, Brauwesen und Nachrichtentechnik bis hin zur Verkehrstechnik auf der Erde, zu Wasser und in der Luft. Die Ausstellung zum Schienenverkehr befindet sich auf dem Gelände des ehemaligen Betriebswerks Anhalter Bahnhof. Sie zeigt über 40 Loks und Wagen, deren ältestes Exponat bereits 1843 gebaut wurde, ein offener Personenwagen 3. Klasse. Die Lok „Beuth" von 1842 ist in einem Nachbau von 1912 vorhanden. Zu den Highlights gehören der Salonwagen Kaiser Wilhelms II., eine preußische S 10, eine T 3 von 1901 und eine Schnellzuglok 01^{10}. In 33 Stationen wird die spannende Geschichte der Eisenbahn präsentiert. Alte Fahrkarten und Uniformen, Speisewagengeschirr und original erhaltene Abteile illustrieren die vergangene Zeit hautnah und lohnen den Besuch.

123 Größtes Eisenbahnmuseum der Welt

Immer wieder finden Ausfahrten statt, bei denen die alten Loks zeigen, was sie noch können. *Jusben*

Das National Railway Museum im nordenglischen York ist ein Mekka für jeden, der sich für die Eisenbahn im ältesten Bahnland der Welt interessiert.

Der legendäre „Flying Scotsman" ist eines der Glanzstücke dieses Museums. *Jim Daly*

Den jährlich weit über siebenhunderttausend Besuchern öffnet sich ein tiefer Einblick in die Geschichte der staatlichen British Rail und ihrer privaten Vorläufergesellschaften. Das größte Eisenbahnmuseum der Welt beherbergt auch die schnellste Dampflok der Welt und weit über vierhundert Eisenbahnfahrzeuge. Besucherrekorde belohnen den Sammlerfleiß. In York findet man einige der wichtigsten Lokomotiven Großbritanniens. Allen voran die LNER A4 „Mallard", die 1938 den heute noch bestehenden Geschwindigkeitsrekord von 203 km/h für Dampfloks aufstellte. Ihre blaue Stromlinienverkleidung macht die Maschine zu einem echten Hingucker. Die Schwesterlok „Sir Nigel Gresley", die nach dem Konstrukteur der Baureihe benannt ist, wird im Museum derzeit überholt, wobei man zuschauen kann.

Die Eisenbahnstadt

Die Stadt Mülhausen im Elsass ist ein Eldorado für die Freunde des Verkehrs. Hier befindet sich das größte Automuseum der Welt und hier kann man vor allem das flächenmäßig größte Eisenbahnmuseum der Welt besuchen: die Cité du train Mulhouse, was soviel bedeutet wie „Eisenbahnstadt Mühlhausen".

Flächenmäßig, wenn auch nicht von der Zahl der Besucher und der Exponate her – denn da hat York die Nase vorn – ist das Eisenbahnmuseum von Mülhausen das größte der Welt. Es beschäftigt sich vor allem mit der französischen Sicht auf das Thema und beschränkt sich nicht auf ältere Fahrzeuge, sondern wirft auch einen Blick auf die moderne Technik, Elektro- und Dieselantrieb.

Viele Exponate sind auch deutschsprachigen Besuchern ein Begriff, zum Beispiel die Elektrolok CC 7107, die 1955 mit 330,8 Kilometern pro Stunde einen Geschwindigkeitsrekord aufstellte, der allerdings schon einen Tag später von der BB 9004 überboten wurde.

1955 erfuhr sich die Elektrolok CC 7107 den Geschwindigkeitsweltrekord. *Alf van Beem*

Diese ist (mit Teilen der BB 9003) ebenfalls ausgestellt. Unter den Dampfloks findet man eine große Zahl an Veteranen aus der Privatbahnzeit, das älteste Exemplar stammt aus dem Jahr 1844.

Außerdem gibt es Ausstellungen, die speziellen Themen gewidmet sind, zum Beispiel Eisenbahn und Krieg, Salonwagen des Kaisers Napoleon III. und der französischen Präsidenten, Gebirgsbahnen und ganz besonders auch über die vielen Beschäftigten bei der Eisenbahn.

Ein Triebkopf des ersten TGV von 1978 steht im Außenareal des Museums. *Aviator12/C.C. 4.0*

125 Die Transsib

Die weltweit bekannteste Eisenbahnstrecke in Russland ist sicherlich die 9.288 Kilometer lange Transsibirische Eisenbahn, die von Moskau bis nach Wladiwostok an der Pazifikküste führt. Sieben Tage dauert die gesamte Reise bis ans Ziel in Fernost. In dieser Woche lernt der Transsib-Reisende die kulturelle Vielfalt Russlands und seine zahlreichen Völker kennen. Eine Reise mit der Transsibirischen Eisenbahn ist bei vielen Bahnfreunden ein Muss.

Ende des 19. Jahrhunderts begann man in Russland mit dem Bau dieser Eisenbahn, die das alte Zarenreich mit den neuen Eroberungen in Sibirien verbinden sollte – und auch strategisch von Bedeutung war im Hinblick auf die erhoffte Ausbeutung Chinas und Koreas. Treibende Kraft war der Finanzminister Sergei Witte, der die Bedeutung der Strecke auch als Wirtschaftsfaktor schon früh erkannt hatte. Angesichts des teils unwirtlichen Klimas erforderte der Bau unter den Arbeitern viele Todesopfer. Wie bei der Ost-West-Verbindung in den USA wurde von beiden Seiten aus begonnen. Der westliche Abschnitt von Moskau bis Irkutsk am Baikalsee wurde 1898 fertig, der östliche von Wladiwostok bis Chabarowsk am Amur bereits ein Jahr früher. Das Verbindungsstück konnte erst 1916 fertiggestellt werden. Die komplette Strecke wurde in russischer Breitspur 1.520 mm angelegt.

Im Jaroslawler Bahnhof, dem ältesten Moskauer Fernbahnhof, beginnt die Reise auf der längsten Eisenbahnstrecke

Durch unendliche Ebenen zieht sich der lange Zug der Transsibirischen Eisenbahn Richtung Wladiwostok. Die Reise mit dem Zug ab Moskau dauert sieben Tage. *Putschli/C.C. 1.0*

der Welt vom Osten Europas bis an den Pazifik. Wer mit der Transsibirischen Eisenbahn fährt, wird sicherlich einen hochwertigen Zug nehmen. Am besten sind die Firmenyezüge, die man vielleicht mit dem ICE vergleichen kann. Hat man einmal seinen Platz eingenommen, dann kann man sich auf fast hundert Städte und rund vierhundert Bahnhöfe freuen, wobei die Fernzüge natürlich nicht überall halten. Wird ein planmäßiger Halt eingelegt, dann dauert es zwischen fünf und zwanzig Minuten, bis es weitergeht. Der Fahrgast kann sich etwas zu Trinken besorgen oder sich eine Mahlzeit kaufen, die viele Frauen am Bahnsteig feilbieten. Da die Strecke eine der wichtigsten russischen Magistralen ist, gibt es viele Zugbegegnungen. An vielen der über 400 Bahnhöfe entlang der Strecke findet man des Öfteren alte Dampfloks ausgestellt.

Die ВЛ60 (WL60) ist eine der verbreitetsten Loks. 2.612 Exemplare wurden gebaut. *Jerzy/pixelio.de*

Der längste Bahnhofsname 126

Mag sich durch Russland die längste Eisenbahnstrecke der Welt ziehen, der längste Bahnhofsname der Welt ist in Wales zu finden, etwa eine Autostunde von der bei Touristen beliebten Ffestiniog Railway entfernt.

Der Ort liegt auf der Insel Angelsey im Norden von Wales und heißt Llanfairpwllgwyngyllgogerychwyrndrobwllllantysiliogogogoch. Dieser Begriff bedeutet soviel wie „Marienkirche in einer Mulde weißer Haseln in der Nähe des schnellen Wirbels und der Thysiliokirche bei der roten Höhle". Die Gemeinde hat den längsten Ortsnamen in Europa. Weltweit gibt es noch längere, aber eben ohne Bahnhof. Viele reisen nur wegen des Namens hierher.

Llanfairpwllgwyngyllgogerychwyrndrobwllllantysiliogogogoch – kein Ortsname ist in Europa länger. Touristen lieben ihn. *David Dixon*

Die Wagen der Quinghai-Tibet-Bahn verfügen über ein System zur Sauerstoffanreicherung sowie einen speziellen UV-Schutz. Während der Fahrt ist ein allzeit bereites Ärzteteam an Bord. *Bombardier*

127 Höchste Eisenbahn – Zug nach Tibet

Die höchste Bahnstrecke der Welt ist auch ein Politikum, denn die Tibeter sehen diese Bahnstrecke, die den Osten Chinas mit Tibet verbindet, sehr kritisch. Abseits aller Diskussionen ist sie jedenfalls eine technische Meisterleistung. Bereits 1955 schickte Mao Zedong eine Expertengruppe auf das Hochland von Tibet, um die Machbarkeit einer solchen Strecke erkunden zu lassen. Doch die enormen Herausforderungen führten dazu, dass das Projekt verschoben wurde. Erst 1977, drei Jahre nach Maos Tod, konnte eine 814 Kilometer lange Strecke zwischen Xining, der Hauptstadt der nordöstlich von Tibet gelegenen Provinz Qinghai, und der 2.810 Meter hoch gelegenen Stadt Golmud in Betrieb genommen werden. Es sollte jedoch noch bis 1984 dauern, bis der reguläre Verkehr begann.

Eine noch größere Herausforderung stellte der Bau der Strecke von Golmud nach Lhasa dar. 2001 begannen die Arbeiten. Die auch als Lhasa-Bahn bekannte Quinghai-Tibet-Bahn konnte 2006 fertiggestellt werden. Unzählige Brücken mussten gebaut werden. Über 80 Prozent der 1.142 Kilometer langen Strecke verlaufen auf einer Höhe von mehr als 4.000 Metern über dem Meer. Der höchste Punkt ist der auf 5.072 Metern gelegene Tanggula-Pass an der Grenze zwischen Quinghai und Tibet. Dort befindet sich auch der höchstgelegene Bahnhof der Welt.

Darjeeling-Erlebnis

In Indien hat der Schienenverkehr eine sehr lange Tradition. Die britische Kolonialmacht baute ein beeindruckendes Schienennetz auf, das sich zum viertgrößten der Welt entwickelt hat. Loks und Wagen wurden aus Großbritannien angeliefert. Neben den großen Magistralen wurden vielerorts kleinere Nebenstrecken gebaut, die oft in Schmalspur angelegt wurden. Drei von ihnen, nämlich die Nilgiri Mountain Railway (siehe S. 130), die Kalka-Shimla-Bahn und die Darjeelingbahn wurden 1999 als „Gebirgsbahnen in Indien" zum Weltkulturerbe erhoben.

Die Darjeelingbahn in Westbengalen (Nordostindien) wurde 1881 eröffnet. Rund zwei Kilometer Höhe muss die Bahn auf ihrem Weg in die Stadt Darjeeling auf einer Strecke von fast 90 Kilometern überwinden. Politische Unruhen und Naturereignisse wie Bergstürze sorgen manchmal dafür, dass die Bahn nicht befahren werden kann. Heute wird die Gesamtstrecke nur noch mit Dieselloks betrieben. Dem Dampflokfreund bietet sich aber ab Darjeeling eine interessante Alternative, denn bis ins knapp sechs Kilometer entfernte Ghum – immerhin rund 200 Meter tiefer gelegen – werden Ausflugszüge mit den alten Dampfloks angeboten. Die idyllisch gelegene Batasia-Kehrschleife (siehe Bild unten) in einer blühenden Landschaft ist für Fotografen aus aller Welt ein begehrtes Motiv. Der Zug macht dafür extra einen Halt. Fahrkarten für die Dampfzüge sind nur am Fahrkartenschalter vor Ort erhältlich.

Die Darjeelingbahn ist in einer Spurweite von 610 Millimetern angelegt. In Indien werden solche Schmalspurbahnen als „Toy Train" bezeichnet, wörtlich übersetzt: Spielzeugeisenbahn. *Vikramjit Kakati/C.C. 3.0*

Nilgiri Mountain Railway

Für Eisenbahnfans ist Indien ein Land, in dem es Überraschendes zu entdecken gibt. Dazu gehört die Nilgiri Mountain Railway, die 2005 von der UNESCO geadelt wurde. Die Bergbahn verbindet in dem südlichen Bundesstaat Tamil Nadu die am Fuß der Nilgiri-Berge gelegene Stadt Mettupalayam mit dem Bergort Udagamandalam (auch einfach Ooty genannt). Für viele Eisenbahnbegeisterte ist eine Fahrt mit dem Zug ein Muss.

Den Plan für den Bau einer Bahn von Mettupalayam in die Nilgiri-Berge gab es bereits 1854. Es nahm jedoch noch 45 Jahre in Anspruch, bis die bürokratischen Hürden so weit überwunden waren, dass die Bahn in Betrieb genommen werden konnte. Die Gleise reichten zunächst nur bis zur Stadt Coonoor. 1908 konnte schließlich die Verlängerung der Strecke bis nach Udagamandalam eröffnet werden.

Die 46 Kilometer lange, mit einer Spurweite von 1.000 Millimetern gebaute Strecke führt an Teeplantagen entlang, über 250 Abgründe überspannende Brücken und durch 16 finstere Tunnel. Bis heute ziehen die Züge auf dem größten Teil der Strecke Dampflokomotiven, die einst aus der Schweiz importiert worden waren. Die Reise in die Berge nimmt fast fünf Stunden in Anspruch. Drei Stunden und 35 Minuten dauert die Fahrt ins Tal.

Die Nilgiri Mountain Railway hat noch etwas Besonderes vorzuweisen: Sie ist die einzige Zahnradbahn Indiens. Der Zahnradantrieb der Lokomotive wird wegen der erheblichen Steigung auf einem Streckenabschnitt unterhalb Coonoors eingesetzt. Dabei wird der Zug von der Lokomotive nach oben geschoben. Die Nilgiri Mountain Railway war in mehreren Filmen zu sehen, darunter in „Reise nach Indien" (1984).

An steilen Abgründen entlang und durch finstere Tunnel führt die Nilgiri-Bergbahn. *Naveen K S/C.C. 2.0*

Der „Ghan" in Down Under

Durch mehrere Klimazonen fährt der „Ghan" auf seiner Durchquerung Australiens. *Roderick Eime/ C.C. 2.0*

Drei Tage und zwei Nächte dauert die Fahrt mit dem „Ghan" auf der 2.979 Kilometer langen Strecke von Adelaide im Süden Australiens bis Darwin ganz im Norden. Auf seiner Reise durchquert der Zug nicht nur den Bundesstaat South Australia und das Northern Territory, sondern auch vier Klimazonen. Der Ursprung der Bezeichnung „Ghan" für den Zug ist unsicher. Möglicherweise kommt er von „Afghane", wie die Führer von Kamelkarawanen in Australien vor der Motorisierung genannt wurden, oder von „Afghan Express". Bauarbeiten für eine Eisenbahnlinie in das Landesinnere begannen 1878 in Port Augusta, etwa 300 Kilometer nördlich von Adelaide, der Hauptstadt von South Australia. Zwei Jahre später erreichten die Gleise den etwa 100 Kilometer entfernten Ort Hawker. 1891 kamen die Gleisarbeiter in Oodnadatta an, 544 Kilometer von Port Augusta entfernt. Erst 1929 war die Bahnstrecke bis Alice Springs, in Zentralaustralien, fertig. Bis dahin waren immer noch Kamele eingesetzt worden. 1980 wurden die Schmalspurgleise durch neue Gleise in Normalspur ersetzt, und 2004 konnte der „Ghan" schließlich bis Darwin an der Nordküste durchfahren.

131 Ein mobiler Reichsgründer

Amtrak bietet den „Empire Builder" seit 1971 an. Er ist der beliebteste Fernzug der USA. *Amtrak*

Der „Empire Builder" der Great Northern Railway wurde 1929 erstmals eingesetzt. James J. Hill, der Gründer und Präsident dieser Bahngesellschaft, wurde scherzhaft so genannt. Der „Empire Buider" ist eine Zuglegende über die Rocky Mountains. Dank der spektakulären Landschaften, die der Passagier durchs Fenster genießen konnte, entwickelte sich der exquisite Zug schnell zu einer sehr beliebten Relation. 1971 übernahm Amtrak die Strecke. Von Chicago nach Portland beziehungsweise Seattle verbindet dieser Zug den Osten mit dem Pazifik. Die Fahrt dauert zwei Tage und dank der neuen Superliner-Doppelstockwagen kann man die Nacht erholt durchschlafen. Der Zug verkehrt einmal täglich in beide Richtungen. In Spokane im Bundesstaat Washington treffen die zwei westlichen Äste aufeinander und die Zugteile werden getrennt oder vereinigt. Der Glacier National Park und der North Cascades National Park an der Grenze zu Kanada sind gewaltige Gebirgslandschaften. Sie erreicht man mit dem „Empire Builder".

Auf dem Gassman-Viadukt bei Minot, North Dakota, ist der „Empire Builder" mit Superliner Doppelstock-Schlafwagen unterwegs. *Amtrak/Jason Berg*

Der Overland Limited

Weiter südlich überquerte ein anderer Zug die Rockies. „Overland Limited" hieß der berühmte Personenzug, der zwischen Chicago und San Francisco verkehrte und dabei die Overland-Strecke zwischen Council Bluffs in Iowa beziehungsweise Omaha in Nebraska und San Francisco befuhr. Man hatte dem Zug auch schon mal andere Namen gegeben: „Overland Flyer", „San Francisco Overland Limited", „San Francisco Overland" und oft auch einfach „Overland". Zu den Besonderheiten des Zuges gehörte, dass er wegen der Länge der Strecke von mehreren Eisenbahngesellschaften betrieben wurde. Von San Francisco bis Ogden in Utah war die Southern Pacific zuständig. Von Ogden bis Omaha/Council Bluffs fuhr er auf den Gleisen der Union Pacific, und östlich des Missouri bis Chicago waren die Chicago and North Western Transportation Company sowie zeitweise die Chicago, Milwaukee, St. Paul and Pacific Railroad zuständig. Die Reise mit dem Zug zwischen den beiden Großstädten dauerte ungefähr 63 Stunden. Die durchschnittliche Reisegeschwindigkeit lag bei 58 km/h. Der Zug begann erstmals 1887 zu verkehren – damals noch von der Union Pacific als „Overland Flyer" bezeichnet. Der planmäßige Verkehr unter dem Namen „San Francisco Overland" endete 1963.

Der Overland Limited war einer der berühmten Züge, die es einst ermöglichten, die großen Entfernungen im Westen der Vereinigten Staaten zu überwinden.
Sammlung Michael Dörflinger

Die 1883 gebaute „Chocorua" ist nicht mehr im Einsatz, sondern dient als Denkmallok. *Dennis Jarvis/C.C. 2.0*

133 Die älteste Zahnradbergbahn

Die älteste Zahnradbergbahn befindet sich überraschenderweise nicht in Europa, sondern in dem nordöstlichen US-Bundesstaat New Hampshire, nicht weit von dem weltbekannten Ort Bretton Woods, wo 1944 in einer Konferenz über eine neue internationale Finanzordnung beraten wurde. Die Zahnradbahn führt mit der ungewöhnlichen Spurweite von 1.422 Millimetern auf den Gipfel des 1.917 Meter hohen Mount Washington. Auf Englisch wird die Bahn „Mount Washington Cog Railway" oder einfach „the Cog" genannt. „Cog" bezeichnet ein Zahnrad. Der Erfinder Sylvester March hatte bereits 1866 mit dem Bau der Bahn begonnen. 1869 erfolgte die Eröffnung, und seitdem ist die Bahn in Betrieb. Sie hat eine Länge von 4,8 Kilometern und überwindet einen Höhenunterschied von 1.097 Metern. Der steilste Streckenabschnitt misst 374 Promille. Oben angekommen, kann der Reisende die grandiose Aussicht genießen. Die Züge klettern von April bis November auf den Berg. Wegen des hohen Rauchausstoßes der Dampfloks – auf dem Weg nach oben werden 0,91 Tonnen Kohle und 3.800 Liter Wasser verbraucht – wurden 2008 Diesellokomotiven eingeführt, die mit Biokraftstoff betrieben werden. Prunkstück ist die 1866 gebaute „Peppersass" – nach ihrem Kessel, der an eine Pfeffersoßenflasche erinnern soll. Der 150. Geburtstag der Bahn 2019 wird groß gefeiert.

Lange Zeit der höchste Turm

Ein Fernsehturm hat auf den ersten Blick nichts mit Eisenbahnen zu tun. Aber 1968 entschloss sich die Canadian National Railway (CN), Kanadas größte Eisenbahngesellschaft, eine große TV- und Radiokommunikationsplattform für die Region Toronto aufzubauen. Der Zweck dieses Projekts bestand nicht nur darin, den Rundfunkempfang zu verbessern, sondern auch die Stärke der kanadischen Industrie zu demonstrieren. Geplant war ein Turm, der alle anderen auf der Welt überragte. Aber erst 1973 waren die Pläne so weit gediehen, dass mit dem Bau begonnen werden konnte. Über 1.500 Beschäftigte arbeiteten in Schichten 24 Stunden am Tag fünf Tage in der Woche an der Errichtung des Turms. Im Februar 1974 war der Betonschaft des Turms bereits so weit, dass er als höchstes Gebäude Kanadas galt. Im August des gleichen Jahres begann der Bau des siebenstöckigen Turmkorbes, der ein Drehrestaurant und eine Aussichtsebene beherbergen sollte. In einer Höhe von 447 Metern wurde eine weitere Aussichtsplattform errichtet, der „Sky Pod". Von dort aus liegen unter idealen Wetterbedingungen selbst die Niagara-Fälle in einer Entfernung von 160 Kilometern noch in Sichtweite. Am 2. April 1975 brachte ein Sikorsky-Hubschrauber das letzte Stück der Antenne an seinen Platz. Damit wurde der CN-Turm mit einer Höhe von 553,3 Metern das höchste Bauwerk der Welt. Erst 2007 nahm ihm der Burj Khalifa in Dubai diesen Rang ab. Seit 1995 gehört der CN-Turm nicht mehr der Canadian National Railway, sondern der Canada Lands Company.

Der CN-Turm ist eines des Wahrzeichen Torontos und ein Touristenmagnet. *Miroslaw/Pixelio.de*

Der Zug auf den Vesuv

Die Standseilbahn auf den Vesuv. *Sammlung Michael Dörflinger*

Der bei Neapel liegende Vesuv gehört zu den bekanntesten Vulkanen der Welt. Wer bis zum Krater vordringen wollte, musste sich lange Zeit entweder zu Fuß auf den Weg machen, sich von einem Tragtier nach oben bringen lassen oder den Dienst von Sänftenträgern in Anspruch nehmen. Die Idee, den Besuchern eine Bahnfahrt auf den Gipfel zu ermöglichen, kam bereits 1870 auf. Aber es dauerte noch zehn Jahre, bis schließlich eine Standseilbahn verwirklicht werden konnte. Zur Eröffnung 1880 wurde das Lied „Funiculì, Funiculà" („funiculare" ist eine Standseilbahn) komponiert. 1888 übernahm der Reiseveranstalter Thomas Cook die Anlage. Ein Vulkanausbruch im April 1906 zerstörte die Bahn und die Zugstationen. Die Betreiber gaben jedoch nicht auf und besserten die Schäden bis 1909 aus. Ein weiterer Ausbruch zwei Jahre

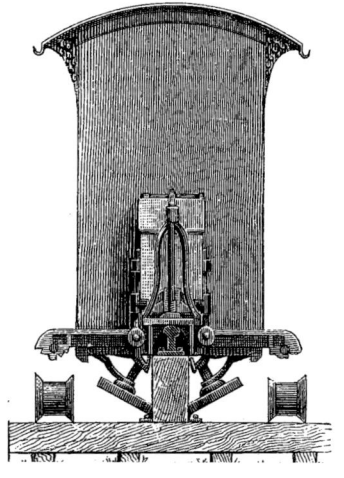

später zerstörte wieder die Bergstation. 1928 übergab Thomas Cook den Betrieb einem anderen Unternehmen. Der Ausbruch von 1944 beendete leider den Zugverkehr auf den Vesuv endgültig.

Die älteste deutsche Zahnradbahn 136

Die 1884 fertiggestellte Drachenburg hat einen schönen Garten. Heute kann man sie besichtigen, die Drachenfelsbahn hat hier einen eigenen Haltepunkt eingerichtet. *gs-fewo/Pixelio.de*

Der 321 Meter hohe Drachenfels galt 1881 als der am häufigsten bestiegene Berg Europas. In diesem Jahr begannen wohlhabende Bürger aus der Region, eine Zahnradbahn zum Gipfel zu bauen. Bereits am 17. Juli 1883 fand die erste Bergfahrt statt. Damit ist die Drachenfelsbahn die älteste deutsche Zahnradbahn! Seit 1913 ist der Hersteller des echten „Kölnisch Wasser" 4711 Eigentümer der Bahn. Aus diesem Grund sind die Triebwagen im Türkis des Besitzers lackiert. Über eine halbe Million Fahrgäste lassen sich jedes Jahr zu einem der schönsten Aussichtsplätze am romantischen Mittelrhein verführen. Von der Talstation in Königswinter, neben der auch das Depot der Bahn liegt, geht es mit bis zu 180 Promille Steigung hoch zur Drachenburg. Den Eisenbahnfreund wird interessieren, dass in ihren Gemäuern zwischen 1948 und 1960 eine Pädagogische Zentralschule der Bundesbahn eingerichtet war. Der nächste Halt ist schon die Bergstation. Der Drachenfels-Bahnhof wurde 2004/05 völlig umgestaltet und besser auf den Tourismus abgestimmt. Bis 1953 waren zwei Generationen dampfgetriebener Zahnradloks im Einsatz. Der erste Elektrotriebwagen (1953–1963) war ein Eigenbau, die Waggonfabrik Rastatt/BBC baute zwischen 1955 und 1960 vier zusätzliche Triebwagen. Tw VI, das jüngste Fahrzeug, ist ein Nachbau von 1978.

Die Triebwagen der Drachenfelsbahn sind türkis lackiert. *Thomas Max Müller/Pixelio.de*

137 Ein Wunder der Technik

Oben Züge, unten Schiffe. *H.Richter/Pixelio.de*

Die lange Jahre längste Eisenbahnbrücke Deutschlands feierte 2013 ihren 100. Geburtstag. Die Rendsburger Hochbrücke wurde 1913 gebaut, um zwei Drehbrücken zu ersetzen, die nach der Kanalverbreiterung nicht mehr genutzt werden konnten. Damit auch große Dampfer, vor allem Kriegsschiffe, durch den Kanal fahren konnten, wurde die Brücke besonders hoch konstruiert. Fast 18.000 Tonnen Stahl und 3,2 Millionen Nieten wurden verbaut. Die Eisenbahnstrecke verläuft zweigleisig.

Um die unterschiedliche Höhe von Brücke und Bahnhof auszugleichen, wurde die Strecke in einer Kreiskehrschleife heruntergeführt. Diese geht mitten durch das Gebiet des heutigen Stadtteils Schleife. In dem nun als Museum genutzten Stellwerk „Rn" am Rendsburger Bahnhof und dem Schifffahrtsarchiv mit vielen faszinierenden Exponaten findet man viele Informationen zu dieser technischen Meisterleistung. Heute ist die Hochbrücke ein beliebtes Ausflugsziel, auch wenn die Schwebefähre unter der Brücke derzeit erneuert wird. Im Café der Schiffsbegrüßungsanlage unter der Hochbrücke werden Infos zu den passierenden Schiffen durchgesagt.

138 Deutschlands längste Brücke

Die Saale-Elster-Talbrücke für die Neubaustrecke Erfurt–Leipzig/Halle. *Claus Rudolf C.C 4.0*

Die längste deutsche Brücke wurde 2012 fertiggestellt. 6.465 Meter misst die Talbrücke südlich von Halle, die die beiden Flusstäler der Elster und der Saale überquert. Die Brücke hat einen 2.112 Meter langen Abzweig nach Halle. Gebaut wurde sie für die Hochgeschwindigkeits-Neubaustrecke zwischen Nürnberg und Berlin über Erfurt und Leipzig. 208 Brückenpfeiler mussten errichtet werden, um das Bauwerk zu tragen. Der ICE darf bis zu 300 km/h schnell auf der als feste Fahrbahn ausgebildeten Strecke fahren. Beim Bau wurde darauf geachtet, dass alle ökologischen Rahmenbedingungen streng eingehalten wurden. Die Elster-Saale-Brücke ist mit einer Höhe bis zu 21 Metern nicht sehr hoch. Wer die Brücke mit dem Auto entdecken will, verlässt die A 38 bei der Ausfahrt Bad Lauchstädt Richtung Schkopau.

Zeitreise in Meiningen

Im ehemaligen Reichsbahnausbesserungswerk Meiningen wird heute unter der Regie der Deutschen Bahn gehämmert und geschweißt. Das Dampflokwerk gilt international als erste Adresse zur Instandsetzung und Aufbereitung alter Dampflokomotiven.

Meiningen war bis 1918 die Residenz der Herzöge von Sachsen-Meiningen. Die im 19. Jahrhundert richtungsweisende Theatergruppe des Deutschen Reichs stammte vom dortigen Hoftheater. Mitglieder der Meininger Hofkapelle bestritten die ersten Wagner-Festspiele in Bayreuth. So ist es kein Wunder, dass heute eine Vielzahl kulturell bedeutsamer Gebäude und Museen Besucher in die Stadt locken. Aber besonders für Eisenbahnfreunde ist Meiningen ein kleines Mekka.

Das am ehemaligen Raw Meiningen angesiedelte Instandsetzungswerk für Dampflokomotiven wird von der DB Fahrzeuginstandhaltung, einer Tochter der Deutschen Bahn, unterhalten. Es hat sich zum führenden Werk in diesem Segment entwickelt und bietet Museumsbahnen und Museen aus ganz Europa seine Dienste an. Interessierte können das Werk besichtigen. Außerdem werden am ersten Septemberwochenende Dampfloktage abgehalten. Seit einiger Zeit wird ein größerer Bestand an historischen Dampfloks und Wagen aufgebaut, die Sammlung wird zu einem Erlebnis-Museum erweitert.

Blick in das Dampflokwerk. Hier werden nicht nur alte Loks aus ganz Europa fachmännisch restauriert und überholt, sondern einzelne Dampflokomotiven sogar neu produziert. *KlausMiniwolf C.C. 3.0*

140 Hinauf zum Brocken

Von Meiningen ist es nicht mehr so weit bis zum höchsten Berg Norddeutschlands, dem im Harz gelegenen Brocken. Seit Heinrich Heines „Harzreise", in der er den Weg zum Brocken beschreibt, haben Touristen diese Region entdeckt. Überall haben sich kleine Kurorte gegründet. Die Eisenbahnfahrt mit der Brockenbahn von Wernigerode über Drei Annen Hohne auf den Gipfel ist die Hauptattraktion eines Harzaufenthalts. Für die Freunde der alten, rauchenden Lokomotiven ist es ein besonderer Genuss, dass die Fahrt auf den Brocken mit einer Dampflok stattfindet.

Der Startbahnhof steht in der bunten Fachwerkstadt Wernigerode. Von dort führt die Strecke durch den Ort nach Wernigerode-Westerntor. In dem dortigen Empfangsgebäude ist die Betriebsleitung der Harzer Schmalspurbahnen untergebracht, auch das Betriebswerk ist hier angesiedelt. In Wernigerode-Hasserode geht es durch enge Gassen und an Gärten vorbei. Jenseits des Hasseröder Tals führt die Strecke über eine scharfe Kehrschleife und die Steinerne Renne zu einem schönen Panoramablick. Nach Drängetal erreicht der Zug den Wasserhalt bei Drei Annen Hohne.

Hier beginnt die eigentliche Brockenbahn. Auf einer Steigung von 1:300, dann meist 1:30 arbeitet sich der Zug hinauf nach Schierke. Bei Eckerloch beginnt der Naturpark. Im Brockenmoor beginnt die Brockenspirale, eineinhalb Mal windet sich die Strecke um den Gipfel herum nach oben. An der Teufelskanzel und dem Hexenaltar vorbei geht es dann zum Brockengipfel. Dort oben stand im Kalten Krieg eine Funk-Lauschanlage, weshalb jeglicher Verkehr in der engeren Umgebung bis 1992 komplett eingestellt war.

Die Lok der Baureihe 99$^{23-24}$ der LKM Babelsberg wurde Mitte der 1950er-Jahre gebaut. *Roland Bloi/Pixelio.de*

DER Viadukt 141

Um die Göltzschtalbrücke fotografieren zu können, muss man von Reichenberg bis Mylau gehen. *Marco Barnebeck(Telemarco)/Pixelio.de*

Die größte Ziegelsteinbrücke der Welt steht im sächsischen Vogtland. Es ist die legendäre Göltzschtalbrücke kurz vor der Einfahrt in den Bahnhof Reichenbach. Das grandiose Bauwerk zählt auch heute noch zu den beeindruckendsten Brücken in Deutschland. Im Stil der römischen Aquädukte gebaut, ist es 574 Meter lang und vier Etagen, exakt 78 Meter hoch. Architekt Andreas Schubert hatte es zwischen 1846 und 1851 gebaut. 26 Millionen Ziegel wurden dafür verwendet. Züge fahren noch immer darüber – das ist eine Qualität, die man heute oft nicht mehr kennt.

DIE schiefe Ebene 142

Neuenmarkt-Wirsberg in Oberfranken: Hier beginnt ein Streckenabschnitt, der bereits 1848 eine Verbindung vom Maintal ins Saaletal nach Hof und Sachsen schuf. Bis Marktschorgast ist die Strecke besonders spektakulär mit der „Schiefen Ebene", einer Steilrampe, die auf 6,8 Kilometern 157,7 Höhenmeter überwindet, also eine durchschnittliche Steigung von 23 Promille hat. Es geht hier hoch in den Frankenwald. Mancher Güterzug soll sich auf der Steilstrecke bis zu 45 Minuten abgekämpft haben. Anfang der 1970er-Jahre gehörte es bei den Eisenbahnfreunden zum guten Benehmen, wenn man mit dem Fotoapparat den schnaufenden schwarzen Dampfloks der Baureihe 01 zuschaute.

Rekolok 01 0509 hat auf der Schiefen Ebene zu kämpfen. *Reinhard Feldrapp, Naila*

143 Zum höchsten deutschen Bahnhof

Gletscherrestaurant und Pavillon des Skigebiets. Halbhoch erkennt man das Schneefernerhaus, früher ein Hotel, heute Forschungsstation. Rechts oben der Zugspitzgipfel. *Bergfee/Fotolia.de*

Schon Ende des 19. Jahrhunderts gab es Überlegungen, eine Eisenbahn auf die Zugspitze zu bauen. Doch erst in der Weimarer Republik brachte die Bayerische Zugspitzbahn AG (BZB) die nötigen Mittel auf. 1928 begann man mit den Bauarbeiten an der 19 Kilometer langen Strecke, die durch 4,8 Kilometer Tunnel führt und einen Höhenunterschied von 1.883 Metern zu überwinden hat. 22 Millionen Reichsmark waren ausgegeben, als 1930 die ersten Züge zum Schneefernerhaus hinauf fuhren.

Die Strecke beginnt in der Talstation westlich des DB-Bahnhofs. An den Wintersportgebieten Hausberg, Riessersee und den Talstationen der Kreuzeck- und der Alpspitzbahn vorbei geht es nach Grainau und hinauf zum Eibsee. Grainau ist die alte Umstiegsstelle von der Tal- zur Bergbahn. Ab der Station Riffelriss geht es, vor Lawinen und Steinschlag durch einen langen Tunnel geschützt, in mehreren Kehren zum höchsten deutschen Bahnhof Zugspitzplatt.

Rollmaterial der Zugspitzbahn: Links der Steuerwagen Nr. 21 (ehemals Triebwagen Nr. 6) rechts der Doppeltriebwagen Nr. 16 (Beh 6/6). *Michael Dörflinger*

Vom Pilatus aus hat man einen herrlichen Blick auf den Vierwaldstätter See und den Bürgenstock. Auf dem Gipfel des Pilatus stehen zwei Hotels, die schon ein Jahr nach Bau der Bahn öffneten. *zaubervogel/Pixelio.de*

Die steilste Bergbahn 144

Im Herzen der Schweiz liegt Luzern mit seinem Hausberg, dem Pilatus. Auf seinen Gipfel führt die steilste Zahnradbahn der Welt. Sie wurde bereits 1889 eröffnet und bis zur Elektrifizierung 1937 mit Dampftriebwagen befahren. Eines dieser Fahrzeuge wird im Verkehrshaus Luzern gezeigt. Nicht weit vom Bahnhof Alpnachstad südlich von Luzern ist die Talstation der Pilatusbahn. Zwischen Mai und November klettern zehn Triebwagen bei einer maximalen Steigung von 48 % und einer Geschwindigkeit bis 12 km/h in einer halben Stunde auf den Berg. In 2.073 Metern Höhe fährt die Pilatusbahn in den Endbahnhof Pilatus Kulm ein. Oben angekommen, kann man in rund einer Dreiviertelstunde das Tomlishorn besteigen, den höchsten Gipfel des Pilatus. Neben der Bergstation wurden zwei Hotels errichtet.

Historische Aufnahme der Pilatusbahn. *Slg. Dörflinger*

145 Metro Alpin

Die Bergstation der Metro Alpin. *Michael Dörflinger*

Die Schweiz kann noch viele andere Superlative des Schienenverkehrs bieten. So zum Beispiel die höchstgelegene U-Bahn der Welt. Anders als man meinen sollte, verkehrt sie nicht unter einer Großstadt, sondern sie ist in der Hochgebirgslandschaft des Kantons Wallis zu finden. Man erreicht sie von Saas-Fee aus mit der Gondelbahn Alpin Express I.

Die Metro Alpin getaufte U-Bahn überwindet unterirdisch 476 Höhenmeter. 1984 konnte nach drei Jahren Bauzeit die Eröffnung gefeiert werden. Diese U-Bahn ist eine Seilbahn, die komplett unter Tage verläuft. Der Tunnel ist fast 1,8 Kilometer lang. Mit ihr gelangt man von der 2.980 Meter hoch gelegenen Station Felskinn auf den 3.456 Meter hohen Mittelallalin, einen Nebengipfel des Viertausenders Allalinhorn. Die Rekordbahn führt den Feriengast zu einer weiteren Sensation. Durch einen rund 70 Meter langen Stollen erreicht man die mit 5.500 Kubikmetern größte Eisgrotte der Welt: den Eispavillon.

146 Zu Europas höchstem Bahnhof

Rund eine Million Menschen fahren jährlich mit der Jungfraubahn auf Europas höchstgelegene Eisenbahnstation, um von der Aussichtsplattform aus eine atemberaubende Aussicht zu genießen. Aber bereits die Bahnfahrt nach oben ist ein einzigartiges Erlebnis. Das in der Schweiz liegende Jungfraujoch ist der Verbindungsgrat zwischen Mönch und Jungfrau in den Berner Alpen. Als man 1896 mit dem Bau der Jungfraubahn begann, hatte man als Ziel noch den 4.158 Meter hohen Gipfel des Berges im Auge. Die Arbeiten waren schwierig, da der Bau eines Tunnels nötig war. Mangelnde Finanzmittel führten dazu, dass man sich mit dem Jungfraujoch als Endstation begnügen musste. Als 1912 die Bahn in Betrieb genommen werden konnte, hatten die Bahnbauer jedoch eine enorme Leistung vollbracht. Über sieben Kilometer der 9,34 Kilometer langen Strecke liegen in einem Tunnel. Die Endstation liegt 3.454 Meter über dem Meeresspiegel. Auf dem flacheren Teil der Strecke fuhren die Züge anfangs noch mit Adhäsionsbetrieb. Zu Beginn der 1950er-Jahre erfolgte der Umstieg auf die Zahnradtechnik für die gesamte Strecke. Mit der Inbetriebnahme der 2016 beschafften Personentriebwagen wurden die letzten Fahrzeuge der 1950er- und 1960er-Jahre ausgemustert.

Die Jungfraubahn fährt durch die malerische Landschaft des Berner Oberlandes. Auf der Fahrt bis zur Bergstation überwindet die Bahn 1.393 Meter. Im Bild ein historischer BDhe 4/8 mit Steuerwagen. *Andrew Bone/C.C. 2.0*

Der BDhe 4/8 muss auf dem Weg nach oben einen 7.122 Meter langen Tunnel durchfahren. *G. Schouten de Jel*

147 Weltkulturerbe 1: Albulabahn

Eisenbahn von ihrer schönsten Seite, das ist die Albulabahn der RhB. *Rhätische Bahn/Peter Fuchs*

Die Albulabahn wurde 1904 eröffnet. Sie verbindet das Rheintal und Thusis mit St. Moritz. Bei Filisur zweigt eine Strecke nach Davos ab, die vor allem durch den grandiosen Wiesener Viadukt bekannt ist. Die Albulabahn wurde ins UNESCO-Welterbe aufgenommen. Aus gutem Grund. So sind der 90 Meter hohe Soliser Viadukt über die Albulaschlucht und der Landwasser-Viadukt nicht nur Meisterwerke der Ingenieurskunst, sondern auch ästhetisch überaus gelungene Bauwerke. Der Anstieg zum Albulapass mit Kehrtunneln und Schleifen erreicht bei Preda sein Ziel. Hinunter geht es durch den 5.866 Meter langen Albulatunnel ins Inntal zum Zielbahnhof St. Moritz, dem ältesten Winterferienort der Welt.

148 Weltkulturerbe 2: Berninabahn

Wie die Albulabahn gehört auch die Berninabahn seit 2008 zum UNESCO-Welterbe. 55 Tunnel, 196 Brücken und Steigungen von bis zu 70 Promille – das sind die nüchternen Zahlen. Die Meterspurstrecke im Engadin führt über die Montebello-Kehre mit grandiosem Ausblick auf die Berninagruppe und den Morteratsch-Gletscher, zum Ski- und Wandergebiet von Bernina-Diavolezza, zum flaschengrünen Lago Bianco auf der Passhöhe mit dem Ospizio Bernina, zur Alp Grüm, durch das Puschlav-

Der berühmte Kreisviadukt von Brusio. *Rhätische Bahn/Peter Donatsch*

Tal mit seinem hübschen Hauptort Poschiavo auf den Kreisviadukt von Brusio und schließlich nach Tirano in Italien.

Die Furka-Bergstrecke 149

Auf dem Weg zum höchsten Alpendurchstich der Schweiz, zum Furka-Scheiteltunnel. *Lolo Stock*

Die 1925 gegründete Furka-Oberalp-Bahn übernahm von einer anderen Gesellschaft Gleisanlagen aus der Zeit vor dem Ersten Weltkrieg und vollendete die Strecke von Brig nach Disentis, die heute Teil der Route des Glacier Express ist. Schwierigste Stelle war der Furkapass, zu dem sich die Strecke hochwindet und durch den 1.874 Meter langen Furka-Scheiteltunnel überwindet. Doch dieser Streckenabschnitt war nicht wintersicher. Aus diesem Grund wurde 1982 der 15,35 Kilometer lange Furka-Basistunnel gebohrt, wodurch die Strecke ganzjährig befahrbar wurde. Ab sofort konnte der Glacier Express ohne Winterpause angeboten werden. Als man die nicht mehr benötigten Anlagen abbauen wollte, traten Eisenbahnfreunde auf den Plan. Sie schafften es, auf der Furka-Bergstrecke einen fahrplanmäßigen Dampflokverkehr anzubieten. Die eingesetzten Loks stammen alle aus der Zeit vor dem Ersten Weltkrieg und wurden von der Schweizerischen Lokomotiv- und Maschinenfabrik (SLM) in Winterthur gebaut. Es handelt sich um Loks mit zwei oder drei Treibachsen. Die Strecke wird teilweise mit Zahnstange nach System Abt befahren.

150 Der längste Tunnel der Welt

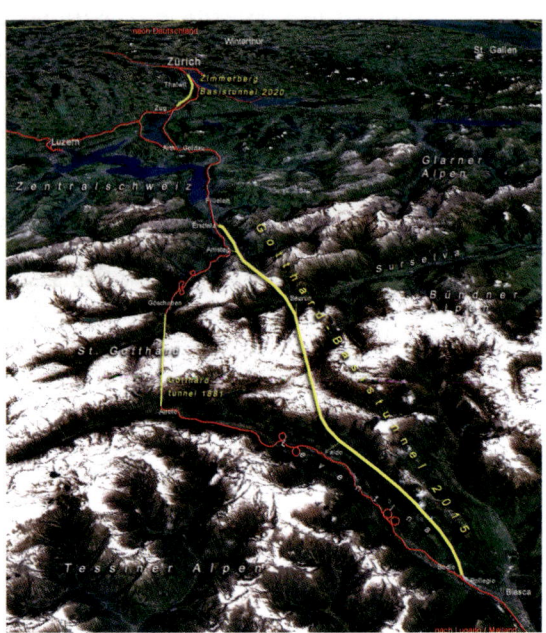

Das Bild zeigt den alten Scheiteltunnel (gelb links) und den Basistunnel (lange Strecke gelb rechts). Die nicht im Tunnel liegenden Eisenbahnstrecken sind rot eingezeichnet. *Cooper/NASA*

In der südlichen Zentralschweiz erhebt sich das gewaltige Gotthardmassiv, eine enorme Herausforderung für den Nord-Süd-Verkehr. Lange Zeit war der über das Gebirgsmassiv führende Gotthardpass eine der wichtigsten Verbindungen im Alpentransit. Aber schon 1872 begann man an einem Tunnel zu arbeiten, der den Eisenbahnverkehr ermöglichen sollte. 1880 wurde der 15 Kilometer lange, in einer Höhe von 1.150 Metern über dem Meer liegende Scheiteltunnel der Gotthardbahn fertig. Die Autofahrer mussten bis 1980 warten, als nach einer zehnjährigen Bauzeit ein fast 17 Kilometer langer Straßentunnel eröffnet wurde. Mit einem Projekt von historischer Bedeutung wurde 1996 begonnen: Ein Basistunnel für den Eisenbahnverkehr, der über zwei Röhren verfügen und eine Höchstgeschwindigkeit von 250 km/h erlauben sollte. Der stolze 57 Kilometer lange Gotthard-Basistunnel krönte sich bei seiner offiziellen Eröffnung zum längsten Eisenbahntunnel der Welt. Nur der U-Bahn-Tunnel der Linie 3 in der chinesischen Stadt Guangzhou und mehrere unterirdische Bauten zur Wasserversorgung machen ihm den Rang als weltweit längster Tunnel streitig. Täglich fahren bis zu 260 Güterzüge und 65 Personenzüge durch die Röhren unterhalb des Gebirgsmassivs.

Die Trisanna-Brücke 151

Die Arlbergbahn verbindet Innsbruck, die Hauptstadt des österreichischen Bundeslandes Tirol, mit der Stadt Bludenz im Bundesland Vorarlberg. Zu den beeindruckendsten Konstruktionen der Bahn zählt die bereits erstmals 1884 gebaute Brücke, die in einer Höhe von 87 Metern den Fluss Trisanna überquert. Mit einer freien Stützweite von 120 Metern galt das insgesamt 230 Meter messende Bauwerk lange Zeit als weitest gespannte Eisenbahnbrücke in Österreich. Wegen den steigenden Anforderungen des Eisenbahnverkehrs musste im November 1964 anstelle der alten Trisanna-Brücke eine neue Konstruktion errichtet werden.

Auf der berühmten Trisanna-Brücke fuhren 2007/2008 auch ICE-Einheiten. Heute übernimmt die Relation der RailJet. Die Strecke führt direkt an Schloss Wiesberg vorbei. *Josef Saurwein/C.C. 2.0*

Der Arlbergtunnel 152

Die 137 Kilometer lange Arlbergbahn ist Teil des Grundnetzes der österreichischen Eisenbahn. Die Zugstrecke erleichtert nicht nur den Verkehr zwischen Tirol und Vorarlberg, sie hatte von Anfang an eine wichtige wirtschaftliche Bedeutung. Beispielsweise sollte sie den Transport ägyptischer Baumwolle über den Arlberg nach Calais an der französischen Kanalküste verkürzen. 1880 begannen die Arbeiten mit vergleichsweise einfachen Werkzeugen. Bis heute gelten die Planung der Gebirgsstrecke und die Ausführung der Arbeiten als bauliche Meisterleistungen. Mit einer Länge von ursprünglich 10.249,9 Metern bildete der Arlbergtunnel zwischen St. Anton am Arlberg und Langen am Arlberg den zentralen Bestandteil der Bahn. Die feierliche Eröffnung des Tunnels durch Kaiser Franz Joseph I. fand am 20. September 1884 statt. Es war ein bedeutendes Datum der Eisenbahngeschichte.

Blick in den über zehn Kilometer langen renovierten Arlbergtunnel aus dem Jahr 1884 mit neuer fester Fahrbahn. *Roland Siegele/C.C. 3.0*

153 Einst der längste Tunnel der Welt

Das alte Eingangsportal des Mont-Cenis-Tunnels auf der französischen Seite. 1881 wurde der Tunneleingang etwas versetzt neu gebohrt. Der alte wird, wie man sieht, bestens genutzt. *Poudou99/C.C. 3.0*

Als der Mont-Cenis-Tunnel und die Fréjus-Bahn im September 1871 eröffnet wurden, konnten sich viele Franzosen nicht so recht freuen, denn eben hatten sie den Krieg gegen Deutschland verloren. Andere kümmerten sich nicht um Politik, sondern sie freuten sich, dass nun die Fahrt nach Rom enorm verkürzt wurde. Vierzehn Jahre hatte es gedauert, bis die beiden Arbeitergruppen, die von beiden Seiten gegraben hatten, aufeinander trafen.

Damals war der Mont-Cenis-Tunnel, der Frankreich und Italien miteinander verbindet, der längste Tunnel der Welt. Die Südrampe in Italien beginnt in Bussoleno und überwindet durch 27 Tunnel und 14 größere Viadukte und Brücken einen Höhenunterschied von 817 Metern. In Bardonecchia verschwindet der Zug dann in den 12,8 Kilometer langen Tunnel. Die Reisezeit von Lyon nach Turin konnte um weit mehr als die Hälfte auf eindreiviertel Stunden verkürzt werden. 1881 musste das Nordportal wegen Geländeproblemen verlegt werden und die Länge des Tunnels vergrößerte sich um achthundert Meter.

Die Wallfahrtsbahn 154

Die Wallfahrtskirche des 4.000 Einwohner zählenden Mariazell birgt in der Gnadenkapelle das Gnadenbild der Magna Mater Austriae, einer Marienstatue, die überregional verehrt wird. Mariazell ist der bedeutendste Wallfahrtsort des alten Österreich-Ungarn und seiner Nachfolgestaaten. Um die Pilgermassen zu bewältigen, wurde von St. Pölten aus bis 1907 die einspurige Mariazellerbahn gebaut. Jetzt konnten sich viele Wallfahrer den anstrengenden Fußmarsch ersparen. Lange Jahre wurde der Verkehr mit zum Teil fast 100 Jahre alten Rollmaterial bewältigt. Heute werden moderne Elektrotriebwagen eingesetzt, die den sinnigen Namen „Himmelstreppe" tragen und in gerade mal zweieinviertel Stunden ans Ziel gelangen. Lediglich der Touristik-Zug „Ötscherbär" wird abwechselnd von der traditionsreichen Elektrolokomotive der Baureihe 1099 aus der Zeit vor dem Ersten Weltkrieg oder von der Dampflok Mh.6, Baujahr 1906, gezogen. Er braucht rund drei Stunden. Die interessante Strecke zeichnet sich durch mehrere Tunnel und tolle Viadukte aus.

Der 1.893 Meter hohe Ötscher blickt freundlich zur Mariazellerbahn hinüber. Die Bahn hat eine schmale Spurweite von 760 Millimetern, allgemein als „bosnische Spur" bekannt. *NÖVOG/Heussler*

155 Die beiden Severn-Tunnel

Der hierzulande eher unbekannte Severn ist nicht nur der längste Fluss Großbritanniens, er stellte auch ein Hindernis für den Verkehr dar. Bereits Anfang des 19. Jahrhunderts gab es deshalb Pläne für einen Tunnel unterhalb des Flusses, um auf Gleisen Kohle von den Minen in der Grafschaft Gloucesterhire nach Arlingham auf der anderen Flussseite zu bringen. Die Arbeiten begannen 1810. Aber am 13. November 1812 setzte ein Wassereinbruch dem Vorhaben ein Ende.

Ein zweiter Tunnel wurde bis 1886 weiter flussabwärts gegraben. Er führt von Monmouthshire in Südwales nach South Gloucestershire auf der englischen Seite. Mit 7.008 Metern ist er der zweitlängste Eisenbahntunnel Großbritanniens.

Der erste Severn-Tunnel unter Wasser. Slg. M. Dörflinger

156 Unter dem Ärmelkanal

Einfahrt zum Tunnel bei Folkestone. John Fielding/C.C. 2.0

Schon 1885 entwarf der französische Bauingenieur Thomé de Gamond einen Plan für einen zweigleisigen Eisenbahntunnel unter dem Kanal. Aber erst 100 Jahre später konnte man tatsächlich mit dem Bau einer Eisenbahnverbindung zwischen dem Kontinent und Großbritannien beginnen. Die Arbeiten begannen im Dezember 1987, und die Fertigstellung des 50,45 Kilometer langen Tunnels erfolgte im Juni 1993. Ein Verband amerikanischer Bauingenieure zählte das Projekt sogar zu den modernen sieben Weltwundern. Der seit Inbetriebnahme auf der Strecke verkehrende Schnellzug Eurostar ermöglicht ein noch schnelleres und komfortableres Reisen zwischen London und Paris, als es sich die ersten Visionäre überhaupt vorstellen konnten.

Straßenbahn entlang der Küste 157

Die Kusttram von De Panne nach Knokke fährt immer an der Küste entlang und braucht rund zwei Stunden und zwanzig Minuten für die 68 Kilometer lange Strecke, an der 69 Haltestellen liegen. *Michael Dörflinger*

Wer nicht unter dem Ärmelkanal hindurch fahren will, sondern lieber am Strand, um den Wellen des Kanals zuzusehen, der wird sich in Belgien besonders wohl fühlen. Mit der längsten Straßenbahn der Welt kann man die Küste am Ärmelkanal entlangfahren – von der niederländischen bis zur französischen Grenze. Die Küstenstraßenbahn (Kusttram) wurde bereits 1885 eröffnet, wobei erst mal nur der Abschnitt zwischen Nieuwport und Ostende befahren wurde. Die heutige Streckenführung ist allerdings deutlich anders. Weitere Abschnitte kamen später hinzu. Ab 1912 wurde die Strecke elektrifiziert. In diesen Jahren bis zum Ersten Weltkrieg traf sich im berühmten Seebad Ostende die Haute volée. Vom Autorennen bis zum Spielkasino fand jeder Tourist alles, was er sich nur wünschen konnte. Der Ärmelkanal war damals eines der beliebtesten Badeurlaubsziele Europas. Über eine Fähre war Ostende bereits 1846 mit Dover verbunden. Bereits acht Jahre früher gab es eine Zugverbindung nach Brüssel. Mit der Kusttram kommt man gemütlich an die verschiedenen Badeorte. Sie verbindet De Panne im Westen mit Nieuwport, Middelkerke, Ostende, Zeebrugge und Knokke. Die meterspurige, 68 Kilometer lange Kusttram fährt mit 600 Volt Gleichstrom. In Urlaubszeiten kommt alle zehn Minuten ein Triebwagen, ansonsten sind die Takte etwas länger.

158 Killingworth-Lokomotiven

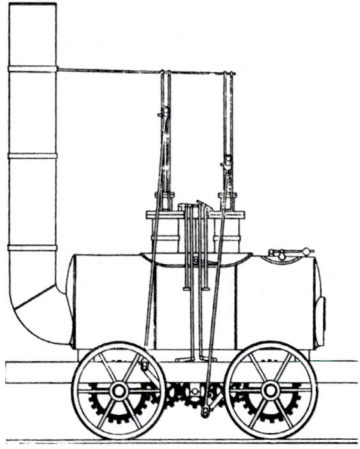

Die „Blücher". *Sammlung Michael Dörflinger*

Im Jahr 1812 wurde George Stephenson von der Kohlenzeche Killingworth bei Newcastle angestellt, um die stationären Dampfmaschinen zu bedienen. Dort baute er 1814 seine erste „fahrende Maschine". Diese Lokomotive konnte einen 27 Tonnen wiegenden Zug mit einer Geschwindigkeit von 6,4 km/h auf einer Steigung von 0,222 Prozent ziehen. Dies zeigte ihm, dass die Adhäsion der Räder ausreichte, um unter normalen Bedingungen die Kraft der Maschine auf die Schienen zu übertragen. Stephenson nannte seine erste Lokomotive „Blücher", im Andenken an den preußischen General, der entscheidend zum Sieg über Napoleon bei Waterloo beigetragen hatte. Die „Blücher" war die erste einer Reihe von Lokomotiven, die Stephenson für die Kohlenzeche baute und die als „Killingworth-Lokomotiven" bekannt wurden.

159 Das erste Eisenbahn-WC

In der Frühzeit der Eisenbahn war es noch nicht möglich, gewisse menschliche Bedürfnisse im Zug zu befriedigen. Wenn man dringend eine Toilette besuchen musste, blieb nichts anderes übrig, als auf den nächsten Halt zu warten. Im Fernverkehr war dies problematisch. Deshalb wurden ab 1860 in die Dienst-Abteilwagen auch Aborte eingebaut. Von nun an konnte man beim nächsten Halt in das Klosett umsteigen und gemütlich bis zum nachfolgenden Bahnhof sein Geschäft verrichten. Bei den meisten Aborten war sogar eine Waschgelegenheit integriert. Diese Technik kam später auch auf Nebenbahnen zum Einsatz, während bei den

Großer Fortschritt im Reiseverkehr. *Jens Märker/Pixelio.de*

Hauptstrecken in den neueren Durchgangswagen der Toilettenraum von allen Abteilen aus zugänglich war. Es handelte sich noch um offene Systeme. Dies bedeutete, dass die Körperausscheidungen direkt auf die Schienen abgegeben wurden.

Eine preußische Legende

Die erste T 3 wurde von Henschel 1882 für die Bergisch-Märkische Eisenbahn (BME) gebaut, die im Ruhrgebiet zu Hause war und deren Streckennetz sich zwischen Aachen und Kassel erstreckte. Sie wurde im selben Jahr verstaatlicht und kam zu den Preußischen Staatseisenbahnen. Die preußische T 3 ist eine der berühmtesten Vertreterinnen nicht nur der Tenderloks, sondern auch von Dampflokomotiven überhaupt aus der Zeit der Länderbahnen. Und sie ist wohl die langlebigste, denn sie wurde nicht nur bis weit ins 20. Jahrhundert hinein gebaut, sondern der letzte Planeinsatz einer T 3 hat in Westfalen erst im Herbst 1979 in der Zuckerfabrik in Warburg stattgefunden. Insgesamt wurden von dieser Loktype fast 1.400 Stück gebaut. Sie wurde später von der Deutschen Reichsbahn als Baureihe 89^{70-75} eingegliedert. Ihre Einsatzfelder lagen im Rangierbahnhof und auf Nebenstrecken.

Die ersten Exemplare wurden, wie gesagt, von Henschel geliefert, später kamen auch andere Hersteller dazu. Im Laufe der Bauzeit kam es zu technischen Verbesserungen, zum Beispiel bekam die T 3 ab 1887 einen Dampfdom, der den Regleraufsatz ablöste. Verschiedene Bahngesellschaften hatten die T 3 beschafft. Nach dem Ersten Weltkrieg war sie auch in Polen anzutreffen. Die Bundesbahn und die Reichsbahn übernahmen nach dem Zweiten Weltkrieg einige Loks, andere waren bei privaten Gesellschaften unterwegs.

Diese T 3 Baujahr 1914 wurde restauriert und steht betriebsbereit im Deutschen Dampflokomotiv Museum Neuenmarkt. Von 1963 bis 1977 war sie Werklok im Ausbesserungswerk Görlitz. *Erich Westendarp/Pixelio.de*

161 Eine andere preußische Legende

Manche (vor allem Norddeutsche) halten sie für die beste deutsche Dampflok, die jemals gebaut wurde, obwohl die preußische P 8 bei den Leistungskriterien Geschwindigkeit, Zugkraft, Gewicht oder Größe nicht ganz vorne stand. Aber wer tatsächlich mit ihr zu tun hatte, schätzte ihre vielfältige Einsetzbarkeit, den geringen Wasser- und Kohleverbrauch, die Zuverlässigkeit, die Langlebigkeit und die Wartungsfreundlichkeit.

Die P 8 war 1906 von der Berliner Maschinenbau AG für die Preußischen Staatseisenbahnen konstruiert worden. Bis 1918 wurden 1.887 Stück hergestellt. Nach dem Ersten Weltkrieg mussten 628 Exemplare der P 8 als Reparationsleistung an die Siegermächte abgegeben werden. Bis 1923 vervollständigte die Deutsche Reichsbahn den Bestand der in die Baureihe 38^{10-40} aufgenommenen Lok durch Neubauten. Insgesamt entstanden fast 4.000 Exemplare. Nach dem Zweiten Weltkrieg wurden die noch vorhandenen und funktionsfähigen Maschinen von der Deutschen Bundesbahn und der Reichsbahn der DDR übernommen. Die letzten Lokomotiven des Typs P 8 wurden von der Reichsbahn 1972 und von der Bundesbahn 1974 ausgemustert.

Die P 8, hier als Reichsbahn-Lok Baureihe 38, war vielseitig verwendbar.
Sammlung Michael Dörflinger

Eine österreichische Legende 162

310.23 ist seit 1986 wieder betriebsbereit. Sie gilt als eine der schönsten Loks ihrer Zeit. *Theslu/C.C. 2.0*

In den Jahren vor dem Ersten Weltkrieg war das Bedürfnis nach höheren Reisegeschwindigkeiten auch in Österreich-Ungarn stark. Der Chefingenieur der kaiserlich-königlichen österreichischen Staatsbahnen (kkStB), Karl Gölsdorf, konstruierte eine Schnellzug-Dampflok, mit der Österreich einen anderen Weg ging als die Hersteller der berühmten Pacific-Loks. Gölsdorf schuf nämlich eine „umgedrehte" Pacific mit der Achsfolge 1'C2', was bedeutete, dass er anders als die Pacific (2'C1') eine Vorlauf- und zwei Schleppachsen verwendete. Sie war als Flachlandrenner im ganzen Kaiserreich unterwegs.

Die Vierzylinder-Verbundlok hatte Treibräder mit 2.140 Millimetern Durchmesser und erreichte 100 km/h. Ab 1911 bauten verschiedene Unternehmen in Niederösterreich und Böhmen diese Schnellzuglok als Reihe 310, insgesamt wurden 90 Exemplare produziert. Davon sind heute nur noch zwei Lokomotiven erhalten, eine davon war nach dem Ersten Weltkrieg in der Tschechoslowakei als 375.007 der Reihe 375.0 im Dienst und steht heute im Technischen Nationalmuseum Prag. Die andere Dampflok, 310.23, hatte bis 1956 bei der ÖBB im Dienst gestanden und wurde danach ans Technische Museum Wien überstellt. Sie war 1938 mit dem Anschluss Österreichs in den Besitz der Reichsbahn übergegangen und wurde dort in die Baureihe 16 eingegliedert. Als 16.08 diente sie später der ÖBB. Für das hundertfünfzigste Eisenbahnjubiläum in Österreich wurde sie wieder flott gemacht und dient seitdem als repräsentative Museumslok zu Nostalgiefahrten, inzwischen mit einem neuen Kessel.

163 Eisenbahn in Lužná u Rakovníka

Rechts die Tenderlok „Papoušek", links 464.102 aus dem Technischen Nationalmuseum. *PHB.cz/fotolia.de*

Der kleine Ort Lužná im böhmischen Bergland besitzt das wichtigste Eisenbahnmuseum Tschechiens. Den Blickfang der stolzen Sammlung bilden sicher die Schnellzugloks, doch findet man auch gut erhaltene deutsche 52er oder österreichische Dampfloks aus der Kaiserzeit. Die älteste Lok stammt von Krauss aus München: Lok Nummer 6 „Nučic" wurde 1876 gebaut. Sie gehört seit 1969 dem Technischen Nationalmuseum Prag, das hier mehrere Loks abgestellt hat. Ein echter Hingucker ist die Neubaulok aus dem Jahr 1954: 477.043, eine hellblau-rot lackierte Schnellzuglok. Der Spitzname bedeutet übersetzt „Papagei". Auch die ungewöhnliche Diesellok T 478.3101 mit dem Spitznamen „Taucherbrille" steht in diesem Museum. Auf der Internetseite des Museums gibt es einen 3D-Führer mit dreidimensionalen Aufnahmen einzelner Maschinen, so dass eine virtuelle Lokbesichtigung möglich wird.

164 Eisenbahnmuseum St. Petersburg

Die Millionenstadt St. Petersburg besitzt das wichtigste Russische Eisenbahnmuseum und eines der größten der Welt. Der Standort des Museums hat sich seit der Gründung 1978 mehrfach geändert. Heute befindet es sich auf einem Gelände neben dem Baltischen Bahnhof am südlichen Rand der Innenstadt. Das Areal umfasst ein altes Bahndepot, einen Neubau und das große Freigelände. Darauf haben 115 Lokomotiven und Wagen einen Platz gefunden, darunter aktuell noch eingesetzte Lokomotiven.

Die C.68 stammt aus dem Jahr 1913 und ist die einzige erhaltene Maschine dieses Typs. *yaros/Fotolia.de*

Die Sammlung umfasst auch rund 3.500 Gegenstände aus dem Eisenbahnbetrieb.

Der große Meister 165

André Chapelon (1892–1978) hieß der wohl bedeutendste Dampflokkonstrukteur der Welt. Er war Chefingenieur bei der PO-Midi. Nach Gründung der SNCF hatte er dort den gleichen Posten. Er war der Schöpfer der verbesserten Baureihe 2-231 E der Compagnie des chemins de fer du Nord, die vor Schnellzügen wie dem berühmten „Flèche d'Or" eingesetzt wurde. Höhepunkt seiner Karriere war der Umbau der unglücklichen Etat 241-101 zur 242 A 1 der SNCF, deren Zughakenleistung keine andere europäische Lok übertraf. Der Wirkungsgrad von Chapelons besten Maschinen lag bei über 12 Prozent. Da kamen auch die Amerikaner nicht heran.

Die Lok des Denkmals in Firminy-Château des Bruneaux ist falsch ausgeführt, die geplante 200-km/h-Lok war eine C2'. *Daniel Villafruela/C.C. 3.0*

Leider blieben viele seiner Pläne in der Schublade stecken. Er starb als „Ehren-Chefingenieur" der SNCF.

Die großen Dampflokbauer 166

Weltweit wurden rund 640.000 Dampflokomotiven hergestellt. Doch wer waren die Produzenten und in welchen Ländern waren sie zu Hause? Die Tabelle rechts zeigt die Top Ten. Drei große Herstellernationen bauten nicht nur für den heimischen Markt, sondern exportierten auch Loks in alle Welt. Allein die USA verkauften rund 37.000 Dampfloks ins Ausland. Der größte Hersteller der Welt war die US-Firma Baldwin. Aus den Werken in Philadelphia rollten etwa 70.000 Maschinen, der Löwenanteil fiel auf Dampfloks. Die zweitmeisten Dampfloks wurden in Deutschland gebaut. Weltweiter Höhepunkt war das Jahr 1921, als 5.370 Exemplare ausgeliefert wurden. Großbritannien hatte anfangs noch eine Monopolstellung und

	Land	Stückzahl
1	USA	177.000
2	Deutschland	155.000
3	Großbritannien	110.000
4	Russland/UdSSR	50.000
5	Frankreich	39.000
6	Belgien	16.000
7	Österreich	15.000
8	Japan	11.000
9	China	10.000
10	Ungarn	7.000

profitierte von den vielen Kolonien, die sich von dort bedienten. In Afrika und Südamerika kam es kaum zu einer nennenswerten Produktion. Die beliebteste Achsfolge war übrigens 1'D1'. Wahrscheinlich war 1924 das Land, in dem die meisten Dampfloks eingesetzt wurden.

167 Meistgebaute deutsche Dampflok

Im Rahmen der Kriegsvorbereitungen beschaffte die Deutsche Reichbahn ab 1939 die Baureihe 50. Die bis zu 80 km/h schnellen Loks hatten eine indizierte Leistung von 1.195 kW. Doch wegen der angespannten Fertigungssituation im Zweiten Weltkrieg wurde der Bau der KDL 1 (Kriegsdampflokomotive 1) beschlossen. Technisch basierte die KDL 1, die die Baureihenbezeichnung 52 bekommen sollte, auf der 50er. Gegenüber der Produktion dieser Baureihe erreichte man eine Ersparnis von 30 Prozent der Arbeitszeit bei der Herstellung sowie eine Materialersparnis von 12 t Stahl pro Lokomotive. Die schnellere und billigere Fertigung ermöglichte die Reduzierung der erforderlichen Bauteile von 6.000 auf 5.000 sowie die Vereinfachung von rund 3.000 Teilen. Am 12. September 1942 wurde mit der 52 001 die Vorauslokomotive präsentiert. An der Serienfertigung beteiligten sich insgesamt 16 Lokomotivfabriken in ganz Europa. Von den 15.000 geplanten Exemplaren wurden allerdings nur 7.000 produziert. Die hohen Ziele waren krachend verfehlt, dennoch reichte es aus, die 52 zur meistgebauten Dampflokomotive in Deutschland zu machen. Ungefähr 700 Exemplare der Baureihe wurden von der Deutschen Bundesbahn übernommen, in Ostdeutschland waren 1.150 Exemplare verblieben. Viele andere taten in ganz Europa ihren Dienst. In der DDR wurden über 200 Loks rekonstruiert und zur Baureihe 52[80]. Die letzten wurden erst 1988 ausgemustert.

Die 1944 gebaute 52 1325 wurde 1965 im Raw Stendal zur 52 8129 rekonstruiert. *Sammlung Michael Dörflinger*

Meistgebaute Dampflok der Welt 168

Die Dampflokomotiven der Baureihe E wurden bis 1955 produziert. *Sergey Tundra/Fotolia.de*

In der Sowjetunion war die Eisenbahn bei großen Entfernungen auch angesichts der schlechten Straßen das wichtigste Transportmittel. Das Streckennetz mit einer Spurweite von 1.524 Millimetern, das auf seinem Höhepunkt eine Länge von rund 144.900 Kilometern erreichte, konnte für sich in Anspruch nehmen, das ausgedehnteste der Welt zu sein. Noch aus vorsowjetischer Zeit stammte die Fünfkuppler-Lokomotivenbaureihe E (Baureihe Э) mit der Achsfolge E, die für den Güterverkehr entwickelt worden war. Bis zur Oktoberrevolution 1917 waren 1.528 Exemplare in verschiedenen Werken hergestellt worden. Nach dem Ersten Weltkrieg ließ das neue Regime 1.200 Stück im Ausland fertigen. 1924 wurde die Produktion wieder in der Lokomotivenfabrik Kolomna aufgenommen. Spätere Versionen der Baureihe waren die EU, von der ab 1926 2.200 Stück hergestellt wurden, die 1931 eingeführte EM, die sich durch einen höheren Kesseldruck auszeichnete, und die von 1935 bis 1936 gebaute ER-Klasse, die eine größere Rostfläche besaß. Insgesamt wurden 10.670 Loks hergestellt. Damit ist die E-Klasse die meistproduzierte Lok der Welt.

169 Die meistgebaute Diesellok

Ungefähr 8.200 Exemplare wurden von der weltweit meistgebauten Diesellok produziert. Die von den tschechoslowakischen Werken ČKD und SMZ Dubnica hergestellten Maschinen wurden in zahlreiche Länder exportiert. Allein in der Sowjetunion, wo sie als Baureihe TschME3 (ЧМЭ3) geführt wurden, befanden sich 7.457 Exemplare im Dienst. Bei der tschechoslowakischen Staatsbahn ČSD wurden sie als Baureihe T 669 geführt. In Polen wurde sie bezeichnet als S200, in Albanien jedoch als HSH T669.1, im Irak als DES 3101, in Syrien als LDE 1500 und in Indien als DEC 120. Die T 669 wurde vor allem als Rangierlok, als Nahverkehrslok und als leichte Güterzuglok eingesetzt. Die ersten drei Prototypen wurden 1963 gebaut und umfassend erprobt. 1967 begann die Serienproduktion. Die letzten Exemplare liefen 1979 aus den Werkshallen in der Tschechoslowakei.

Die 112 Tonnen wiegende sechsachsige Maschine leistete 994 kW und war bis zu 95 km/h schnell. Neben der ursprünglichen Version mit der Baureihenbezeichnung T 669.0 (ab 1988 Baureihe 770) gab es nach einer Änderung der Aufhängung des Lokkastens ab 1968 die Baureihe T 669.1 (ab 1988 Baureihe 771). Eine Breitspurversion wurde als Baureihe T 669.5 (ab 1988 770.8) geführt. Nach Ende des Sozialismus wurden einige der Maschinen von privaten Betreibern übernommen. Manche der Lokomotiven bekamen neue Motoren oder sogar einen neuen Aufbau.

Als TschME3 wurde die sowjetische Version der T 669 bezeichnet. *Igor Bekirov/Fotolia.de*

Multiples Bahnerlebnis 170

Bis zu 250 Promille Steigung machen die Oberweißbacher Bergbahn zu einer der steilsten Bergbahnen. Die breite Spurweite von 1.800 mm sollte bessere Standfestigkeit garantieren. *Karl-Heinz Laube/Pixelio.de*

Ein einzigartiges Ensemble aus modernen Alutriebwagen, Standseilbahn und historischen Straßenbahnwagen findet man südlich von Rottenbach bei einer Bahn, die den Thüringer Wald erkundet. So bekommt man quasi auf engstem Raum eine Vielfalt des Schienenverkehrs zu Gesicht, wie selten anderswo. Die Schwarzatalstrecke beginnt in Rottenbach und führt über Bechstedt-Trippstein nach Schwarzburg. Die Strecke wurde bis hierher nicht durch das Schwarzatal geführt, weil dort der Fürst in Ruhe jagen wollte. Bis Katzhütte geht es aber immer entlang der Schwarza durch eine idyllische Landschaft, wobei mehrere Brücken über den Fluss geschlagen werden mussten.

Beim Haltepunkt Obstfelderschmiede auf der Strecke nach Katzhütte steigt man in die Oberweißbacher Bergbahn um. Seit 1923 fährt diese Standseilbahn bis Lichtenhain. Die besonders steile Rampe hat größtenteils eine Steigung bis 250 Promille. Bei schönem Wetter kann man mit einem Cabriowagen fahren.

In Lichtenhain wird wieder umgestiegen. Unter dem gleichen Fahrdraht geht es mit historischen Triebwagen über die Flachstrecke nach Cursdorf. Es wirkt hier fast so, als hätte sich eine alte Berliner S-Bahn in den Urlaub nach Thüringen verirrt. Die gesamte Bahn steht unter Denkmalschutz.

Auf der Flachstrecke der Oberweißbacher Bergbahn fahren die drei einzigen noch existenten Triebwagen der Baureihe 479. *Robert Köhn/Pixelio.de*

171 Die längsten Güterzüge

Vielgebaute Loks wie die M62 oder die TschME3 waren für Güterzüge bestimmt. Das war kein Zufall, denn der Gütertransport war von Anfang an die wichtigste Aufgabe der Eisenbahn. Waren es zu Beginn vor allem Rohstoffe, die transportiert wurden, so sind es heute Stahl, Öl, Chemie- und andere Industrieprodukte. Aber die längsten und schwersten Züge sind heute immer noch im Bergbau zu finden. Die Bergbaugesellschaft Rio Tinto setzt beispielsweise in Australien für die Beförderung von Eisenerz Züge ein, die aus 236 Waggons bestehen und von drei Lokomotiven gezogen werden. 29.500 Tonnen Eisenerz lassen sich damit transportieren. Die Länge des Zuges beträgt 2,4 Kilometer.

Ebenfalls in Australien sind die Züge von BHP Billiton unterwegs. Ein Zug ist üblicherweise 2,8 Kilometer lang, besteht aus 268 Waggons, wird von vier Lokomotiven gezogen und kann bis zu 24.200 Tonnen Eisenerz aufladen. Den Rekord für den längsten und schwersten Zug stellte ein BHP-Zug am 21. Juni 2001 auf. Der Zug setzte sich aus acht Lokomotiven und 682 Waggons zusammen. Er war 7,3 Kilometer lang und trug 82.000 Tonnen Eisenerz auf einer 275 Kilometer langen Strecke vom Bergwerk nach Port Hedland in Westaustralien.

Auch in Brasilien werden lange Züge eingesetzt. Das Bergbauunternehmen Vale S. A. betreibt die Carajás-Bahn, auf der Eisenerz vom Bergwerk zum Verladehafen transportiert wird. Einer dieser Züge besteht normalerweise aus 330 Waggons und erreicht eine Länge von drei Kilometern.

Ein Zug der amerikanischen Eisenbahngesellschaft BNSF erreichte 2010 eine Länge von 3,911 Kilometern.
David Brossard/C.C. 2.0

Allzweckwaffe Familie V 160 172

Zur Ablösung der Dampftraktion bei der Bundesbahn leistete die V 160 einen wichtigen Beitrag. 1960 wurde eine Vorserie aus neun Loks hergestellt. Vier Jahre später begann die Serienfertigung. Angetrieben wurde die Lok von einem Sechzehnzylinder-Diesel mit 1.400 kW (1.900 PS). Im Schnellgang war eine Höchstgeschwindigkeit von 120 km/h möglich. Das Einsatzfeld der V 160 war der mittelschwere Streckendienst. 1968 wurde die Baureihenbezeichnung in 216 abgeändert. Im gleichen Jahr wurde die 218 als neues Mitglied dieser Baureihenfamilie vorgestellt. Bis 1979 wurden 398 weitere Loks produziert mit 1.839 kW (2.500 PS), 1.986 kW (2.700 PS) und 2.059 kW (2.800 PS). Die 218 kann eine Höchstgeschwindigkeit von 140 km/h erreichen. Sie ist heute vor allem in Bayern und Schleswig-Holstein aktiv.

218 456 vor einem IC in Immenstadt. *Michael Dörflinger*

Der EuroSprinter 173

Die ES64P war eine Elektrolokomotive, die 1992 im Zuge einer Kooperation von Siemens und Krauss-Maffei entstand. Die Abkürzung ES in der Typenbezeichnung bedeutete „EuroSprinter", die Zahl 64 gab die Nennleistung von 6.400 Kilowatt wieder, und das P stand für „Prototyp". Die ES64P wurde die Stammmutter einer ganzen Familie von Lokomotiven. Dazu gehört die ES64U2, die bei den Österreichischen Bundesbahnen mit dem Spitznamen „Taurus" läuft. Die „Taurus III", die Dreisystem-Drehstrom-Universallokomotive ES64U4, ist ebenfalls bei den ÖBB im Einsatz. Sie läuft aber auch in geringerer Stückzahl in Slowenien und Deutschland auf den Schienen. Die ES64F erfüllt bei der Deutschen Bahn die Aufgabe einer Hochleistungslokomotive für den schweren Güterverkehr. Sie wird bei der DB als Baureihe 152 geführt. Gleich auf vier Bahnstromsystemen ist die ES64F4 einsetzbar. Sie fährt für die Deutsche Bahn als Baureihe 189. Aber auch bei Eisenbahngesellschaften anderer Länder ist sie anzutreffen.

Die ES64U2 als Taurus der ÖBB. *ÖBB/Archiv PG*

Eisenbahnsignale

Was wären die Loks und Wagen ohne die nötige Infrastruktur? Signale und Hinweiszeichen waren bereits in der Frühzeit der Eisenbahn im Fahrbetrieb unerlässlich. Allerdings behalf man sich anfangs noch mit Rufzeichen, Pfeifen, dem Schwenken von Fahnen und Tafeln (siehe auch S. 286). Die Liverpool and Manchester Railway führte bereits 1830 verschiedene Signale ein, die mit Flaggen gegeben wurden. Andere Bahngesellschaften folgten. So entstand nach und nach eine Fülle von Signalformen und -arten. Jedes Land und jede Bahn hatte jedoch zu Beginn eigene, oft von anderen unterschiedliche Signale. Eisenbahnsignale werden gebraucht, um dem Lokführer Informationen zu übermitteln. Dazu gehören die Geschwindigkeit, die gefahren werden darf, die Erlaubnis zum Fahren, das Aufheben des Fahrverbots und so weiter. Anfangs wurden verstellbare, mechanische Konstruktionen, sogenannte Formsignale, verwendet. Aber schon vor dem Zweiten Weltkrieg ermöglichte die Relais- und Lampentechnik die Verwendung von Lichtsignalen. Dabei konnte der Zugführer anhand der Farbe und Position der Lichter die Informationen ablesen. Die Lichtsignale ersetzten im Laufe der Zeit die Formsignale, der Prozess ist aber noch nicht abgeschlossen. Die Vereinheitlichung der Lichtsignale bei der Bundesbahn von 1969 sorgte für mehr Transparenz und erhöhte die Sicherheit.

Verschiedene Lichtsignale gewährleisten heute einen sicheren Eisenbahnverkehr. *Michael Dörflinger*

Das Zentralstellwerk München ist nicht gerade eine Schönheit, aber es hat seit 1964 die fast 300 Weichen und 450 Signale des Hauptbahnhofs im Blick und ist unverzichtbar. *Peter von Bechen/Pixelio.de*

Stellwerke im Wandel der Zeit

175

In der Frühzeit der Eisenbahn mussten Weichen von Weichenwärtern, die sich in Weichenwärterbuden aufhielten, per Hand verstellt werden. Bald kamen aber sogenannte Stellwerke auf. Von diesen Anlagen aus können Fahrdienstleiter über Hebel und Drahtzüge die Weichen und Signale einstellen. Allerdings ist dies bei Weichen nur bis zu einer Entfernung von 800 Metern und bei Signalen bis zu 1.800 Metern möglich. Dies bedeutet, dass größere Bahnhöfe mehrere dieser Stellwerke benötigten.

Ein altes Stellwerk. *Petra Bork/Pixelio.de*

1957 war ein besonderes Datum. Es war nicht nur das Jahr, in dem die TEE-Züge zum ersten Mal verkehrten, sondern auch eine Zeit, in der die Automatisierung des Bahnbetriebs einen großen Schritt nach vorne machte. In Frankfurt am Main wurde zu diesem Zweck das erste Zentralstellwerk in Betrieb genommen. Das Stellen von Weichen und Signalen konnte für den Großraum Frankfurt nun von einem Ort aus vorgenommen werden. Eine dem Zug vorauseilende Zielkennungs-, Gattungskennzeichen- und Zugnummernfernmeldung sorgte für eine erhöhte Sicherheit. Mit dem ersten elektronischen Stellwerk 1978 in Göteborg erfolgte ein weiterer Schritt.

176 Elektronische Stellwerke

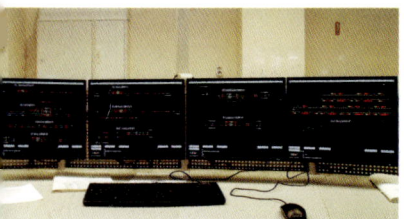

Der Computer im Stellwerk. *Karl-Heinz Laube/Pixelio.de*

In den 1980er-Jahren hielten die Computer in den unterschiedlichsten Teilen des Wirtschaftslebens Einzug. Sie tauchten auch zunehmend in den verschiedenen Bereichen des Bahnbetriebs auf. Am 13. Dezember 1985 ging in dem bayerischen Markt Murnau das von Siemens entwickelte erste elektronische Stellwerk (ESTW) der Deutschen Bundesbahn in Betrieb. Zwei Jahre zuvor hatte Siemens bereits die Gelegenheit gehabt, ein ESTW in Südafrika zu installieren. Für die Bundesbahn war das Datum von symbolischer Bedeutung, da 150 Jahre vorher die Geschichte der Eisenbahn in Deutschland begonnen hatte. Nach einer Erprobungsphase begann der eigentliche Regelbetrieb am 29. November 1988. Bei ESTW können die Signale und Weichen mit Hilfe der Computertechnik per Tastatur oder Mausklick gestellt werden. Im Vergleich zu den anderen Stellwerken ist es bei dieser Technologie möglich, größere regionale Bereiche zu steuern und zu überwachen, was eine erhebliche Rationalisierung mit sich bringt. Zu den weiteren Vorteilen zählen der geringere Raumbedarf, die Darstellbarkeit von abgesicherten Fahrstraßenschaltungen und die einfache Möglichkeit der Störungsbeseitigung.

177 LZB-Sicherheitstechnik

Je schneller die Züge wurden, desto besser mussten die Sicherheitsvorkehrungen sein. Normalerweise teilten Hauptsignale, die durch Vorsignale angekündigt wurden, dem Lokführer mit, ob und mit welcher Geschwindigkeit ein Streckenabschnitt befahren werden durfte. Bei hohen Geschwindigkeiten reichte aber unter Umständen der Abstand zwischen Vor- und Hauptsignal nicht aus, um den Zug rechtzeitig zum Halten zu bringen. Mitte der 1970er-Jahre wurde deshalb die Linienzugbeeinflussung (LZB) eingeführt. Bei der LZB muss sich der Lokführer nicht mehr auf örtliche Signale verlassen. Stattdessen werden die entsprechenden Infor-

Dieses Zeichen signalisiert einen LZB-Bereichskennzeichnungswechsel. *Sebastian Terfloth/C.C.2.5*

mationen auf einem Display im Führerstand angezeigt, wodurch höhere Geschwindigkeiten möglich sind. Erkennbar ist das Vorhandensein der LZB an einem Kabel in der Mitte eines Gleises.

Der Durchgangswagen 178

In der Frühzeit der Eisenbahn hatten sich Personenwagen verbreitet, die aus einzelnen Abteilen bestanden. Jedes Abteil hatte eine seitliche Tür, um den Passagieren das Ein- und Aussteigen zu ermöglichen. Diese Art von Abteilwagen waren in England, dem Mutterland der Eisenbahn, dadurch entstanden, dass man die Karosserien von Postkutschen auf das Fahrwerk der Eisenbahnwagen setzte. Die Abteilwagen setzten sich in fast ganz Europa durch. Man sprach deswegen von „englischen Wagen" oder vom „englischen System". Sie wurden teilweise bis in die 1930er-Jahre gebaut. Die Nachteile waren offensichtlich: Die Passagiere konnten während der Fahrt nicht den Speisewagen oder die Toilette aufsuchen. Um die Fahrkarten zu kontrollieren, mussten sich die Schaffner auf Trittbrettern von Abteil zu Abteil hangeln, was nicht ungefährlich war.

In Amerika hatten sich schon sehr früh Großraumwagen mit einem Mittelgang zwischen den Sitzreihen verbreitet. Man sprach deshalb auch oft von „amerikanischen Wagen" oder vom „amerikanischen System".

In Deutschland kamen Durchgangswagen, bei denen die Abteile über einen Seitengang verbunden waren, Ende des 19. Jahrhunderts auf. Eine wichtige Rolle spielte dabei der Ingenieur Edmund Heusinger von Waldegg, der als Erfinder des D-Zug-Wagens gilt. Die sogenannten „Heusinger-Wagen" wurden zuerst von der Hessischen Ludwigsbahn verwendet. Ab 1891 kamen sie auch bei der Preußischen Staatsbahn zum serienmäßigen Einsatz.

Ein Korridor zwischen den Sitzen ist heute selbstverständlich. *Michal Adamczyk/Fotolia.de*

Rechts vorn ein Packwagen des Typs Piw, dahinter Personenzugwagen. Die „Donnerbüchsen" durften bis zu 90 km/h schnell fahren, doch dann dröhnte es gewaltig. *Erich Westendarp/Pixelio.de*

179 „Donnerbüchsen"

Der bekannteste und verbreitetste Durchgangswagen der Weimarer Republik war die „Donnerbüchse". Über 8.000 „Donnerbüchsen" wurden von 1921 bis 1931 gebaut. Mit ihnen sollte sich die gravierende Lücke bei den Personenzugwagen der Bahngesellschaften und später der Reichsbahn schließen, die sich durch Krieg und Reparationen aufgetan hatte. Obwohl diese Durchgangswagen als Einheitswagen bezeichnet wurden, gibt es sie in verschiedenen Bauarten. Die anfangs ausgelieferten Holzwagen wurden lediglich in den ersten beiden Jahren aus Gründen der Materialknappheit und der Umstellungsschwierigkeiten bei den Herstellerfirmen gebaut. Danach stellte man die Produktion komplett auf Ganzstahlwagen um. Die zweiachsigen Wagen waren 13,4 Meter lang und für Geschwindigkeiten bis 90 km/h zugelassen. Die Reichsbahn beschaffte Wagen für die 2. bis 4. Klasse. Letztere wurden später umgebaut zur 3. Klasse. Zwischen 38 und 66 Fahrgäste konnten je nach Klasse Platz nehmen. Neben den Personenzugwagen wurden auch Packwagen gebaut. Doch warum „Donnerbüchsen"? Wer einmal darin gefahren ist, weiß es sofort. Wegen der fehlenden Dämmung waren die Fahrgeräusche sehr stark zu hören. Ein unangenehmes Donnern verminderte die Reiselust. Trotzdem wurden diese Wagen in Deutschland vereinzelt bis in die 1970er-Jahre eingesetzt.

„Silberlinge"

Bedeutend komfortabler als die rumpelnden „Donnerbüchsen" sollten die Wagen sein, welche die Bundesbahn 1961 auf die Gleise setzte. Ihre Bezeichnung „Silberlinge" erhielt die offiziell als n-Wagen bezeichnete Gattung von Personenwagen der Bundesbahn wegen des silber glänzenden, aus poliertem Edelstahl bestehenden Wagenkastens, insbesondere wegen der gebürsteten Verzierungen unter den Fenstern.

Von diesen Wagen wurden im Zeitraum von 1961 bis 1980 über 5.000 Exemplare produziert. Mit ihrer Länge von 26,4 Metern entsprachen sie den Richtlinien des Internationalen Eisenbahnverbandes (UIC). Das „n" stand für den UIC-Typ (Nahverkehrswagen mit einer Länge von mehr als 24,5 Metern, Großraum mit Mittelgang in der 2. Klasse, Mittel- oder Seitengang in der 1. Klasse, zwei Mitteleinstiege, geeignet für Wendezugbetrieb). Sie waren für eine Höchstgeschwindigkeit von 120 bis 140 km/h zugelassen und wogen abhängig von ihrer Ausführung zwischen 31 und 40 Tonnen. Im Wagen der 2. Klasse konnten bis zu 96 Personen Platz finden. Die Silberlinge waren vor allem für den Nahverkehr bestimmt, wurden aber auch bei Schnellzügen, Interzonenzügen und sogar als Lazarettwagen bei der Bundeswehr eingesetzt. In den folgenden Jahren wurden die Wagen an die verschiedenen Farbkonzepte der DB angepasst. Zuletzt erhielten sie einen verkehrsroten Anstrich. Innen kam es zu verschiedenen Modernisierungen, die oft nötig wurden, weil die Sitzbänke abgenutzt waren. Einige Silberlinge fahren noch heute.

Silberlinge am Haken einer Neubaudampflok der Baureihe 23 bei einem Ausflug. *Erich Westendarp/Pixelio.de*

181 Eurofima-Wagen

Mehrere westeuropäische Eisenbahngesellschaften entschlossen sich 1956, bei der Finanzierung und Beschaffung von rollendem Material zu kooperieren. Zu diesem Zweck gründeten sie die Eurofima (Europäische Gesellschaft für die Finanzierung von Eisenbahnmaterial) mit Sitz in Basel. Der Organisation gehören mittlerweile 26 Eisenbahngesellschaften aus 25 Ländern an. Mit 22,6 Prozent besitzen die Deutsche Bahn AG und die französische SNCF die größten Anteile. 13,5 Prozent der Anteile gehören der italienischen staatlichen Eisenbahngesellschaft (FS).

Ein bedeutender Faktor der Kooperation sollte der gemeinsame Kauf von Wagen für die beteiligten Bahnen sein. Zu diesem Zweck wurde bereits Anfang der 1970er-Jahre eine koordinierte Entwicklung von Reisezugwagen angestoßen. Dabei handelte es sich um Erste- und Zweite-Klasse-Wagen, die auch für den internationalen Schnellverkehr geeignet waren. Die Eurofima-Wagen sollten aber auch mehr Komfort und technische Verbesserungen bieten. Zunächst wurden zehn Prototypen von den Eisenbahngesellschaften DB, SNCF und FS übernommen. Am Bau beteiligt waren Unternehmen aus Deutschland, Frankreich und Italien. Nach der Erprobung bestellte Eurofima 500 dieser Wagen. Bei der Bundesbahn kommen die Eurofima-Wagen vor allem bei EuroCity- und Intercity-Zügen sowie bei Auslandsverbindungen zum Einsatz, so zum Beispiel beim „Metropolitano" von Frankfurt nach Mailand oder beim „Donaukurier" von Dortmund nach Wien. Die SNCF setzte die Eurofima-Wagen ebenfalls im Schnellzugnetz und im grenzüberschreitenden Verkehr nach Brüssel und Amsterdam ein.

Die Eurofima half bei der Wagenbeschaffung, hier ein Intercity der DB mit Eurofima-Wagen. *ebraxas/Fotolia.de*

Matthew Murray 182

Matthew Murray zählte zu den frühen Eisenbahnpionieren. Er wurde 1765 in Newcastle upon Tyne geboren. Die Schule beendete er mit 14 Jahren und erlernte anschließend das Schmiedehandwerk. Nachdem er in mehreren Textilfabriken als Schlosser tätig gewesen war, gründete er 1795 mit einem Partner in dem Ort Holbeck, der heute zu Leeds gehört, ein Unternehmen, das Textilfabriken mit Maschinen belieferte. Gleichzeitig arbeitete er daran, zuverlässigere, leichtere und kompaktere Dampfmaschinen zu konstruieren. Im Zuge dieser Tätigkeit begann er auch, sich mit fahrbaren Dampfmaschinen, den Lokomotiven, ernsthaft zu befassen. John Blenkinsop, der Leiter einer Kohlengrube in Middleton, trat daraufhin an ihn mit dem Auftrag heran, eine Lokomotive zu bauen. Das Ergebnis seiner Arbeit war die „Salamanca" (siehe S. 53), die erste kommerziell erfolgreiche Lokomotive. Drei weitere Maschinen dieser Art folgten.

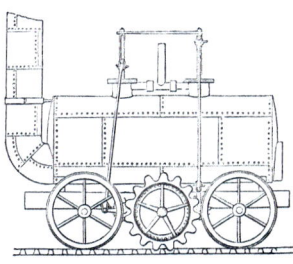

Eine von Murrays Lokomotiven. *Slg. Michael Dörflinger*

John Stephenson 183

John Stephenson (1794–1848) war nicht mit George Stephenson verwandt. Aber er kooperierte bei manchen Projekten mit dem großen Eisenbahnpionier. Obwohl keine bedeutenden technischen Erfindungen auf ihn zurückgehen, zählte er zu den wichtigsten Persönlichkeiten der frühen Eisenbahnära in Großbritannien. Er war einer der beiden Ingenieure der 1838 eröffneten Sheffield and Rotherham Railway in der englischen Grafschaft South Yorkshire. Dabei zeichnete er sich durch die Einführung wissenschaftlicher Methoden bei der Durchführung von Erdarbeiten und Ausgrabungen aus. Etwas später machte er sich selbstständig, und um 1843 übernahm seine Firma, John Stephenson & Co., den Bau der Lancaster and Carlisle Railway (L&CR) im Nordwesten Englands. Er gehörte zu den bedeutendsten Auftragsunternehmern im Sektor Eisenbahn. Stephenson starb ganz plötzlich bei einem Besuch der North Midland Railway, wo sein Unternehmen Instandhaltungsarbeiten verrichtete.

Heute ist er fast vergessen: John Stephenson. *Slg. Dörflinger*

184 Isaac Dodds

Dodds (1801–1882). *Sammlung Dörflinger*

Zu den großen Eisenbahnpionieren zählte Isaac Dodds. Sein Lebensweg kreuzte sich sowohl mit John Stephenson, der sein Schwager war, als auch mit den Lokomotivkonstrukteuren George und Robert Stephenson.

Dodds begann seinen beruflichen Werdegang nicht nur in der gleichen Zeche, in der auch George Stephenson durch die Verbesserung der Dampfmaschine auf sich aufmerksam machte, sondern arbeitete später auch für die Firma Robert Stephenson & Co., wo er einen erheblichen Einfluss auf die Konstruktion der Lokomotiven gewann. 1833 entwarf er für die Liverpool and Manchester Railway die „Star", die mehrere Neuerungen vorweisen konnte, darunter horizontal eingebaute Außenzylinder. 1835 bekam er eine Auszeichnung für die „verbesserte Parallelbewegung" und 1836 für die „Verhinderung von Kesselexplosionen" durch die Einführung eines Schmelzpfropfens an der Decke der Feuerbüchse. Dieses Sicherungselement sollte im Fall eines zu geringen Wasserstands im Kessel schmelzen und das Feuer zum Erlöschen bringen, was eine Kesselexplosion verhindert. Später unterstützte er John Stephenson beim Bau der Sheffield and Rotherham Railway und wurde Superintendent für die Loks der Gesellschaft. 1850 gründete er in Rotherham die Firma Isaac Dodds and Son., die rund 70 Lokomotiven herstellte.

185 Der „Victory"

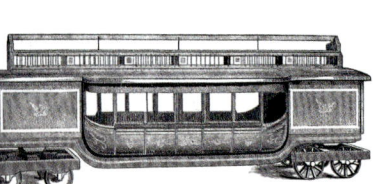

Der „Victory". *Sammlung Michael Dörflinger*

Eine der ungewöhnlichsten Konstruktionen von frühen Eisenbahnwagen war der „Victory", der ab 1836 bei der Philadelphia and Reading Railway Company im Osten der USA eingesetzt wurde. Die Sitze waren entlang der Seiten angeordnet. Es gab also bereits einen Durchgang. Der Wagen konnte an den beiden Enden bestiegen werden. Ungewöhnlich war auch das in der Mitte erhöhte Dach, ein sogenanntes „Monitordach", mit seitlichen Öffnungen, die der Belüftung dienten. Das wirklich Außergewöhnliche waren aber die beiden Abteile, die sich am vorderen und hinteren Ende befanden. Eines diente als Toilette und das andere als Bar. Damit mussten die Passagiere auch während der Fahrt nicht auf die Befriedigung wichtiger Bedürfnisse verzichten. Trotz des außergewöhnlichen Komforts hat sich diese Wagenkonstruktion aber nicht durchgesetzt. Der „Victory" wurde in einem Museum abgestellt.

Krupps nahtlose Radreifen   186

Mit der Erfindung des nahtlosen Radreifens war Krupp 1852 konkurrenzlos. Radreifen waren für Dampfloktreibachsen unverzichtbar, da aus Gewichts- und Massenausgleichsgründen gegossene Speichenräder zum Einsatz kamen, die hinsichtlich Verschleiß und Bruchfestigkeit nicht für den direkten Schienenkontakt in Frage kamen. Man brauchte dafür einen entsprechend geeigneten Werkstoff, den man als Radreifen auf den gegossenen Radstern unter Wärmeeinwirkung aufschrumpfte und mit einem Sprengring axial sicherte. Krupp schmiedete ein längliches Stück Stahl, spaltete es, verformte es in Ringform und walzte es. Dadurch ge-

Radreifen sind das Logo von Krupp. *Michael Dörflinger*

wann er ein sehr bruchsicheres Produkt. Zuerst verwendete er den Puddelstahl, ein paar Jahre später Bessemerstahl. Ab 1865 wurde der besonders zähe Martinstahl zum Standard.

Die Bauart Shay   187

Eine speziell amerikanische Erfindung gelang dem Quereinsteiger Ephraim Shay aus Michigan um 1874. Shay war ursprünglich Lehrer, hatte im amerikanischen Bürgerkrieg als Sanitäter gedient und sich danach als Holzfäller selbstständig gemacht. Shay hatte Erfolg und konnte sich bald eine eigene Waldbahn leisten, mit der er den Abtransport der gefällten Bäume entscheidend vereinfachte. Doch er war nicht besonders zufrieden mit seiner Dampflok und sann auf Abhilfe. Shays Idee war eine Getriebelokomotive, bei der die Kraftübertragung der Dampfmaschine über ein Zahnradgetriebe auf alle Treibräder erfolgte. Damit konnte der Lokführer bei steigungsreichen Strecken praktisch die Gänge wechseln. Die Lok

Das Getriebe ist gut zu sehen. *cphoto/Fotolia.de*

war nicht nur zugstark, sondern auch wendig und damit ideal für Waldbahnen in schwierigem Gelände. Shay wandte sich 1880 an die Firma Lima und ließ dort nach seinen Plänen eine Lok bauen. Lima erwarb die Rechte und stieg zu einem der drei großen Hersteller von Dampflokomotiven in den USA auf.

188 Heusingers Idee war schon mal da

Ein verwirrendes Gestänge sorgt für die Steuerung des Schiebers im Zylinder. *ASonne30/Fotolia.de*

Edmund Heusinger erfand 1849 eine Radialschiebersteuerung, mit der das Einströmen des Dampfes in den und das Ausströmen aus dem Zylinder reguliert werden konnte. Es war damit auch möglich, die Fahrtrichtung der Dampflok zu ändern, indem der Lokführer den Vor- oder Nachlauf der Schieberschubstange per Steuerstange vom Führerstand aus ändern konnte. Die Füllmenge des Zylinders konnte per Hubverstellung des Schiebermechanismus ebenfalls reguliert werden. Dadurch waren verschiedene Zylinderfüllgrade und damit u. a. auch die Geschwindigkeit einstellbar. Doch Heusinger war nicht der Erste. In Belgien hatte fünf Jahre zuvor der Maschinenbauingenieur Egide Walschaerts eine Steuerung erfunden, die sich kaum von Heusingers System unterschied. Sein Arbeitgeber, die Belgische Staatsbahn, erlaubte ihm nicht, das Patent anzumelden, man war der Meinung, sein Dienstgrad sei zu gering. Heusinger erkannte die Leistung des Belgiers an, doch seitdem gibt es für die gleiche Steuerung zwei verschiedene Namen. In Deutschland wird sie in der Regel nach Heusinger benannt, in vielen anderen Ländern nach Walschaerts.

189 Die Scharfenberg-Kupplung

Eine „Mittelpufferkupplung mit Öse und drehbarem Haken als Kuppelglieder" meldete der deutsche Ingenieur Karl Scharfenberg am 6. Mai 1903 zum Patent an. Doch erst in den 1920er-Jahren interessierten sich immer mehr Eisenbahnbetriebe für die Scharfenberg-Kupplung, auch „Schaku" genannt. Wie funktioniert die Scharfenberg-Kupplung? Die Kupplungen zweier Fahrzeuge werden fest miteinander verbunden. Dadurch werden die Zug- und Druckkräfte übertragen und schaukeln nicht auf. Um eine größere Laufruhe zu erreichen, werden Stoßsicherungen an der Kupplung befestigt, die störende Kräfte dämpfen.

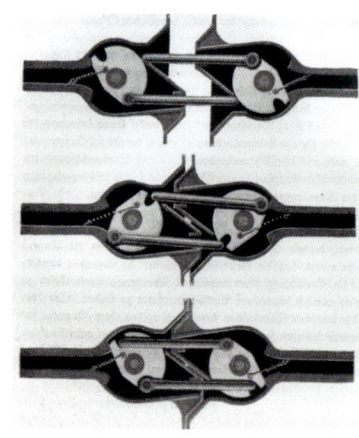

Scharfenberg-Kupplung. *Zeichnung von Karl Scharfenberg*

Die Eisenbahnzeit

Wenn Eisenbahnen heute die Ankunft und Abfahrt von Zügen festlegen, richten sie sich nach der Uhrzeit in der entsprechenden Zeitzone. Aber so einfach war dies in der Frühzeit der Eisenbahn noch nicht. Jeder Ort hatte seine eigene Zeit. Zwölf Uhr Mittag war der Zeitpunkt, an dem die Sonne am höchsten stand. Mit dieser Methode der Zeitbestimmung war es jedoch schwierig, einen Fahrplan für eine größere Region festzulegen. Die Preußische Staatseisenbahn begann deshalb, sich nach der Berliner Zeit zu richten, und die bayerischen Bahnen wiederum stellten sich auf die Münchner Uhren ein. Aber die Uhren in Berlin und München liefen immer noch verschieden, nämlich um sieben Minuten. Einen weiteren Schritt in Richtung Vereinheitlichung der Zeit unternahm man am 1. November 1890 in Österreich-Ungarn mit der Einführung der Zeit des 15. Längengrads als Mitteleuropäische Eisenbahn-Zeit. Die Fahrpläne wurden dementsprechend angepasst. Am 1. April 1892 folgten diesem Beispiel Bayern, Württemberg, Baden und Elsass-Lothringen. Bis zu einem einheitlichen Gesetz für ganz Deutschland dauerte es noch fast ein weiteres Jahr. Erst am 1. April 1893 wurde die Mitteleuropäische Zeit für das Deutsche Reich als gesetzliche Zeit eingeführt und damit die Zeitrechnung im gesamten deutschen Verkehrsleben, im Eisenbahn-, Post- und Telegrafendienst in Übereinstimmung gebracht. Auch wenn die Eisenbahnen wegen ihrer Unpünktlichkeit oft kritisiert werden, so ist es ihnen doch zu verdanken, dass die Uhrzeit auf den Fahrplänen für alle Orte einer Zeitzone gilt.

Auch wenn der Zug auf sich warten lässt, die Uhrzeit stimmt zumindest. *Michael Dörflinger*

Der Saddle-Tank

Satteltankloks wie diese sind typisch für die Embsay and Bolton Abbey Steam Railway. *Jimmy Lemon*

Die Konstrukteure entwickelten immer wieder neue Techniken, die ihre Loks an die Aufgaben möglichst optimal anpassen sollten. Dampflokomotiven mussten einen Vorrat an Wasser und Brennstoff mit sich führen. Dies geschah entweder mithilfe eines angehängten Schlepptenders oder durch einen aufgebauten Wassertank und einen Brennstoffbehälter auf der Lokomotive. Die Loks, die ihre Vorräte selbst mit sich führen, nennt man Tenderlokomotiven. Bereits beim Rainhill-Rennen 1829 kam mit der „Novelty" eine dieser Maschinen zum Einsatz. Bei der am häufigsten anzutreffenden Bauart war das Wasser in seitlichen Tanks untergebracht. Auf dem europäischen Festland eine Seltenheit war dagegen die Satteltanklok („Saddle tank"). Bei dieser Bauart lag der Tank wie ein Sattel über dem Kessel. In Europa kamen nur drei größere Baureihen mit Satteltanks zum Einsatz. Zwei davon wurden während des Ersten Weltkriegs von dem amerikanischen Hersteller Baldwin an die alliierten Armeen in Frankreich geliefert. Eine dritte Serie fertigte die britische Firma Hunslet Engine Company von 1943 bis 1947 für das Kriegsministerium. Einige davon kamen in Nordafrika und nach der Landung in der Normandie in Kontinentaleuropa zum Einsatz.

Die Malletlok

Zeit ist Geld und höhere Fahrgeschwindigkeiten konnten den Eisenbahnbetrieb attraktiver machen. Deshalb versuchten sich die Ingenieure immer wieder an Konstruktionen, mit denen die Loks zugstärker, wendiger und sparsamer wurden. Einer der bedeutendsten Erfinder auf diesem Gebiet war der Schweizer Jules T. Anatole Mallet (1837–1919). Er holte sich 1874 ein Patent auf die erste Verbundlokomotive. Dabei wurde der Dampf nicht nur einmal ausgenützt, wie das bei den konventionellen Loks der Fall war, sondern danach noch einmal in einem zweiten Zylinder. Daraus entwickelte er die sogenannte Malletlok. Diese Lokomotivenbauart zeichnet sich dadurch aus, dass sie zwei Triebwerke besitzt. Die hinteren Zylinder arbeiten mit Hochdruck, die vorderen nutzen die Expansion des Dampfes ein zweites Mal mit Niederdruck. Durch diese Verbundwirkung wurde ein besserer Wirkungsgrad erzielt. Um die Lok wendiger zu machen, wurde nur das hintere Triebwerk fest im Rahmen angeordnet, das vordere hingegen wurde über einen Drehzapfen mit dem Rahmen verbunden. Auf diese Weise erreichte Mallet einen besseren Kurvenlauf – anders etwa als bei einer Fairlie-Lok. 1888 wurde die erste Malletlok in Belgien vorgestellt. Besonders in Frankreich und den USA erfreuten sich Malletloks großer Beliebtheit. Triumphe feierte diese Bauart – allerdings stark modifiziert – bei den gigantischen US-Dampfloks der 1940er-Jahre wie dem Big Boy (siehe S. 99).

Malletlok der französischen Chemin de fer du Vivarais. *Appelmoesgezeefdzondertoegevoegdesuiker/C.C. 2.0*

Diese Schmalspur-Garratlok der Klasse NGG16 stand bei der ehemaligen South African Railways (SAR) im Dienst und kam dann als Museumslok zur Welsh Highland Heritage Railway nach Wales. *EcoView/Fotolia.de*

193 Die Garrattlok

Der Malletlok folgte 1909 eine weitere Bauart einer Gelenk-Lokomotive, die nach ihrem Erfinder, dem englischen Ingenieur Herbert William Garratt benannt war: die Garrattlok. Der Brite war als Prüfingenieur der New South Wales Government Railways in Australien beschäftigt, als er auf die Idee kam, eine Dampflok zu konstruieren, die enge Kurvenradien meistern sollte, viele Betriebsstoffe mitführen konnte und auch einen geringen Achsdruck aufwies, wodurch sie auch auf Schienenwegen mit leichtem Oberbau eingesetzt werden konnte. Die Firma Beyer, Peacock & Co. in Manchester setzte seine Pläne um und sollte der wichtigste Hersteller von Loks dieser Bauart bleiben. Man hört deshalb auch oft die Bezeichnung der Bauart als Beyer-Garratt. Das Konstruktionsprinzip war folgendes: Die beiden separat angetriebenen Achsgruppen lagen unter dem Tender und einem vor die Front gesetzten großen Wasserbehälter. Sie wurden durch einen Rahmen verbunden, auf dem das Führerhaus und der Kessel untergebracht waren. Da unter dem Kessel kein Fahrwerk war, konnte man bei der Wartung den Aschkasten bequem erreichen, allerdings war es wegen des Wassertenders vorn schwieriger, in die Rauchkammer zu gelangen. Garrattloks wurden vor allem in den britischen Kolonien in Süd- und Mittelafrika und Australien eingesetzt.

Karl Gölsdorf

Wie nur wenige Eisenbahnkonstrukteure ist der Wiener Karl Gölsdorf auch heute noch eine Legende. Bereits mit 32 Jahren wurde er 1893 zum Chefkonstrukteur der k.k. österreichischen Staatsbahnen (kkStB) ernannt. Diesen Posten behielt er bis zu seinem frühen Tod. Ihm ist die Konstruktion zu verdanken, mit der es möglich wurde, Loks mit vielen Kuppelachsen zu bauen, indem er die Kuppelstangen und die Achsen seitlich verschiebbar machte. Dadurch schonte er die Schienen und verringerte das unangenehme Quietschen. Besonders bei schweren Güterzuglokomotiven hat sich diese Bauweise bewährt. Diese Achse wurde nach ihm benannt. Einige Meilensteine der österreichischen Lokbaukunst stammten aus seinem Stift. Die von ihm entworfenen fünfundzwanzig Baureihen zeichneten sich durch zum Teil eigenwillige Formen aus, die aber technische Maßstäbe setzten und heute bei Lokfans auch als optische Leckerbissen gelten.

Karl Gölsdorf (1861–1916). *Sammlung Michael Dörflinger*

Joseph Anton Maffei

Joseph Anton Maffei gehörte zu den bedeutendsten Persönlichkeiten der deutschen Eisenbahngeschichte. Der von einer italienischen Handelsfamilie abstammende gebürtige Münchner hatte 1838 ein Eisenwerk nordöstlich des Englischen Gartens, den „Lindauer'schen Hammer", erworben und sich zum Ziel gesetzt, neben Dampfmaschinen auch Lokomotiven zu bauen. Mit Hilfe englischer Facharbeiter, Ingenieure und Maschinen rüstete er den Betrieb, der immer noch mit Wasserkraft arbeitete, für den Bau von Maschinen aus. 1841 verließ seine erste Lokomotive, vom bayerischen König „Der Münchner" getauft, die Werkstätte. Allerdings stammten verschiedene Teile, wie der Kessel, die Achsen und die Räder, noch aus englischer Produktion. Die Dampflok wurde bei der München–Augsburger Eisenbahn-Gesellschaft in Dienst gestellt, die 1845 von den Königlich Bayerischen Staatsbahnen übernommen wurde. Als der Firmengründer 1870 starb, wurden die hochwertigen Maffei-Loks bis nach Ungarn, Italien und sogar Ägypten geliefert.

Joseph Anton Ritter von Maffei (1790–1870). *Franz Hanfstaengel*

Die Einheitsloks der Reichsbahn

Die Baureihe 44 wurde 1926 eingeführt und war eine bedeutende Güterzuglok. *Dieter-Knoll/Pixelio.de*

Als nach dem Ersten Weltkrieg die Deutsche Reichsbahn gegründet wurde, war es eines der wichtigsten Ziele, die Vielzahl der von den Länderbahnen übernommenen Lokomotiven sukzessive durch neue Loks zu ersetzen, und den Bestand möglichst homogen zu gestalten. 1925 erfolgte deshalb die Einführung der sogenannten „Einheitslokomotiven". Abgesehen von den technischen Neuerungen zeichneten sie sich durch die Verwendung vieler gemeinsamer Bauteile aus, wie der Führerhäuser, Drehgestelle oder Schlepptender. Alle Bauteile waren genormt. Dies half Kosten zu sparen, vereinfachte Reparaturen, führte aber auch zu einem einheitlicheren Erscheinungsbild der Lokomotiven. Zu den bedeutendsten Loks gehörte die Baureihe 01, die als erste Einheitsdampflok in Serienfertigung ging und vor Schnellzügen zum Einsatz kam. Die gebauten Einheitsloks waren jedoch zu wenige, als dass auf die Länderbahnloks verzichtet werden konnte.

Die Einheitsloks prägten das Bild von der Reichsbahn, aber 1939 waren es nur rund 1.500 Stück. *Slg. Dörflinger*

SCHLAUE KÖPFE, ENORME FORTSCHRITTE

Chapelons 242 A1

Ein Gegenpol zu den uniformen Einheitsloks bilden Maschinen wie die von André Chapelon (siehe Seite 159) umgebaute 242 A1. Die für viele Fachleute beste Dampflok Europas brauchte lange, bis sie wirklich in Fahrt kam. Sie wurde 1932 von Fives-Lille für die damalige staatliche französische Eisenbahngesellschaft („Chemins de fer de l'Etat") gebaut, um schwere Reisezüge von Paris nach Cherbourg zu ziehen. Aber bald stellte sich heraus, dass Nr. 241-101 störanfällig war und den Anforderungen nicht entsprach. Statt für Schnellzüge wurde sie stattdessen zu anderen Aufgaben abkommandiert, unter anderem als Heizlok in einem Pariser Vorort. 1939 – die Etat war inzwischen in der neuen französischen Staatsbahn SNCF (Société nationale des chemins de fer français) aufgegangen – kam es zu einem Schaden am Innenzylinder, der zur Folge hatte, dass man für die Lok eine grundlegende Rekonstruktion plante. Diese erfolgte jedoch erst 1943 unter der Regie des Chefingenieurs André Chapelon. Der Kessel, der Rahmen und der Tender blieben. Ansonsten erfolgten zahlreiche Änderungen. Dazu gehörte die Verwendung einer Dreizylinder-Verbund-Dampfmaschine mit einem innenliegenden Hochdruckzylinder und außenliegenden Niederdruckzylindern und eine zusätzliche Nachlaufachse. Als die Lok schließlich im April 1946 getestet werden konnte, war ihre Leistung von 1.876 kW am Zughaken auf über 2.940 kW gestiegen und sie war damit die stärkste je in Europa gebaute Dampflok. Die nun als 242 A1 geführte Lok erzielte Glanzleistungen, darunter Höchstgeschwindigkeiten von 158 km/h. Allerdings blieb sie ein Einzelstück, da man bei der SNCF auf Diesel- und Elektroloks setzte. 1960 erfolgte ihre Ausmusterung. Im folgenden Jahr wurde die 242 A1 verschrottet.

André Chapelons Meisterwerk war die stärkste jemals in Europa gebaute Dampflok. *Tangopaso*

Der Giesl-Ejektor

Nicht nur Chapelon hatte sich mit der Verbesserung der Dampfloks beschäftigt und auf Mittel und Wege gesonnen, die rauchenden schwarzen Ungetüme gegen die Konkurrenz neuer Traktionsarten zu rüsten. Auch in anderen Ländern kam es zu neuen Entwicklungen. Der Giesl-Ejektor war der letzte bedeutende Beitrag Österreichs zur Dampfloktechnik. Dabei handelte es sich um eine 1948 von Adolph Giesl-Gieslingen entwickelte neue Saugzuganlage, die nach dem Strahlpumpenprinzip arbeitete. Mit dem Giesl-Ejektor wurde es möglich, an die zehn Prozent Kohle zu sparen – bei gleichzeitiger Verbesserung der Leistung. Giesl hatte anstelle des einfachen Blasrohrs einen Blasrohrkopf mit mehreren hintereinander angeordneten, fächerförmig divergierenden Blasrohrdüsen gesetzt. Durch den niedrigeren Gegendruck in den Zylindern waren zudem die Auspuffgeräusche geringer. Auch der Laie erkennt eine damit ausgestattete Lok sofort an ihrem schmalen, länglichen Schornstein.

93.1403 der Baureihe 378 der österreichischen Staatsbahn BBÖ wurde 1928 gebaut. Sie wurde 1958, als sie bereits zur ÖBB gehörte, mit einem Giesl-Ejektor nachgerüstet. *Roberto Verzo/C.C. 2.0*

Lok der Reihe 743 der Italienischen Staatsbahn mit Franco-Crosti-Vorwärmkessel. *Bernhard Studer*

Franco-Crosti-Loks

Rund zehn Jahre früher hatte in Belgien eine Entwicklung der beiden italienischen Ingenieure Attilio Franco und Pietro Crosti Premiere. Bei der riesigen Doppellokomotive Nr. 2036 „Le Mastodont" der SNCB wurde 1932 ein Vorwärmkessel eingebaut. Dabei wurde die Restwärme der Rauchgase dazu genutzt, das Kesselspeisewasser auf eine höhere Temperatur zu bringen. So konnte die Dampflok effektiver betrieben werden, außerdem wurde Kohle gespart. Die Lok wurde allerdings bereits drei Jahre später zerlegt und aus ihren Teilen wurden zwei C1'-Loks gebaut, die es später nach Polen verschlug. In Italien wurden 1939 die ersten Fahrzeuge umgebaut. Der Schornstein war durch diese Bauart bedingt weiter nach hinten und an die Seite des Kessels versetzt. Es gab auch Loks mit zwei parallelen Schornsteinen. Die größten Stückzahlen der Franco-Crosti-Lokomotiven gehörten zu der italienischen Serie 743, die ab 1951 aus der Serie 740 umgebaut wurden. Während der Vorwärmkessel bei dieser Baureihe seitlich angebracht war, wie man auf der Abbildung erkennen kann, lag er bei anderen Typen unter der Rauchkammer. So auch bei den in der Bundesrepublik Deutschland aus Loks der Baureihen 50 und 52 umgebauten Exemplaren, die zu den Baureihen 50^{40} und 52^{90} wurden. Nur noch in Großbritannien wurden zehn Franco-Crosti-Loks aus Exemplaren der Klasse 9F gebaut. Ansonsten gab es nur Einzelexemplare. Der Kohleverbrauch wurde zwar gesenkt, doch die Maschine wurde nun deutlich schwerer und die Anlage verursachte einen größeren Wartungsaufwand, weshalb nur wenige Loks umgebaut wurden.

Dampfspeicherloks, hier ein C-Kuppler von LKM etwa um 1960, wurden für explosionsgefährdete Werke gebaut. Sie waren in Deutschland recht häufig. *Uwe Bumann/Fotolia.de*

200 Dampfspeicherloks

Neben den Weiterentwicklungen im Lokomotivbau, die mehr Effizienz und höhere Leistung versprechen, beschäftigen sich die Eisenbahningenieure immer auch mit Konstruktionen, die für besondere Aufgaben vorgesehen sind. Eine Spezialbauweise im Bereich der chemischen und Montanindustrie, für Gaswerke oder andere Fabriken, die mit explosiven Stoffen umgingen, waren die Dampfspeicherloks. Bei ihnen wurde Dampf, der aus einer externen Quelle stammte, in dem großen, bauchigen Kessel gespeichert. Durch das Fehlen einer Feuerungsanlage und die damit einhergehende Vermeidung von Funkenflug waren derartige Lokomotiven für den Einsatz in explosionsgefährdeten Zonen geeignet. Die Lok war einsatzbereit und konnte so lange fahren, bis der Dampf verbraucht war. Im Grunde ist das ein ähnliches Prinzip wie beim Akku. Der gespeicherte Dampf ermöglichte den Einsatz für rund einen Arbeitstag, dann musste der leere Dampfspeicher wieder aufgeladen werden. Die Reichweite solcher Loks war nicht sehr groß, doch das war bei ihrem Einsatzgebiet als Werkslok nicht von Belang. Wegen ihrer großen Sicherheit werden auch heute noch vereinzelt solche Loks eingesetzt. Diese Technik gab es erstmals bei französischen und US-Straßenbahnen. Für Werksloks wurde sie vor allem in Deutschland verwendet. Die Zylinder lagen in der Regel hinten. Noch in den 1980er-Jahren gab es Neubauten.

Die erste Elektrolok der Welt

Werner von Siemens (siehe S. 188) bekam 1878 den Auftrag, in der Nähe von Cottbus eine elektrisch betriebene Grubenbahn zu bauen. Allerdings zerschlug sich dieses Projekt. Siemens stellte die Lokomotive trotzdem fertig und führte sie im folgenden Jahr auf der Gewerbeausstellung in Berlin-Moabit der Öffentlichkeit vor. Das Publikum konnte sich auf drei kleinen offenen Wagen, auf denen jeweils sechs Personen Platz fanden, auf einer ungefähr 300 Meter langen Strecke fahren lassen. Die Stromversorgung erfolgte über ein Flacheisen, das zwischen den Schienen installiert war. Als Stromabnehmer fungierte ein Drahtbesen. Bis September 1879 ließen sich rund 90 000 Personen mit der neuartigen Bahn befördern. Danach wurde die kleine Eisenbahn in anderen europäischen Großstädten vorgeführt. Die Entscheidungsträger blieben jedoch skeptisch, ob eine Bahn ohne Dampf und ohne Pferde wirklich für den alltäglichen Einsatz taugte. Siemens musste deshalb zur Finanzierung der ersten für den öffentlichen Nahverkehr konzipierten Bahn in die eigene Tasche greifen. Er ließ in Lichterfelde bei Berlin zwischen dem Bahnhof Lichterfelde und der Preußischen Hauptkadettenanstalt eine fast zweieinhalb Kilometer lange Anlage errichten. Sie nahm am 16. Mai 1881 ihren Betrieb auf. Die Stromversorgung erfolgte über die beiden Schienen. Die Zuverlässigkeit der Bahn in Lichterfelde überzeugte, so dass Siemens bereits 1882 eine zweite Straßenbahn, diesmal in Charlottenburg bei Berlin, bauen konnte. Selbst die Pläne für eine elektrische Grubenbahn bei Cottbus wurden wieder aufgenommen und diesmal verwirklicht.

Die erste Elektrolok der Welt, die von der Firma Siemens & Halske in Berlin gebaut wurde. *Michael Dörflinger*

202 Werner von Siemens

Wie bei vielen anderen berühmten Erfindern, zeigte sich auch bei Werner von Siemens sein besonderes Talent schon in sehr jungen Jahren. Doch für ein naturwissenschaftliches Studium fehlte das Geld. Er entschloss sich deshalb, obwohl Bürger des Königreichs Hannover, zum Eintritt in die preußische Armee, wo er die Ingenieursschule besuchte. Schon vor seinem Ausscheiden aus dem Armeedienst 1849 gewann er durch zahlreiche Erfindungen und unternehmerische Leistungen wachsenden Ruhm. Dazu gehörte die Entwicklung eines elektrischen Generators, der die Verwendung eines Elektromotors ermöglichte. 1846 stellte Siemens dem Unternehmer Johann Georg Halske seinen Zeigertelegraphen vor. Halske war von der Erfindung begeistert und gründete 1847 zusammen mit Sie-

Der junge Werner von Siemens (1816–1892). *Siemens*

Siemens war einer der bedeutendsten Erfinder der Industriegeschichte. *Giacomo Brogi*

mens am 12. Oktober 1847 die Telegraphen Bau-Anstalt von Siemens & Halske in Berlin. Es war der Beginn des späteren Siemens-Konzerns. 1874 verband Siemens Irland und Amerika durch ein transatlantisches Telegrafenkabel. 1879 begann die Serienproduktion der ersten Dynamomaschine. Mit dem Auftrag zum Bau einer elektrischen Grubenbahn 1879 kam es zur Entwicklung der ersten Elektrolok (siehe S. 187). Eine der größten Revolutionen in der Geschichte der Eisenbahn hatte begonnen. Ab 1888 durfte er sich Werner von Siemens nennen. Siemens war auch als Politiker aktiv und kümmerte sich um das Wohl seiner Arbeiter. Der Berliner Ortsteil Siemensstadt geht auf ihn zurück.

Frank Julian Sprague

Manchmal wird Frank Julian Sprague als ein amerikanisches Gegenstück zu Werner von Siemens gesehen. Er fiel schon früh durch seine mathematische Begabung auf und begann 1874 ein Studium an der Marineakademie in Annapolis. Als Marineoffizier verrichtete er seinen Dienst auf mehreren Schiffen und zeichnete sich schon damals durch die Installation des ersten elektrischen Signalrufsystems aus. 1881 erfand er einen Dynamo. Nach seinem Ausscheiden aus der Marine arbeitete er zunächst für Thomas A. Edison, machte sich aber bereits 1884 mit der Sprague Electric Railway & Motor Company selbstständig. Vier Jahre später errichtete er in Richmond die erste große elektrische Straßenbahn in den

Ein vielseitiger Erfinder: Frank Julian Sprague (1857–1934). *Metro Transportation Library and Archive/C.C. 2.0*

Vereinigten Staaten und verdiente sich damit den Ruf, Vater der elektrischen Traktion in den USA zu sein.

Leo Daft und die Elektroloks

Sprague war zwar der erste, der die elektrische Traktion in den USA im großen Stil im Schienenverkehr einsetzte. Aber vor ihm hatte es andere Erfinder gegeben, die mit dieser Antriebsart auf Schienen experimentierten. Einer von ihnen war der ursprünglich aus England stammende Bauingenieur Leo Daft (1843–1922), der seit 1882 Inhaber der Daft Electric Light Company war. 1883 konstruierte er für eine Strecke im Bundesstaat New York eine Elektrolok mit der Bezeichnung „Ampere", die bei einer Probefahrt einen Wagen mit 68 Passagieren zog und bis zu 15,5 km/h schnell war. Es soll sich dabei um die erste Elektrolok in Normalspur

Die Versuchslokomotive „Ampere". *Sammlung Michael Dörflinger*

gehandelt haben. Zwei Jahre später baute er für die New Yorker Hochbahn die Elektrolok „Benjamin Franklin", die acht Wagen mit 16 km/h ziehen konnte. Er stellte noch mindestens zwei weitere Lokomotiven her. Aber alle blieben im Teststadium. Sein Unternehmen beschränkte sich deshalb auf den Bau von Dynamos und Elektromotoren sowie Kabelstraßenbahnen.

205 Die älteste Wechselstromlok

Die Lokalbahn Aktien-Gesellschaft (LAG) aus München hatte 1904 die Ammergaubahn zwischen Murnau und Oberammergau mit 5,5 kV/16 Hz elektrifiziert. Die Passagiere wurden mit Elektrotriebwagen Nr. 674 bis 677 befördert. Für den Gütertransport wurde eine Lok beschafft: die erste deutsche Einphasenwechselstrom-Lokomotive. Der elektrische Teil der kleinen Maschine stammte von Siemens, der Fahrzeugteil kam von der Katharinenhütte aus der Pfalz, weshalb die als LAG 1 bezeichnete Lok liebevoll „Katharina" getauft wurde. Es kamen zwischen 1909 und 1930 vier weitere Exemplare dazu, die allerdings eine wesentlich höhere Leistung aufwiesen. Mit der Übernahme der LAG im Jahr 1938 durch die Reichsbahn erhielten die Loks die Baureihenbezeichnung E 69. Die Strecke wurde nach dem Zweiten Weltkrieg auf 15 kV/16,7 Hz umgestellt, was umfangreiche Umbauten bei den Loks erforderte. Zu viele für E 69 01. 1954 wurde „Katharina" außer Dienst gestellt. Sie ist heute in der Lokwelt Freilassing zu bestaunen. Da die anderen Loks noch die Umstellung auf EDV-Nummern erlebten, erhielten sie sogar noch eine neue Baureihenbezeichnung: 169.

„Hermine" war die dritte der fünf für die LAG gebauten Loks. Sie wurde 1912 gebaut. *Niederkasseler/C.C.3.0*

Zugfunk 206

Die Kommunikation zwischen den Betriebsstellen der Bahn wurde schon früh über das Telefon ermöglicht. Eine Verbindung zum fahrenden Zug herzustellen, war jedoch nicht so einfach. Dabei wurde es vor allem bei schnell fahrenden Zügen aus Sicherheitsgründen immer wichtiger, eine Kommunikation zum Lokführer zu ermöglichen. Ab 1971 wurde deshalb von der Bundesbahn im größeren Stil der Zugbahnfunk eingeführt. Auf wichtigen Strecken entstanden spezielle Funkzentralen als Gesprächspartner für die Züge. Neben einer erhöhten Sicherheit ermöglichte der Zugbahnfunk zudem eine elastischere Betriebsführung. Als Frequenzbereich wurden in Übereinstimmung mit internationalen Planungen 460 MHz festgelegt.

Führerstand mit Zugfunk. *Karl-Heinz Laube/Pixelio.de*

Akkutriebwagen Wittfeld 207

Gustav Wittfeld war um die Wende zum 20. Jahrhundert preußischer Dezernent für die Beschaffung von Lokomotiven. In dieser Funktion war er schon maßgeblich an den Weltrekordfahrten der Elektrotriebwagen von AEG und Siemens 1903 beteiligt. Die Elektrotraktion war für ihn die Zukunft der Eisenbahn, weshalb er mehrere Elektroloks und elektrische Triebwagen beschaffte. Seinen Namen erhalten hatte sogar ein Akkutriebwagen, der später als Baureihen ETA 177, 178 und 180 bei der Reichsbahn eingereiht wurde – die Unterschiede lagen in der verwendeten Spannung und der eingebauten Schaltung. Dieser Typ wurde zwischen 1907 und 1914 gebaut. Das Besondere ist, dass er Akkumulatoren besaß, die nach

Der Akkutriebwagen führte einen, manchmal auch zwei Beiwagen mit. *B. Vogelsteller/Slg. R. Maritschnigg*

einer Fahrtdauer von bis zu 600 Kilometern wieder aufgeladen werden mussten. Im Nahverkehr überwog der Vorteil eines elektrischen Antriebs ohne Stromleitung. AT 543/544 ist in Polen erhalten.

Schienenbusse

Bereits in den 1930er-Jahren führten mehrere Eisenbahngesellschaften unter anderem im Deutschen Reich und Australien sogenannte Schienenbusse ein. Dabei handelte es sich um leichte Triebwagen mit Verbrennungsmotor, die auf Strecken mit einem geringen Fahrgastaufkommen eingesetzt wurden. Die Schienenbusse hatten den Vorteil, dass sie kostengünstiger waren als Züge mit Loks. Auch in der Herstellung, denn viele Bauteile wurden aus der Serienproduktion von Straßenfahrzeugen übernommen. Zu den ersten Schienenbussen gehörte der Typ Hannover der Waggonfabrik Wismar, auch Wismarer Schienenbus genannt. Ein Exemplar sieht man im Bild unten.

Als „Uerdinger Schienenbus" wurde der Dieseltriebwagen VT 95 bezeichnet, da er ab 1955 von der Waggon-Fabrik AG in Uerdingen hergestellt wurde. Das Einsatzfeld des Triebwagens in Leichtbauweise war der Personennahverkehr. Die Deutsche Bundesbahn hatte die Idee aus den 1930er-Jahren wieder aufgegriffen, um die wenig rentablen Strecken für den Pendlerverkehr zu erhalten. Der Beiname „Retter der Nebenbahnen" kam nicht von ungefähr. Da die Leistung oft nicht ausreichte, wurden auch Modelle mit zwei Motoren produziert, die als VT 98 bezeichnet wurden. Ab 1968 erhielten sie die Nummern 796 und 798.

Mit der Stilllegung vieler dennoch unrentabler Nebenstrecken am Ende des letzten Jahrhunderts endete auch die Geschichte der Schienenbusse. Der Autobus übernahm ihre Rolle und er war flexibler, was die Haltestellen betrifft.

Der Wismarer Schienenbus T1 der Bauart „Hannover" links neben der Dampflok „Borkum^{III}" an der Mole der Nordseeinsel Borkum. *Erich Westendarp/Pixelio.de*

Doppelstockwagen

Doppelstockwagen sind besonders im Nahverkehr eine sinnvolle Alternative. *Bernd Kröger/Fotolia.de*

Schon in den frühen Jahren der Eisenbahn wurden Wagen gebaut, in denen Passagiere auf zwei Decks Platz fanden. In Deutschland waren die ersten bekannten Doppelstockwagen die von Linke-Hofmann und der WUMAG produzierten Wagen der Lübeck-Büchener Eisenbahn von 1938. In der DDR wurden von der WUMAG-Nachfolgefirma VEB Waggonbau Görlitz Doppelstockwagen hergestellt. Diese Tradition übernahm nach der Wende auch die DB und kaufte von der nun Deutsche Waggonbau heißenden, inzwischen Bombardier gehörenden Firma.

Die Doppelbrücke von Bullay

Doppelstöckig geht nicht nur bei Wagen sondern auch bei Brücken. Robert Stephensons High Level Bridge über den Tyne in Newcastle von 1849 ist die wahrscheinlich älteste Eisenbahndoppelbrücke. 1855 wurde die Niagara Falls Suspension Bridge für den Verkehr freigegeben, eine Hängebrücke mit Eisenbahn und Straße über den Niagara. In Deutschland wurde die erste Doppelstockbrücke über die Mosel errichtet: die Doppelstockbrücke Alf-Bullay aus dem Jahr 1878. Die Eisenbahn-

Die faszinierende Doppelstockbrücke Alf-Bullay über die Mosel. *Michael Dörflinger*

brücke verbindet Koblenz mit Trier. Während der Zug Richtung Trier in einen Tunnel fährt und so die Moselschleife bei Zell abkürzt, wird der Straßenverkehr rechts und links abgeleitet. Die 314 Meter lange Brücke wurde 1945 zerstört und bis 1947 wieder aufgebaut.

211 Der Vorläufer des ICE

Technologieträger 202 003. *NKohn/Pixelio.de*

Die dieselelektrische Lokomotive vom Typ Henschel-BBC DE2500 war schon 1973 gebaut und als 202 003 bei der Bundesbahn getestet worden. Zum planmäßigen Dienst bei der Bundesbahn wurde sie zwar zugelassen, aber 1982 erhielt sie mit dem Umbau zu einem Versuchsfahrzeug eine neue Aufgabe. Sie sollte Hochgeschwindigkeits-Drehgestelle mit umkoppelbarer Antriebsmasse („UmAn") testen. Bei der umkoppelbaren Antriebsmasse bildeten der Drehstrommotor und das Getriebe eine bauliche Einheit, die pendelnd am Lokkasten befestigt war. Äußerlich fiel sie sofort durch den stromlinienförmigen Vorbau auf. Heute befindet sich die Lok im Deutschen Technikmuseum Berlin.

212 Die ersten Mehrsystemloks

Die Zweisystemlok der Baureihe 181 für den Verkehr nach Frankreich von 1966. *Michael Dörflinger*

Anfangs wurden im internationalen Verkehr an den Grenzbahnhöfen die Lokomotiven gewechselt. Später fuhren die Loks, um Zeit zu gewinnen, weiter. Mit der Elektrifizierung änderte sich das, denn in den europäischen Ländern gab es unterschiedliche Stromsysteme, was die Fahrt über die Grenze unmöglich machte. Dieses Problem wollte die Bundesbahn zumindest für den Verkehr nach Frankreich und Luxemburg mit der Einführung der Baureihe E 320 lösen. Drei Exemplare dieser Baureihe wurden 1960 von AEG und Krupp hergestellt. Diese Mehrsystemlokomotiven waren so ausgerüstet, dass sie den Strom aus den unterschiedlichen Netzen beziehen konnten. Sie wurden vor allem zwischen Saarbrücken und Forbach in Frankreich eingesetzt, überzeugten aber noch nicht. Aber andere, erfolgreiche Baureihen wie die 184 (Viersystemlok, 1965) und die 181 folgten.

Von 1988 bis 2013 besaß die australische Metropole Sydney eine Monorail-Bahn. Sie wurde jedoch wegen Protesten der Anwohner und mangelnder Einbindung im Nahverkehr wieder abgebaut. *Igor Kasalovic*

Monorail-Bahnen

Unter Eisenbahnen versteht man gewöhnlich zweigleisige Schienensysteme. Aber es gab schon früh Versuche, Bahnen auf einer einzelnen Schiene oder einem Fahrbalken laufen zu lassen, sogenannte Monorail-Bahnen. Die erste Einschienenbahn soll der russische Erfinder Ivan Elmanov 1820 errichtet haben. 1821 ließ sich Henry Robinson Palmer, ein englischer Erfinder, eine Monorail-Bahn patentieren. Bei dieser Vorrichtung hingen die Wagen von einer auf Stützen angebrachten Schiene. Der Antrieb erfolgte noch mit Pferdekraft. Zu den Vorteilen von Einschienenbahnen gehören der geringere Raumbedarf, der niedrigere Lärm sowie die Fähigkeit, größere Steigungen zu überwinden. Wegen der mangelnden Eignung für den Transport schwerer Güter und technischen Schwierigkeiten führen die Monorail-Bahnen jedoch nur ein Nischendasein, vor allem im städtischen Personenverkehr.

Von Bombardier wurde die 6,3 Kilometer lange Einschienenbahn in Las Vegas gebaut. *Bombardier*

214 Die älteste Schwebebahn

Eine der ersten Bahngarnituren aus dem Jahr 1900 ist erhalten und in einem hervorragenden Zustand. Der hier abgebildete Kaiserwagen wird zu Erlebnisfahrten mit Kaffee oder Frühschoppen genutzt. *Gecko/Pixelio.de*

Die Wuppertaler Schwebebahn ist ein einzigartiges Kulturdenkmal und steht seit 1997 unter Denkmalschutz. Bis zu 75.000 Passagiere nutzen sie jeden Tag. In den Stoßzeiten verkehrt sie sogar im Dreiminutentakt. Seit 1943 gilt die Schwebebahn als Straßenbahn. Die 1901 eröffnete 13,3 Kilometer lange Strecke wurde bis dahin nach dem Preußischen Kleinbahngesetz als nebenbahnähnliche Kleinbahn klassifiziert. Die Strecke, die größtenteils über der Wupper verläuft, weist 20 Haltestellen auf. Die Fahrzeit beträgt 35 Minuten.

Elberfeld, Barmen und Vohwinkel, die sich erst 1929 zur Stadt Wuppertal zusammenschlossen, hatten die Bahn nach Plänen von Eugen Langen, dem Mitbegründer der Firma Deutz, bauen lassen. Die Idee erwies sich allerdings als zu aufwendig, als dass sie sich auch andernorts hätte durchsetzen können. So ist die Wuppertaler Schwebebahn heute ein einmaliges Zeugnis deutscher Ingenieurskunst von Weltruf.

Die GTW 72 aus den 1970er-Jahren werden sukzessive ersetzt. *Witek Burkiewicz*

Führerlos

Fahrerlose Autos sorgen heute immer wieder für Schlagzeilen. Deutlich weniger Wirbel machte die Einführung von autonomen Zügen. Die Eisenbahn ist auch besser als Straßenfahrzeuge geeignet, menschliche Fahrer mit Automaten zu ersetzen. Auf den Schienen muss nicht mit Gegenverkehr oder Spurwechsel gerechnet werden. Tatsächlich begannen die ersten autonomen Bahnen schon zu rollen, bevor GPS und künstliche Intelligenz von sich reden machten. Bereits 1983 setzte die französische Stadt Lille auf ein automatisches, fahrerloses U-Bahn-System. 1992 führte Lyon auf der Linie D eine selbstfahrende U-Bahn ein. 1998 eröffnete auch in Paris die 9,2 Kilometer lange Metro-Linie 14, die vollautomatisch fährt. Wie in Lille und Lyon sind die Bahnsteige durch Glaswände von den Gleisen getrennt, um zu vermeiden, dass Personen oder Gegenstände auf die Gleise geraten. Heute gibt es in den europäischen Städten Barcelona, Brescia, Budapest, Kopenhagen, Lausanne, London, Mailand, Nürnberg, Rennes, Rom, Toulouse und Turin fahrerlose Bahnen.

Zu den Vorreitern beim autonomen Eisenbahnverkehr gehört die Bergbauindustrie. Im Juli 2018 setzte das Unternehmen Rio Tinto den ersten autonomen Zug ein. Dabei transportierten drei fahrerlose Lokomotiven etwa 28.000 Tonnen Eisenerz auf einer Strecke von 280 Kilometern vom Landesinneren zum Hafen Cape Lambert im Norden Westaustraliens. Dies war nur der Anfang. Denn das Unternehmen plant, den gesamten Schienenverkehr zu automatisieren. Bei anderen Eisenbahnen gibt es ähnliche Pläne – hoffentlich ohne Unfall.

Die vollautomatische Metro-Linie CDGVAL verbindet Paris mit dem Flughafen Charles de Gaulle. Dieses zu Siemens Mobility gehörende System wird auch auf der Strecke zum Flughafen Orly und in Lille eingesetzt. *Siemens*

216 Die ersten Unfallopfer

William Huskisson (1770 bis 1830). *Richard Rothwell*

Von den ersten Opfern, die die Eisenbahn forderte, sind die Namen nicht bekannt. 1650 sollen zwei Jungen in England durch einen auf Holzschienen fahrenden Kohlewagen ums Leben gekommen sein. Ebenfalls von einem Kohlezug wurde 1813 ein Junge getötet, der neben dem Gleis der Middleton Railway bei Leeds herlief. Zwei Jahre später forderte die Kesselexplosion von William Bruntons „Mechanical Traveller" das Leben von 13 bis 16 Personen. Ungefähr 40 Zuschauer wurden dabei verletzt. Die Explosion der „Salamanca" kostete 1818 dem Lokführer das Leben. Ebenfalls auf der Middleton Railway kam der Zimmermann David Brook ums Leben, als er während eines Schneeregens nach Hause ging. Eine unbekannte, möglicherweise blinde, Frau wurde 1827 in der Grafschaft Durham getötet. 1828 explodierten gleich zwei Lokomotiven der Stockton and Darlington Railway und forderten jeweils ein Leben. Das weitaus prominenteste Unfallopfer war jedoch der britische Politiker und Finanzier William Huskisson. Er wurde 1830 bei der Eröffnungszeremonie der Liverpool and Manchester Railway von Stephensons „Rocket" überfahren und gilt oft als erstes Eisenbahnopfer.

217 Eisenbahnunfälle 1842 bis 1901

Datum des Unfalls		Getötet	Verletzt	Ort und Art des Unfalls
1842	8. Mai	50	—	Belleville, Frankreich (Zusammenstoß).
1852	6. Mai	46	30	Norwalk, Nordam. (offene Drehbrücke).
1854	24. Okt.	40	—	Kanada, Great-Westernbahn.
1856	17. Mai	62	100	North-Pennsylvaniabahn.
1857	17. März	60	—	Des Jardins-Kanal, Kanada.
»	28. Juni	11	100	Lewisham, England.
1859	27. Jan.	30	40	Süd-Michiganbahn, Nordamerika.
»	31. Dez.	19	—	Brücke bei Columbus, Nordamerika.
1861	25. Aug.	23	100	Claytontunnel bei London.
1862	15. Juli	15	60	Port Jervis, Nordamerika.
»	13. Okt.	15	60	Bincbburg, Schottland.
1867	11. Dez.	15	—	Hanlanbridge, Nordamerika.
»	18. Dez.	40	—	Angola, Lake Shore, Nordamerika.
1868	14. April	20	60	Port Jervis, Nordamerika.
»	20. Aug.	38	—	Abergele, Nordwales.
»	20. Aug.	21	60	Böhm. Westbahn bei Horowitz.
1871	9. Aug.	20	—	Harpeth River, Tenn., Nordamerika.
»	26. Aug.	30	50	Boston, Nordamerika (Zusammenstoß).
1872	6. Febr.	22	—	New Hamburg, Nordamerika.
»	24. Dez.	19	—	Norwich, England (Entgleisung).
1874	10. Sept.	24	40	Shipton, England (Zusammenstoß).
»	20. Okt.	34	—	England (Zug fiel in den Cherwellfluß).
1876	26. Sept.	25	—	Black Lick Station, Nordamerika.
»	26. Dez.	80	—	Ashtabula, Nordamerika.
1879	20. Dez.	200	—	Schottland (Einsturz der Taybrücke).
1881	1. März	40	—	Macon, Mo., Nordamerika.
1882	3. Sept.	68	120	Hugstetten bei Freiburg i. Br.
1883	2. Sept.	39	—	Steglitz bei Berlin.
1884	14. Nov.	22	26	Bahnhof Hanau (Zusammenstoß).
1885	25. Jan.	12	28	Sydney (Bruch eines Viaduktes).
1886	1. Juli	14	30	Bei Würzburg (Zusammenstoß).
»	15. Sept.	14	19	Silver Creek, Ohio (Zusammenstoß).
1888	5. Sept.	12	40	Dijon (Entgleisung u. Zusammenstoß).
»	17. (29.) Okt.	23	36	Borki, Kursk-Charkov-Asowbahn (Entgleisung des kaiserl. Sonderzugs).
»	20. Okt.	20	48	Grassau bei Neapel.
1889	3. Febr.	16	42	Groenendael, Brüssel-Namur.
»	Juni	12	—	Latrobe, Nordamerika (Entgleisung).
»	12. Juni	80	262	Armagh in Irland (Zusammenstoß).
»	7. Juli	9	10	Röhrmoos, Bayern (Entgleisung).
1890	30. Mai	20	—	San Francisco (offene Brücke).
1891	14. Juni	72	130	Mönchenstein, Schweiz (Birsbrücke).
»	23. Juni	12	23	Harrisburg, Amerika (Zusammenstoß).
»	3. Juli	25	10	Ravenna, Ohio (Zusammenstoß).
»	26. Juli	49	90	Bahnhof Saint Mandé bei Paris.
»	17. Aug.	17	22	Zollikofen, Schweiz (Zusammenstoß).
»	24. Dez.	12	8	Hastings, Nordam. (Zusammenstoß).
1892	10. Sept.	9	33	Boston (Zusammenstoß).
»	1. Nov.	9	—	Thirsk, England (Zusammenstoß).
1893	31. Aug.	17	30	Willcuttsbrücke bei Chester, Nordam.
»	8. Nov.	12	23	Chicago (Zusammenstoß bei Nebel).
»	29. Nov.	21	13	Fenila in Italien (Zusammenstoß).
1895	3. März	130	—	Entgleisung in Mexiko.
»	19. Sept.	8	47	Deberan in Sachsen (Militärzug).
»	31. Okt.	18	104	Otriganes, Spanien (Zusammenstoß).
1896	30. Juli	43	40	Atlantic City, Nordamerika (Zugbrand).
1897	19. Mai	10	20	Gerolstein (Militärzug).
»	11. Juli	40	130	Gentofte bei Kopenhagen.
»	24. Okt.	28	—	Beetstillh, Expreßz. stürzte i. d. Hudson.
1899	2. Jan.	13	40	Soundbrook (Zusammenstoß).
»	9. Aug.	18	50	Jubily-sur-Orge (Zusammenstoß).
1900	12. Aug.	16	50	Castel-Giubileo bei Rom.
»	2. Sept.	85	—	Hatfield, Amerika (Zusammenstoß).
»	8. Okt.	19	65	Gulf- und Interstatebahn.
»	7. Okt.	9	65	Heidelberg (Zusammenstoß).
»	9. Nov.	10	4	Offenbach (Zusammenstoß).
»	15. Nov.	12	20	Dax bei Bayonne.
1901	15. Jan.	8	15	Balota in Rumänien.
»	19. Nov.	11	29	Altenbeken (Zusammenstoß).
»	23. Dez.	6	15	Untergrundbahn in Liverpool.

1842: Die Tragödie von Meudon

Zeitgenössische Abbildung der Eisenbahnkatastrophe von Meudon. *Sammlung Michael Dörflinger*

Niemand weiß die genaue Zahl der Toten, die das Eisenbahnunglück bei Meudon forderte. Die Schätzungen reichen von 52 bis 200. Manchmal wird auch vom Eisenbahnunglück von Versailles gesprochen, da es sich auf der Strecke von Versailles nach Paris ereignete. Der Brockhaus (links) nennt es fälschlich Belleville. Das verhängnisvolle Datum war der 8. Mai 1842. An diesem Tag hatte es im Garten von Versailles eine Feier zu Ehren des französischen Königs Louis-Philippe gegeben. Viele Gäste waren aus Paris gekommen, und für die Rückreise bot die Bahngesellschaft einen Zug mit 17 Wagen auf, in denen ungefähr 770 Passagiere Platz fanden. Wegen seiner Länge wurde der Zug von zwei Lokomotiven gezogen. Zwischen den Orten Meudon und Bellevue brach eine Achse der vorderen, kleineren Lok. Zu dieser Zeit fuhr der Zug wahrscheinlich mit einer Geschwindigkeit von 40 Stundenkilometern. Die Maschine entgleiste und riss den Tender mit sich. Dies verursachte daraufhin das Entgleisen und Umstürzen der zweiten Lokomotive. Die Wagen prallten auf diese Hindernisse und schoben sich ineinander. Eine Kesselexplosion sorgte anschließend dafür, dass sich der Koks der Schlepptender entzündete, was wiederum die aus Holz bestehenden Wagen in Brand setzte. Was die Rettung der Passagiere erschwerte, war der Umstand, dass die Wagentüren verschlossen waren, da die Zugbegleiter hatten vermeiden wollen, dass Passagiere während der Fahrt aus dem ungewohnten Reisemittel aussteigen.

Links: Diese Liste stammt aus dem Brockhaus von 1911.

219 1871: Brückeneinsturz bei Bangor

Die Brücke war zu schwach. *Sammlung Michael Dörflinger*

Bangor ist eine unbedeutende Stadt im nordöstlichen US-Bundesstaat Maine. Es kam eigentlich nie vor, dass der Ort in die Schlagzeilen geriet. Doch am 9. August 1871 sollte sich das leider ändern. Nördlich der Stadt war bereits zwei Jahre früher eine Holzbrücke unter dem Gewicht eines Zuges zusammengebrochen und hatte zwei Personen das Leben gekostet. Wie so oft hatte man aus dem Unglück nichts gelernt. An dem verhängnisvollen Augusttag rollte ein Zug der Maine Central Railroad Company über eine ebenfalls aus Holzstreben gebaute Brücke. Auch ihr waren die Schienenfahrzeuge zu schwer. Nur einer der sechs Wagen blieb auf den Gleisen. Bei dem Unglück kamen der Bremser und ein Passagier ums Leben. Die folgende Unfalluntersuchung ergab, dass wahrscheinlich die etwas zu hohe Geschwindigkeit und der Ruck, der durch die Betätigung der Bremse entstand, für die 18 Jahre alte Brücke eine zu hohe Belastung bedeutet hatte.

220 1876: Der Horror von Ashtabula

Das Unglück von Ashtabula. *Tim Evanson/C.C. 2.0*

Das schwerste Eisenbahnunglück der Vereinigten Staaten im 19. Jahrhundert ereignete sich bei dem Ort Ashtabula, der an der Mündung des gleichnamigen Flusses am Südufer des Lake Erie liegt. Am 29. Dezember 1876 überquerte ein Zug der Lake Shore and Michigan Southern Railway, der aus zwei Lokomotiven und elf Wagen bestand, mit 159 Passagieren und Eisenbahnpersonal an Bord den Fluss, als die Brücke unter dem Gewicht der Schienenfahrzeuge nachgab. Die vorderste Lokomotive erreichte das Brückenende, aber die zweite Maschine und die Wagen stürzten 76 Meter in die Tiefe. Die Heizöfen und Laternen zündeten die hölzernen Wagen an, das Feuer breitete sich schnell aus. Dieses Unglück kostete 92 Menschen das Leben. Die Brücke bestand zwar aus Eisen, war aber nach einem Muster für hölzerne Konstruktionen erbaut worden.

1879: Die Brück' am Tay

Tand, Tand / Ist das Gebilde von Menschenhand – Wer kennt nicht die erschütternde Ballade „Die Brück' am Tay" von Theodor Fontane? Er hat sie unter dem Eindruck einer Tragödie gedichtet, die sich am 28. Dezember 1879 an der Ostküste Schottlands ereignet hatte. Von 1871 bis 1878 wurde über den Firth of Tay eine 3.264 Meter lange Stahlbrücke errichtet. Eine technische Sensation. Der fahrplanmäßige Verkehr der North British Railway konnte am 1. Juni 1878 aufgenommen werden. Am Tag des Unglücks verließ der aus einer Lokomotive mit Schlepptender und sechs Reisewagen bestehende Schnellzug „Mail" um 16.15 Uhr den Bahnhof der schottischen

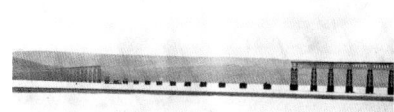

Die eingestürzte Brücke über den Tay. Slg. M. Dörflinger

Hauptstadt Edinburgh, um in das nördlich des Firth of Tay gelegene Dundee zu gelangen. Um 19.14 Uhr befuhr der Zug die Brücke. Zu dieser Zeit erreichte ein Orkan, der an diesem Tag wütete, seinen Höhepunkt. Als der Zug den Mittelteil der Brücke erreichte, stürzte dieser ein und riss Dampflok und Wagen mit ins Wasser. Alle 72 Insassen kamen ums Leben.

Anna Kareninas Ende

Die berühmteste Ehebrecherin in der russischen Literatur war ein Geschöpf von Leo Tolstoi. Anna Karenina verliebte sich in den Offizier Wronski, den sich eigentlich ihre junge Schwägerin Kitty zum Ehemann auserkoren hatte. Doch Wronski hatte nur noch Augen für Anna. Aber üble Vorzeichen: An dem Tag ihrer ersten Begegnung erlebte Anna, wie ein Mann von einem Zug überfahren wurde. Doch sie lässt sich auf eine Affäre ein und bekommt ein Kind von ihrem Liebhaber. Zerrissen von Liebe, Eifersucht und den Sorgen um ihre Kinder wirft sich die verzweifelte Anna Karenina schließlich vor den Zug. Tolstoi überlebte seine berühmte Romanfigur um über dreißig Jahre. Doch dann schlug auch bei ihm das Schicksal in boshafter Ironie zu. Der

Szene aus dem 1914 gedrehten Stummfilm „Anna Karenina", Regie: Wladimir Gardin. Slg. Michael Dörflinger

Autor starb ebenfalls auf einem Bahnhof, wenn auch weniger blutig. Er hatte sich bei einer Zugfahrt erkältet und sich eine Lungenentzündung zugezogen. Tolstoi starb am 20. November 1910 im Haus des Bahnhofsvorstehers von Astapowo.

223 — 1939: Der schlimmste Tag in Genthin

Ineinandergeschobene Wagen nach dem Unfall. *Stadtarchiv Genthin*

Das bislang größte Unglück der deutschen Eisenbahngeschichte ereignete sich in der Nacht vom 21. zum 22. Dezember 1939 in der kleinen preußischen Stadt Genthin, die zwischen Magdeburg und Potsdam liegt. Die Ursache dafür war eine Pannenserie, die mit der Verspätung des nach Köln fahrenden D 10 begann. Der Lokführer des nachfahrenden D 180 übersah das Haltsignal und fuhr in den Streckenabschnitt ein, in dem sich jedoch noch der andere Zug befand. Den verzweifelten Versuch, den D 180 mit dem Nothaltsignal zu stoppen, bezog der Lokführer des D 10 auf sich, woraufhin er eine Schnellbremsung einleitete. Der folgende Auffahrunfall forderte nach Angaben der Reichsbahn 186 Tote. Nach anderen Quellen war die Opferzahl jedoch bedeutend höher und wird heute auf 278 Tote und 453 Verletzte beziffert.

224 — 1998: ICE-Unfall bei Eschede

Bild des Grauens: die Unfallstelle. *Nils Fretwurst*

Es war der schlimmste Eisenbahnunfall im Deutschland der Nachkriegszeit, als am 3. Juni 1998 der ICE „Wilhelm Conrad Röntgen" bei der Ortschaft Eschede entgleiste. Der Zug war von München losgefahren und befand sich auf der Strecke Hannover–Hamburg, als er aus den Gleisen sprang, mit einer Geschwindigkeit von 198 km/h gegen eine Brücke prallte und sie zum Einsturz brachte. Bei dem Unfall kamen 101 Menschen ums Leben. Mindestens 88 Personen wurden teilweise schwer verletzt. Ausgelöst wurde das tragische Geschehen durch einen abgerissenen Radreifen, aber mehrere andere Umstände trugen zur Schwere des Unglücks bei. So hatte niemand die Notbremse gezogen, obwohl ein Teil des Reifens den Fußboden durchbohrt hatte. Vor dem Bahnhof Eschede kam es schließlich zu weiteren Schäden und zum Entgleisen mehrerer Wagen.

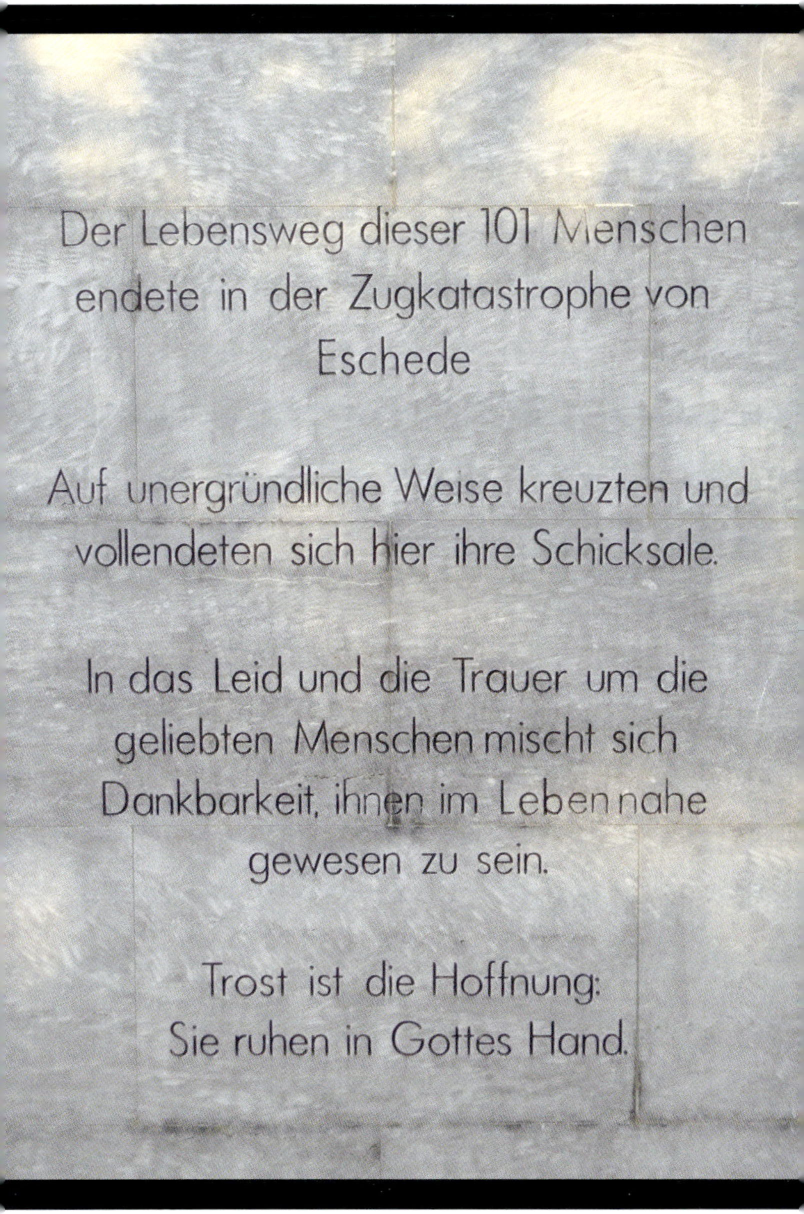

Der Lebensweg dieser 101 Menschen endete in der Zugkatastrophe von Eschede

Auf unergründliche Weise kreuzten und vollendeten sich hier ihre Schicksale.

In das Leid und die Trauer um die geliebten Menschen mischt sich Dankbarkeit, ihnen im Leben nahe gewesen zu sein.

Trost ist die Hoffnung:
Sie ruhen in Gottes Hand.

Gedenkstein für die Opfer der schwersten Zugkatastrophe der Deutschen Bahn. *Jasmin McKee/Pixelio.de*

1895: Gare Montparnasse

Einer der bekanntesten Unfälle der Eisenbahngeschichte ereignete sich am 22. Oktober 1895 in Paris. Um 16 Uhr sollte an diesem Tag ein Zug der privaten Eisenbahngesellschaft Compagnie des chemins de fer de l'Ouest aus Granville kommend am Bahnhof Montparnasse eintreffen. Die Lokomotive zog 14 Wagen, sechs davon Personenwagen mit 131 Passagieren an Bord. Da sich der Zug etwas verspätet hatte, versuchte der Lokführer, mit höherer Geschwindigkeit die fahrplanmäßige Ankunft doch noch einzuhalten. Es wird geschätzt, dass der Zug mit 40 bis 60 km/h in den Bahnhof fuhr. In diesem Augenblick versagten die Druckluftbremsen von Westinghouse.

Die Lok und Schaulustige. *Sammlung Michael Dörflinger*

Der Lokführer und sein Heizer konnten noch rechtzeitig abspringen, bevor die Lokomotive den Prellbock rammte, durch die Bahnhofshalle rollte, ein Fenster und die Brüstung durchbrach, um dann zehn Meter tief auf den Boulevard du Montparnasse zu krachen. Unter den Passagieren gab es Verletzte, aber keine Toten. Auf dem Vorplatz kam eine Frau ums Leben. Die Lok Nr. 721 erlitt nur geringe Schäden. Nur durch viel Glück waren nicht mehr Tote zu beklagen, im Bahnhof war gerade nicht viel los.

Dieses Bild ging um die Welt.
Sammlung Michael Dörflinger

Der Transrapid

Als man sie in Bayern Ende der 1960er-Jahre vorstellte, glaubten alle, die Magnetschwebebahn könne den Bahnverkehr revolutionieren. Es handelte sich um einen Zug, der nicht auf Rädern lief, sondern mit Hilfe von Magnetismus über der Fahrbahn schwebte. Höhere Geschwindigkeiten, komfortableres Fahren, weniger Verschleiß: In der bundesdeutschen Wirtschaft und Politik herrschte Jubelstimmung. Doch es kam anders: Außerhalb von Teststrecken fand der Transrapid in Deutschland kein Einsatzfeld. Auch wenn sich der damalige bayerische Ministerpräsident Stoiber in einer noch heute viel belächelten Rede für eine Transrapid-Trasse vom Münchner Hauptbahnhof zum Flughafen stark machte. Keines der Projekte sollte jemals realisiert werden. Als in Shanghai 2004 die erste Magnetschwebebahn der Welt im Regeldienst eröffnet wurde, kurvte das deutsche Pendant immer noch auf der 1983 errichteten Transrapid-Versuchsanlage im Emsland herum. Dann kam der schwärzeste Tag des Transrapid. Am 22. September 2006 kamen bei einem Unfall auf einer Testfahrt 23 Menschen ums Leben. Das war der Anfang vom Ende. 2008 wurde der Traum begraben, mit ihm auch mehrere Millionen Mark und Euro. Im Ausland werden jedoch noch einige Projekte verfolgt. Bleibt abzuwarten, ob es andere besser machen.

Das Transrapid-Infocenter am Terminal 2 des Münchner Flughafens. *Jonas Zimmermann*

Der ICE TD

Auch dieses Projekt war bestechend: Einen Zug bauen, der wie ein ICE aussieht, sich so anfühlt und der auf nicht elektrifizierten Strecken dank Neigetechnik mit hoher Geschwindigkeit zufriedene Fahrgäste ans Ziel bringt. Die DB hatte dabei vor allem an die Strecken München–Zürich oder Nürnberg–Dresden gedacht. Zumindest das erste Ziel wurde erreicht: Der ICE TD der Baureihe 605 sieht dem ICE 3 sehr ähnlich. Stromabnehmer fehlen natürlich, denn der 605 ist mit einem dieselelektrischen Antrieb ausgestattet. Die Motoren, vier Sechszylinder-Diesel des Typs QSK 19-R von Cummins mit Abgasturbolader und Ladeluftkühlung, sind auf die je zwei End- und Mittelwagen verteilt. Der Antrieb erfolgt durch Elektromotoren. Außerdem verfügte der Zug über eine Neigetechnik von Siemens. Dadurch eignete sich der ICE TD (Tilting Diesel) für den Einsatz auf Strecken, die nicht für den Schnellverkehr ausgebaut sind. Die offizielle Inbetriebnahme des dieselgetriebenen Neigezugs erfolgte 2001.

Mehrere Mängel, wie zu schwache Bremsen, Ausfall der Neigetechnik und ein Achsbruch, führten schließlich dazu, dass die Züge bereits nach zwei Jahren wieder aus dem Verkehr gezogen wurden. Wegen des erhöhen Verkehrsaufkommens bei der Fußball-WM 2006 kamen sie wieder zum Einsatz und verkehrten dann nach Dänemark. 2017 wurde der letzte ausgemustert.

In der Nähe von Rostock wurde dieser ICE TD fotografiert. *Chep87/C.C. 2.0*

Sänk juh for träweling

Pünktliche Züge sind für viele Bahnreisende inzwischen schon ein Grund zum Staunen geworden. Die Strukturprobleme der Deutschen Bahn sind nicht mehr wegzuwischen. *indeedous*

Als Mark Spörrle und Lutz Schumacher 2008 mit ihrem Buch dieses Titels die Bestsellerlisten rockten, hatten sie die Lacher auf ihrer Seite. Es war zu einem Gemeinplatz geworden, dass die Eisenbahn immer unpünktlicher wurde, dass es laufend Pannen gab, kaputte Klimaanlagen, schmutzige Wagen, nicht funktionierende Pendolinos oder Kupplungen, defekte Türen und Toiletten, kaputte Stellwerke, fehlendes Personal. Hinzu kamen überzogene Projekte wie die Neubaustrecke München–Nürnberg oder Stuttgart 21, mit denen die Bahn in die Schlagzeilen geriet. Bei allen Gedanken an Privatisierung und Börsengang, Hochgeschwindigkeitsverkehr und mobilen Brezelservice ist einigen Verantwortlichen offenbar der Blick auf die Grundlagen verloren gegangen. Die Deutsche Bahn ist seit Jahren auf Verschleiß gefahren, um sich mit Leuchtturmprojekten zu befassen. Dabei wird auch ihre ureigenste Klientel vergessen: die Bahnfans. Immer wieder muss man lesen, dass Modellbahnvereine zugunsten von Spekulanten aus alten Bahnimmobilien vertrieben werden. Laufende Preiserhöhungen und Zumutungen wie überfüllte Züge zu Stoßzeiten verärgern viele Pendler – und auch das Personal ist unzufrieden, wie nicht zuletzt die Streiks zeigen.

Das Pendolino-Desaster

Dass nicht immer die Deutsche Bahn an Pannen auf Schienen schuld ist, zeigt das Beispiel der Neigetechnik. Erste Versuche mit der Technik, bei der sich die Wagenkästen bei Kurvenfahrt zur Kurveninnenseite neigen, sich sozusagen „in die Kurve legen", was eine größere Geschwindigkeit auf ungeraden Strecken ermöglicht, hatte man in der Bundesrepublik bereits Mitte der 1960er-Jahre angestellt. Doch erst die erfolgreichen Pendolinos in Italien ab 1975 mit einem Prototyp der Baueihe ETR 401 (ETR steht für „Elettrotreno Rapido" = „schneller Elektrozug"), führten in Deutschland zu einem neuen Anlauf. Die Dieseltriebwagen-Baureihe 610 von 1992 für den Regionalverkehr wurde mit Neigetechnik ausgestattet, ab 1996 auch die neuen ICE T.

Doch seien es defekte Radsatzwellen oder Risse an den Schlingerdämpfern: Sehr häufig kam es zu Komplikationen, die die Bahn in die Schlagzeilen brachte. Dabei lagen solche Mängel in der Verantwortung der Hersteller.

Der ETR 450 wurde ab 1985 gebaut und gehört zur zweiten Pendolino-Generation der FS. Ab 1988 bediente er die repräsentative Strecke Rom–Mailand mit bis zu 250 km/h. *Davide Oliva/C.C. 2.5*

PANNEN, UNGLÜCKE UND KRIEGE

Die Lokomotiven der DR-Baureihe 119 wurden wegen ihrer kreisrunden Fenster an den Fahrzeugseiten scherzhaft „U-Boot" genannt. *Felix O/Flickr C.C. 2.0*

Das Schienen-U-Boot 230

Auch bei der Deutschen Reichsbahn in der DDR gab es so manchen Grund zum Ärgern. Für den Personenverkehr hatte die Reichsbahn Ende der 1970er-Jahre zusätzliche Diesellokomotiven beschafft. Nachdem sich herausgestellt hatte, dass die UdSSR als bei Weitem wichtigster Lokbauer im Ostblock die gewünschten sechsachsigen, dieselhydraulischen Loks nicht liefern konnte, sah man sich nach einer anderen Bezugsquelle um und glaubte sie mit der Lokomotivenfabrik 23. August in Bukarest gefunden zu haben. Die Rumänen erklärten sich zur Produktion bereit. Bis 1985 wurden 200 Exemplare an die Reichsbahn geliefert und als Baureihe 119 in den Bestand eingegliedert. Die Loks hatten an den Seiten kreisrunde Maschinenraumfenster, was ihnen sehr bald den Spitznamen U-Boot einbrachte. Sehr schnell erkannten die Reichsbahner, was sie sich da für Eier ins Nest gelegt hatten. Dauernd war etwas kaputt. Die Rumänen hatten nur minderwertige Bauteile verwendet und ein Defekt folgte dem anderen. Spötter tauften die 119 „Karpatenschreck" und bezeichneten sie als „Ceaucescus Rache". Manchmal standen mehr als die Hälfte in der Werkstatt. Nach der Ablieferung wurden später bessere Bauteile eingesetzt, bevor die Lok an den Start ging. Immerhin: Einige Maschinen konnten sich nach technischen Korrekturen noch mehrere Jahre bei der DB halten, wo sie zur Baureihe 219 geworden war. 2006 wurde die letzte Lok ausgemustert.

231 „Stalins letzte Rache"

Die sowjetische Lokomotivfabrik Lugansk (LTS) produzierte ab 1964 die sechsachsige dieselelektrische Güterzuglok des Typs M62, die ursprünglich für Ungarn entwickelt worden war. Doch auch andere Staaten des RGW (DDR, Polen, Tschechoslowakei, Kuba und Nordkorea) bekamen den Gegebenheiten der Länder angepasste Maschinen. Für die Sowjetunion war dieser Loktyp eigentlich nicht vorgesehen, doch das positive Feedback aus den Bruderländern sorgte dafür, dass ab 1970 auch für die sowjetischen Breitspurstrecken M62 produziert wurden. Die Diesellok besaß einen Zwölfzylinder-Motor mit 1.470 kW Leistung. Viele Bauteile stammten aus den schwereren Reihen TЭ-3 und TЭ-10, was die Herstellung billiger machte.

Varianten der M62 waren die zwei- und dreiteiligen Modelle 2M62 und 3M62, bei denen mehrere M62 „hintereinandergeschaltet" wurden, um eine größere Zugleistung zu erreichen.

Bei der Deutschen Reichsbahn der DDR wurde die M62 zunächst als Baureihe V 200, später als Baureihe 120 geführt. 378 Exemplare wurden zwischen 1966 und 1975 geliefert. Nach der Wiedervereinigung 1989 erhielten die verbliebenen rund 200 Loks die neue Baureihenbezeichnung 220, die sie bei der Überführung in die DB behielten. Die ersten Loks waren wegen fehlender Schalldämpfer noch sehr laut, weshalb sie die Spitznamen „Taigatrommel" und „Stalins letzte Rache" bekamen. Dieser Mangel wurde zum Glück bald behoben.

120 269 gehört heute dem Sächsischen Eisenbahnmuseum in Chemnitz-Hilbersdorf. Sie wurde in ihren Auslieferungszustand von 1969 zurückversetzt. *Charly Lippert/Fotolia.de*

PANNEN, UNGLÜCKE UND KRIEGE

Der Siebenkuppler AA20-1

232

Dass die einfache Steigerung eines bewährten Prinzips an Grenzen stoßen kann, mussten die Sowjets 1934 mit einer nach dem Kommissar für das Eisenbahnwesen der UdSSR benannten Dampflok erfahren: Andrei Andrejew (dafür stehen die beiden „A" in der Lokbezeichnung). Mehr Treibachsen bedeuten weniger Achslast und mehr Leistung. Wenn fünf nicht ausreichen, warum dann nicht einfach eine siebenfach gekuppelte Güterzuglok mit je zwei Vorlauf- und Schleppachsen? Heraus kam 1934 die AA20-1 mit fast 34 Metern Länge. Die einrahmige Megalok mit einer indizierten Leistung von 2.723 kW kam zwar auf die Schienen, aber die

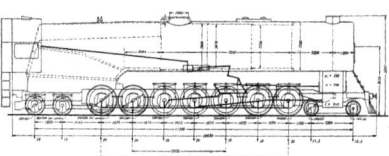

Im Moskauer Institut für Eisenbahn-Ingenieure wurde diese Lok konstruiert. *Sammlung Michael Dörflinger*

Drehscheiben der Bw waren zu klein. Die Gleisbögen waren meist zu eng für diese Lok, denn die Achsen waren nicht beweglich sondern starr angebracht. So rieben die Räder an den Schienen und sorgten für schnellen Verschleiß oder gar Entgleisungen in Weichen. Es blieb bei dem Einzelstück.

Der Schienen-Bugatti

233

Keiner konnte grandioser scheitern als Ettore Bugatti. Das hatte er mit dem Mega-Auto Typ 41 „Royale" Anfang der 1930er-Jahre bewiesen. Zu dieser Zeit hatte man in Frankreich die ersten Triebwagen der Reichsbahn mit Verbrennungsmotoren zur Kenntnis genommen. Besonders die Compagnie des chemins de fer de l'Etat interessierte sich für so einen Triebwagen und bestellte ihn bei Ettore Bugatti. Und der lieferte: Als Motor für den Triebwagen stand der 12,8 Liter große Achtzylinder des Typ 41 zur Verfügung. Vier dieser gewaltigen Aggregate wurden eingebaut. Das Design des als XB 1000 bezeichneten Triebwagens war von der Stromlinienform bestimmt. Um höhere Geschwindigkeiten zu erreichen, war die Karosserie

Der XB 1000 aus dem Jahr 1934. *Bugatti*

möglichst leicht gehalten. 1933 erreichte der XB 1000 bereits 172 km/h. Später wurden sogar 186 und 192 km/h erzielt. Die Etat ließ 88 Triebfahrzeuge bauen. Sie waren sehr schnell, doch ihre Achillesferse waren ausgerechnet die besonders durstigen Benzin-Motoren. Deshalb kam schon in den 1950ern das Aus.

Im amerikanischen Bürgerkrieg fanden bereits Eisenbahngeschütze Verwendung. *Library of Congress*

Dieses Bild entstand bei der Belagerung von Petersburg in Virginia von Juni 1864 bis April 1865. *Library of Congress*

Der amerikanische Bürgerkrieg 234

Der erste große Konflikt, bei dem die Eisenbahn eine wichtige Rolle spielte, war der amerikanische Bürgerkrieg. Als 1861 die Kampfhandlungen zwischen den Nord- und den Südstaaten ausbrachen, besaß der Norden ein bedeutend größeres Streckennetz. Von den etwa 50.000 Kilometern verlegter Schienen befanden sich ungefähr 35.000 Kilometer im Norden, während weniger als 15.000 Kilometer in den Südstaaten lagen. Die Bedeutung der Eisenbahn für schnelle Truppenbewegungen und den Nachschub wurde auf beiden Seiten erkannt. Zwar zerstörten die anfangs siegreichen Soldaten aus dem Süden die Gleise und Brücken, wo sie nur konnten, was den Sieg der Nordstaaten aber nur verzögerte. „Die Yankees bauen die Brücken schneller, als sie die Rebellen niederbrennen können", hieß es bald. Die meisten Gießereien befanden sich im Norden. Allein in Pennsylvania wurden 1860 ungefähr 245.000 Tonnen Eisen produziert. Die jährliche Produktionsrate für den gesamten Süden lag während des Bürgerkriegs dagegen nur bei etwa 14.500 Tonnen Eisen, das für die Strecken bestimmt war. Mehr als das Dreifache wäre für deren Aufrechterhaltung nötig gewesen. Die Eisenbahnen gehörten zu den Primärzielen des Nordstaatengenerals Sherman auf seinem Marsch durch den Süden. Zur Taktik seiner Truppen gehörte es, Gleise zu erhitzen und sie um Bäume zu wickeln. Das waren „Sherman's Neckties" (Shermans Krawatten).

Herman Haupt 235

Einige der wenigen Vorteile, die der Süden im amerikanischen Bürgerkrieg vorweisen konnte, waren die fähigen Generale und die höhere Kampfmoral der Soldaten. Aber der Norden hatte nicht nur eine größere Industrie – 96 Prozent der Lokomotiven wurden in nördlichen Staaten gefertigt – sondern auch begabte Ingenieure wie Herman Haupt, die durch ihr Können zum Sieg beitrugen. Herman Haupt war im Alter von 14 Jahren in die Militärakademie in West Point eingetreten. Nach seinem Militärdienst arbeitete er als Ingenieur im Eisenbahnbereich und wurde 1840 Professor für Mathematik und Ingenieurwesen am Pennsylvania College. Ein Jahr nach Ausbruch des Krieges wurde ihm von der amerikanischen Regierung die Aufgabe übertragen, das Eisenbahnnetz für die Kriegsführung auszubauen und aufrechtzuerhalten. Haupt war unkonventionell, führte seine Aufgabe aber mit unerschöpflicher Energie aus und perfektionierte den Streckenbau. Nach dem Krieg arbeitete er weiter als Eisenbahningenieur und erfand einen Pressluftbohrer, der von der Royal Cornwall Polytechnic Society in Großbritannien prämiert wurde.

Herman Haupt (1817 bis 1905). *Library of Congress*

Lincolns letzte Zugfahrt

Als Abraham Lincoln 1860 zum 16. Präsidenten der Vereinigten Staaten gewählt wurde, spielte der Zug nicht nur im Güter- und Personentransport eine wachsende Rolle, sondern hatte es auch den Kandidaten ermöglicht, den Wahlkampf in Orten zu führen, die vorher per Pferd oder Schiff nur schwer erreichbar waren. Nach seinem Sieg trat er die Fahrt nach Washington selbstverständlich im Zug an. Er stieg in Springfield, Illinois, am 1. Februar 1861 ein und kam am 23. Februar an. So hatte er noch genügend Zeit, sich auf die Zeremonie am 4. März vorzubereiten, bei der er seinen Amtseid leisten würde.

Abraham Lincoln starb am 15. April 1865 an den Folgen eines Anschlags. Sechs Tage später verließ sein Leichnam auf dem Schienenweg Washington, um in Springfield beerdigt zu werden. Lincolns letzte Zugfahrt führte ihn durch 180 Städte und planmäßige Haltestellen. Mitgeführt wurde ein Schlafwagen für Lincolns Witwe. Konstrukteur dieses Wagens war kein anderer als George Pullman, der zu dieser Zeit bereits zwei andere Modelle gebaut hatte. Pullmans Wagen galten zwar als komfortabel, aber auch als teuer. Mit dem Begräbniszug kamen die Pullman-Wagen auf die Titelseiten der vielen Zeitungen, die darüber berichteten. Keine gezielte Werbekampagne für den Wagen hätte größer und kostengünstiger sein können. Zwei Jahre später erfolgte die Gründung der Pullman Palace Car Company, die das Zugreisen rund um die Welt revolutionieren würde. Als Pullman 1897 starb, löste ihn Robert Todd Lincoln, der älteste Sohn des ermordeten Präsidenten, als Kopf des Unternehmens ab.

Die Lokomotive „Nashville" zog den Begräbniszug. *Sammlung Michael Dörflinger*

PANNEN, UNGLÜCKE UND KRIEGE

Die Eisenbahn gewinnt den Krieg 237

Der preußische Generalstabschef Helmuth von Moltke hatte als einer der ersten erkannt, welche Bedeutung die Eisenbahn für den Aufmarsch einer Armee haben konnte. So schickte er seine Truppen 1864 mit dem Zug Richtung Schleswig in den deutsch-dänischen Krieg. Zwei Jahre später operierte er mit großem Geschick und verlegte seine Soldaten mit der Eisenbahn schnell von einem Brennpunkt zum anderen. Der Aufmarsch gegen Österreich wurde auf fünf Bahnstrecken durchgeführt und an drei Stellen über das Gebirge. Moltkes „Getrennt marschieren – vereint schlagen" wurde zu einem geflügelten Wort. Die Österreicher hatten nur eine Bahnstrecke zur Verfügung. Auch interessant: Die sächsischen Lokomotiven wurden 1866 nach Hof, Eger und Budapest in Sicherheit gebracht.

Dieser Wagen gehörte der sächsischen „Königlichen Direktion der östlichen Staatseisenbahnen". *Gartenlaube*

Burenkrieg und Eisenbahn 238

Eine andere Rolle spielte die Eisenbahn im Burenkrieg, der zwischen 1899 und 1902 Südafrika erschütterte. Die Briten hatten ein Auge auf die beiden reichen Burenrepubliken Oranje-Freistaat und Transvaal geworfen. Jetzt kam es zur entscheidenden Auseinandersetzung, die die Angehörigen des Empire schnell für sich entscheiden konnten – dachten sie. Denn die Buren waren zäh und führten einen cleveren Guerillakrieg. Immer wieder tauchten kleinere berittene Kommandos auf, die ihren Gegnern Angst und Schrecken einjagten. Die Briten befanden sich im Besitz der Eisenbahnlinien, die dadurch ein wichtiges Angriffsziel der Buren wurden. Kommandos sprengten Brücken und Gleise, zerstörten aber vor allem auch die Telegrafenleitungen entlang der Eisenbahn. So schnitten sie die Nachschubwege ab. Die Briten antworteten mit der Errichtung von über 8.000 Blockhäusern aus Stein, kleinen bewachten Forts entlang der Strecken.

Ein Burenkommando auf Posten. *Slg. Michael Dörflinger*

Mit 32.000 Zügen an die Front

„Freie Fahrt über Lüttich nach Paris" steht auf der Waggontür. Die Realität sah ganz anders aus und Paris wurde nie erreicht. Wie viele der Abgebildeten wohl den Krieg überlebt haben? *Oscar Tellgmann/Bundesarchiv*

Auf den Ersten Weltkrieg waren die kriegführenden Mächte nicht unvorbereitet. Die Armeen, bis an die Zähne bewaffnet, und auch die Eisenbahn standen bereit. Eine Besonderheit waren die strategischen Bahnen, also Strecken, die ausschließlich aus militärischen Gründen gebaut wurden. Frankreich hatte in Russland den Bau solcher Strecken finanziert. Die bedeutendste in Deutschland war die Kanonenbahn von Berlin nach Metz über die Moselstrecke. Doch bereits hier waren die Planungen verfehlt (siehe S. 218). Gleich nach den Kriegserklärungen schafften die beteiligten Staaten mit Hilfe der Eisenbahn ihre Armeen an die Grenzen. In Deutschland waren 32.000 Züge damit beschäftigt, Soldaten in die Aufmarschräume zu befördern.

Im Stellungskrieg bekam die Eisenbahn die Aufgabe, Munition, Waffen und Truppen an die Front zu schaffen und Urlauber oder Verwundete auf der Rückfahrt mitzunehmen. Die Heere von Preußen und Bayern hatten eigene Eisenbahntruppen. Sie sollten sich um Bau, Wartung und Betrieb der benötigten Strecken kümmern. Eine wichtige Aufgabe war der Bau oder die Reparatur von Brücken. Viele von ihnen waren bei den Kriegshandlungen beschädigt oder absichtlich gesprengt worden.

1918 waren allein im deutschen Machtbereich 450.000 Menschen rund um die Eisenbahn beschäftigt. Nach dem Waffenstillstand 1918 musste Deutschland die unglaubliche Zahl von 5.000 Lokomotiven und 150.000 Eisenbahnwagen an die Alliierten ausliefern.

Mit der Feldbahn an die Front 240

Der französische Ingenieur Decauville hatte 1878 auf der Pariser Weltausstellung eine Eisenbahn mit leichten Gleisen vorgestellt, die schnell verlegt oder wieder abgebaut werden konnten. Er hatte sie für kleine Schmalspurbahnen vorgesehen, mit denen zum Beispiel die Ernte eingebracht werden konnte. Daher rührt wahrscheinlich der Name Feldeisenbahn. Solche Züge, die in der Regel eine Spurweite von 600 mm besaßen, wurden auch in der Industrie oder im Bergbau und anderen Betrieben eingesetzt.

Das Militär begann sich ebenfalls für die vergleichsweise flexible Form des Transportmittels zu interessieren. Gerade bei wechselnden Kriegssituationen konnte man schnell die Strecken umverlegen. Weil Dampfloks durch ihre Dampf- und Rauchfahne dem Feind nicht unentdeckt blieben, wurden ab dem Ersten Weltkrieg vor allem Loks mit Verbrennungsmotoren eingesetzt.

Im Stellungskrieg an der Westfront ab Herbst 1914 wurden Soldaten und Nachschub von den großen Verteilzentren näher an die Schützengräben und Artilleriestellungen im Rückraum herangefahren. Wichtig waren diese Bahnen auch für den Nachschub an Nahrungsmitteln, Ausrüstung und Munition. Nach dem Krieg wurden viele Loks und Wagen an Betriebe und Waldbahnen verkauft.

Im Frankfurter Rebstockpark sind die Züge des Frankfurter Feldbahnmuseums bei Ausfahrten zu sehen. Der Verein besitzt 46 Feldbahnloks, darunter 16 Dampfloks. *Hugh Llewelyn [upload Oxyman] C.C. 2.0*

241 Die Ludendorff-Brücke

Reste der Ludendorff-Brücke. *Helga Schmadel/Pixelio.de*

Die meisten kennen sie heute als Brücke von Remagen, nach dem Spielfilm aus dem Jahr 1969, der die Eroberung der Brücke durch die Alliierten im Zweiten Weltkrieg zeigt. Errichtet wurde das Bauwerk zwischen 1916 und 1918. Trotz aller militärischen Feldzugsplanungen vor 1914 hatte man nach Kriegsausbruch bald erkennen müssen, dass zu wenig Rheinübergänge existierten. Zwar hatte es Planungen gegeben, doch zur Realisierung war es nicht gekommen. Als die Brücke endlich stand, war die Bahnstrecke noch nicht fertig. Für den Verlauf des Ersten Weltkriegs spielte sie keine Rolle mehr. Drei Rheinbrücken entstanden in dieser Zeit: neben der Ludendorff-Brücke waren das die Hindenburg-Brücke bei Rüdesheim und die Kronprinz-Wilhelm-Brücke bei Urmitz, die als einzige wiederaufgebaut wurde. 1945 war die Ludendorff-Brücke die einzige über den Rhein, die von den Alliierten vor der Zerstörung erobert werden konnte. Am 17. März 1945 stürzte sie schließlich ein.

242 Doktor Schiwago

Auch „Doktor Schiwago" ist heute vor allem durch die Verfilmung von David Lean aus dem Jahr 1965 bekannt, in dem Schiwago alias Omar Sharif die geheimnisvolle Lara liebt. Die Romanvorlage stammt von Boris Pasternak. Der Erste Weltkrieg und die anschließende Russische Revolution bilden die Kulisse für seinen Roman, der 1957 in Italien erschien. In der UdSSR war der Autor verfehmt, er durfte nicht einmal den Nobelpreis für seinen „Schiwago" annehmen. Die Eisenbahn spielt sowohl im Buch als auch im Film eine bedeutende Rolle, wie auch die Straßenbahn, denn dort erleidet Schiwago einen tödlichen Herzinfarkt.

Sharif bei den Dreharbeiten. *Jaakko Julkunen - Karjalainen*

Der Waffenstillstands-Wagen 243

Zwischen 1921 und 1927 wurde der „Wagen von Compiègne" im Pariser Hôtel des Invalides ausgestellt, wo das Militärmuseum untergebracht ist. Im Vordergrund stehen einige Mörser. *Library of Congress*

Der Speisewagen mit der Nr. 2419 D der Compagnie Internationale des Wagons-Lits (CIWL) gehörte am 11. November 1918 gegen viertel nach fünf Uhr französischer Zeit zum Befehlszug für den Generalstab des Oberkommandierenden der Entente, Marschall Ferdinand Foch. Foch hatte diesen Zug noch nicht einmal einen Monat in Gebrauch. In einem Waldstück bei Compiègne, ein paar Kilometer hinter der Front, trafen in diesem Wagen die Vertreter der verfeindeten Mächte der Entente und Deutschlands zusammen und unterzeichneten ein Dokument, das den Ersten Weltkrieg offiziell beendete. Die Bestimmungen wurden den Deutschen diktiert und kamen einer bedingungslosen Kapitulation gleich. Die Franzosen stellten den Wagen später in Paris aus, dann wurde er restauriert und in einem Gebäude auf jener Lichtung als Denkmal aufgestellt, wo 1918 die Unterzeichnung des Abkommens stattgefunden hatte. Für die Deutschen war der Wagen ein rotes Tuch. Deshalb setzten sie 1940 ein Zeichen der Rache, als Frankreich seine Kapitulation in diesem Wagen auf der gleichen Lichtung unterzeichnen musste. Danach schaffte man ihn als Trophäe nach Berlin. In den Kriegswirren war der Aufbau verbrannt, der Unterbau sollte bei der Reichsbahn in der DDR noch bis 1986 verwendet werden. Die Franzosen wollten auf das Denkmal in Compiègne nicht verzichten. Deshalb wurde ein baugleicher Wagen umgemodelt und als Ersatz ausgestellt.

Eisenbahngeschütze

Hitler bewundert den „Schweren Gustav". *aus: Signal*

Der Ort, wo die Unterschriften 1918 geleistet wurden, war eine ausgebaute Stellung der französischen Eisenbahn-Artillerie gewesen. Im Stellungskrieg hatte 1915 ein Wettlauf der großen Kaliber begonnen, die den Betonbefestigungen der gegnerischen Infanterie den Garaus machen sollten. Doch derart schwere Kanonen konnten nicht mehr mit Pferden oder menschlicher Muskelkraft bewegt werden. So kamen die Eisenbahnen nicht nur für Transportzwecke zum Einsatz, sondern sie nahmen selbst an Kämpfen teil. Alle Kriegsparteien bauten Schiffskanonen und große, ursprünglich für die Küstenverteidigung vorgesehene Geschütze auf Wagen, um sie beweglich zu machen. Auch Baldwin rüstete 1918 die amerikanische Armee mit solchen Eisenbahngeschützen aus. Das größte dieser rollenden Ungeheuer und zugleich das schwerste mobile Geschütz aller Zeiten war die von Krupp gebaute 80-cm-Kanone „Schwerer Gustav" oder „Dora". Das Rohr war über 32 Meter lang. Von den beiden Exemplaren wurde nur eines jemals eingesetzt.

Französisches Eisenbahngeschütz Schneider 320 mm Mle 1870/93 während des Ersten Weltkriegs. Das Rohr war über zehn Meter lang, die Kanone stammte aus einer Festung. *George Grantham Bain Collection/Library of Congress*

PANNEN, UNGLÜCKE UND KRIEGE

Eisenbahn im Zweiten Weltkrieg 245

Lkw-Verladung. *Bundesarchiv/Karl Müller/C.C. 3.0*

Der Zweite Weltkrieg begann als „Blitzkrieg", bei dem motorisierte Verbände eine entscheidende Rolle spielten. Doch mit zunehmender Ausweitung des nationalsozialistischen Machtbereichs wurde die Eisenbahn unverzichtbar. Ende 1942 waren über zwei Millionen Menschen bei der Reichsbahn oder Feldeisenbahn beschäftigt. Es kam zu einer enormen Steigerung der Nachfrage nach Lokomotiven, wobei immer mehr Kriegsverluste ausgeglichen werden mussten. Zunächst waren es auf deutscher Seite vor allem die Güterloks der Baureihe 50, die in großer Zahl für militärische Zwecke produziert wurden. 1942 und 1943 begann die Produktion der Baureihen 52 und 42, die so konstruiert waren, dass man sie mit einem möglichst geringen Fertigungsaufwand in großer Stückzahl herstellen konnte. Um dies zu erreichen, reduzierte und vereinfachte man die Bauteile. Die „Kriegsdampflokomotive" 52 (KDL 1) wurde zur meistgebauten Dampflok der Welt, später nur noch von der sowjetischen E überflügelt. Eisenbahnen in ganz Europa erlebten massive Schäden infolge von Kriegseinwirkungen und gezielten Bombardements.

Wehrmachtslok V 36 247

Die hochgerüstete Wehrmacht benötigte Ende der 1930er-Jahre für Aufgaben wie Munitionstransporte und Rangierbetrieb geeignete Fahrzeuge. Bei der Kieler MaK wurden 360 PS starke Diesel-

V 36 412 ist eine der nach dem Zweiten Weltkrieg gebauten Loks. *Erich Westendarp/Pixelio.de*

lokomotiven mit Sechszylindermotoren bestellt, die ab 1937 unter der Bezeichnung WR 360 C 14 ausgeliefert wurden. Nach dem Krieg wurden die überlebenden Loks in mehreren Ländern vor allem zum Rangieren eingesetzt. Die auch auf der Strecke überzeugenden Fahrzeuge erhielten bei der Bundesbahn die Bezeichnung V 36. Es wurden 1950 sogar noch einige nachbestellt. Die zuverlässige V 36 entwickelte sich zum Rückgrat im Rangierbetrieb. 1968 wurde die V 36 zur 236. 1981 wurde das letzte Exemplar der Bundesbahn abgestellt. In der DDR blieb die letzte, dort 1970 von V 36 in Baureihe 103 umbenannt, bis 1985 im Dienst.

247 Das große Verbrechen

Schreckliche Bilder zeigen den massenhaften Tod unschuldiger Menschen. Hier werden Hitlerjungen von den Amerikanern gezwungen, sich das Werk ihres Führers und seiner Helfer anzusehen. *Sidney Blau - U.S. Army*

Das düsterste Kapitel der Eisenbahn beschreibt ihre Beihilfe zum Massenmord. Es begann im Oktober 1938 mit der Abschiebung von über 17.000 polnischen, in Deutschland lebenden Juden nach Polen. Die Reichsbahn erfüllte ihre Aufgabe zur Zufriedenheit der Behörden. Auch bei der Deportation von Juden in die osteuropäischen Ghettos war die Reichsbahn maßgeblich beteiligt. Unsagbar entsetzlich sind aber die Todeszüge in die Vernichtungslager wie Auschwitz oder Treblinka. Die Menschen wurden in Viehwaggons gepfercht, die bei Fahrtantritt versperrt wurden. Der Gipfel der Infamie: Die Reichsbahn berechnete für jeden „Fahrgast" einen Tarif 3. Klasse – zwei Pfennig pro Kilometer – und machte mit diesen verbrecherischen Fahrten auch noch einen fetten Gewinn. Die Zustände, die bei den oft mehrtägigen Fahrten in den Waggons herrschten, spotten jeder Beschreibung. Endlich angekommen, wurden die meisten sofort in die Gaskammern geschickt, die anderen sollten durch Arbeit und Hunger sterben.

Diese Gleise führten in den Tod: nach Auschwitz.
Bundesarchiv, Stanislaw Mucha/C.C. 3.0

222 PANNEN, UNGLÜCKE UND KRIEGE

„Schindlers Liste"

Tr12-25 spielte neben Ty2-911 in dem Spielfilm „Schindlers Liste" von Steven Spielberg mit. *Snovvdog91 C.C. 4.0*

Einer der bekanntesten Spielfilme, der sich mit dem Völkermord an den Juden beschäftigte, war „Schindlers Liste", 1993 von Steven Spielberg gedreht. Er zeigt das Leiden der Juden, aber auch die Geschichte eines Mannes, dem es gelang, viele von ihnen vor dem sicheren Tod zu retten. Spielberg drehte in Südpolen. Dort wurde im gleichen Jahr ein Freilichtmuseum gegründet, das mit den verschiedensten Lokomotiven gefüllt ist. Zwei der dortigen Exponate sind weltberühmt: Sie spielten bei „Schindlers Liste" mit.

Das Museum in Chabówka stellte zwei Dampflokomotiven zur Verfügung. Zum einen war das Tr12-25, ein Mitglied der österreichischen Baureihe 270, das an Polen geliefert worden war. Die andere ist eine 52er, in Polen als Ty2-911 bezeichnet. Sie wurde für den Spielfilm extra umlackiert und optisch wieder zu einer deutschen Lok. Beide Maschinen kann man noch heute dort bestaunen.

Auf dem ehemaligen Bahnbetriebswerk des kleinen Dorfs Chabówka wird auch an seine österreichische Geschichte erinnert, einige der Exponate stammen aus der k.u.k.-Monarchie. Jedes Jahr findet dort eine Dampflokparade statt. Das Museum hat sein Rollmaterial schon öfter für Filmaufnahmen zur Verfügung gestellt. Und auch das Happy End für die „Schindlerjuden" ist versöhnlich: Ein Zug bringt sie an den rettenden Ort.

TKb 1479, die älteste Lokomotive Polens, ist im Museum von Chabówka zu sehen. *Nenad Banjac/Fotolia.de*

249 Der Schienenwolf

Die Taktik der „verbrannten Erde" wird von Armeen angewendet, um einen vorrückenden Feind größtmöglich zu behindern. Alles was er brauchen kann, wird zerstört. Solche Verwüstungen gab es natürlich auch im Zweiten Weltkrieg, dem für die Zivilbevölkerung besonders grausamen Schlachten. Besonders in Osteuropa wurden systematisch ganze Landstriche ruiniert. Als sich die Rote Armee vor den eindringenden Deutschen zurückzog, vernichtete sie bereits strategisch wichtige Anlagen, darunter auch Bahnstrecken.

Dafür hatten sie bereits im Ersten Weltkrieg eine Vorrichtung entwickelt, die die Schienen von den Schwellen riss. Das war damals nötig, weil die Truppen nicht mehr genügend Sprengstoff für die Zerstörungsarbeit besaßen. Als sich ab 1942/43 das Kriegsglück gewendet hatte und nun die Deutschen den Rückzug antreten mussten, hatten sie den Schienenwolf oder Schwellenreißer parat. Krupp hatte die Geräte 1942 hergestellt. Der Schienenwolf arbeitete im Prinzip wie ein Pflug, nur dass der Reißzahn keine Furchen zog, sondern die Schwellen in der Mitte auseinanderriss, wodurch es unmöglich wurde, hier noch mit einem Zug darüberzufahren. Ein Team von zehn Mann war für die Bedienung des Schwellenreißers nötig. Die Arbeitsgeschwindigkeit lag bei rund sieben bis zehn Kilometern in der Stunde. Ziel war es, den Vormarsch der Sowjets aufzuhalten, letztlich war das nicht gelungen. Beim Rückzug machte man später auch vor den eigenen Bahnanlagen nicht Halt. In Sarajewo und Belgrad kann man in Museen solch einen Schienenwolf besichtigen. Letztlich übertrifft der zweifelhafte Ruhm des Schienenwolfs wahrscheinlich seine Bedeutung.

Ein Bild, das dem Eisenbahnfreund weh tut: Der Schienenwolf zerstört in Russland eine Eisenbahnstrecke. Die Taktik der „verbrannten Erde" wurde leider konsequent angewandt. *Wehmeyer/Bundesarchiv C.C. 3.0*

PANNEN, UNGLÜCKE UND KRIEGE

Die alte Holzbrücke gibt es nicht mehr. Heute führt eine Stahlbrücke über den Kwai. *Evo Flash/C.C. 2.0*

„Die Brücke am Kwai"

Eine der berühmtesten Eisenbahnbrücken liegt im Südwesten Thailands und führt über einen Fluss namens Mae Nam Khwae Yai, den außerhalb des Landes kaum jemand kennen würde, wenn er nicht durch einen Film unter dem Namen Kwai weltweite Bekanntheit erlangt hätte. Der 1957 erschienene Film „Die Brücke am Kwai" („The Bridge on the River Kwai") basiert auf dem Roman des französischen Schriftstellers Pierre Boulle, der wiederum ein historisches Ereignis zur Grundlage hat.

1942 wollten die japanischen Besatzer eine Eisenbahnlinie bauen, um eine durchgehende Nachschubverbindung von Bangkok in Thailand nach Rangun in Birma zu errichten. Am Streckenbau waren ungefähr 180.000 asiatische Zwangsarbeiter und etwa 60.000 Kriegsgefangene – vor allem Briten und Australier – beteiligt. Es wird geschätzt, dass dabei etwa 100.000 Zwangsarbeiter und mehr als 12.000 Kriegsgefangene ums Leben kamen, weshalb die Strecke auch die Bezeichnung „Todesbahn" erhielt.

In dem Film soll eine Holzbrücke als Teil dieser Eisenbahnstrecke über den Fluss Kwai errichtet werden. Die Japaner haben jedoch Schwierigkeiten, die Konstruktion termingerecht fertigzustellen. Nachdem Oberstleutnant Nicholson, der Kommandeur der gefangenen Briten, die Zusage erhalten hat, dass seine Offiziere keine körperlichen Arbeiten verrichten müssen, übernimmt er mit seinen Leuten den Brückenbau, um den Japanern die Überlegenheit der Briten vor Augen zu führen. Am Ende des Films wird die fertige Brücke zerstört, als Nicholson auf die Sprengvorrichtung alliierter Angreifer fällt.

Die Aussichtswagen des Glacier Express bieten hervorragende Sicht auf die Landschaft. *Rhätische Bahn/Peter Donatsch*

Der Rhein schlängelt sich durch die Ruinaulta, hier östlich der Station Versam-Safien. *Rhätische Bahn/Tibert Keller*

Der Glacier Express

Nach so vielen blutigen und schrecklichen Kapiteln der Eisenbahn sind wir jetzt sicher froh, die Eisenbahn von ihren schönsten Seiten zu sehen. Der „langsamste Schnellzug der Welt", wie die nicht gerade als wieselflink bekannten Schweizer ihren bedeutendsten Nobelzug nennen, gehört wohl zu den bekanntesten und in touristischer Hinsicht schönsten Zügen der Welt. Der Express-Zug verbindet die beiden Urlaubsorte Zermatt im westlichen Schweizer Kanton Wallis und Sankt Moritz im östlichen Kanton Graubünden. Der Betrieb wird gemeinsam von der Matterhorn Gotthard Bahn und der Rhätischen Bahn durchgeführt. Auf der siebeneinhalb Stunden dauernden Fahrt bereist die Schmalspurbahn herrliche Landschaften über 291 Brücken, durch 91 Tunnel und überquert einen Pass mit einer Höhe von 2.033 Metern über dem Meeresspiegel. Steile Streckenabschnitte werden mit Hilfe eines Zahnradantriebs überwunden.

Am 25. Juni 1930 hatte der Glacier Express seinen Betrieb aufgenommen. Es waren anfangs Personenwagen mit erster bis dritter Klasse angehängt. Für einen Teil der Strecke standen Speisewagen zur Verfügung. Erst seit 1982 fährt der Glacier Express ganzjährig. Ermöglicht wurde dies durch den Bau des 15,35 Kilometer langen Furka-Basistunnels, der nun auch im Winter einen Eisenbahnverkehr ermöglichte.

Der Landwasser-Viadukt

Einer der absoluten Höhepunkte jeder Fahrt mit dem Glacier Express ist das Überqueren des Landwasser-Viadukts in der Nähe der graubündener Gemeinde Bergün Filisur. Das 65 Meter hohe und 136 Meter lange Brückenbauwerk ist eines von 144 Brücken und Viadukten der Albulabahn. Seit er im Oktober 1903 erstmals offiziell befahren wurde, sagen viele von ihm, er sei eines der schönsten und berühmtesten Eisenbahnbauwerke der Welt. 105 Jahre später wurde die Albulabahn mitsamt dem Landwasser-Viadukt ins UNESCO-Welterbe aufgenommen. Das 2009 renovierte Bauwerk überquert das wilde Tal des Landwassers, das von Davos her kommend in den Rhein mündet.

Blick nach oben. *Rhätische Bahn/Andrea Badrutt*

Der „Gläserne Zug war dafür prädestiniert, Touristen in die Alpenregion mitzunehmen, denn durch die teilweise Verglasung des Dachs war die Aussicht nach oben zu den Gipfeln perfekt. *Sammlung Michael Dörflinger*

253

Der „Gläserne Zug"

Die Baureihenbezeichnung für den elektrischen Triebwagen änderte sich mehrmals. Aber wie sie auch lautete: Für die Eisenbahnfans blieb das Schienenfahrzeug der „Gläserne Zug". Der Grund für diesen Kosenamen ist offensichtlich, es war die großzügige Verglasung, die eine ungehinderte Aussicht nach allen Seiten ermöglichte. Eine gewisse Berühmtheit erlangte der „Gläserne Zug" durch die Ausflugsfahrten, die vor allem von München aus in die bayerischen Alpen stattfanden.

Die beiden Triebwagen elT 1998 und elT 1999 wurden 1935 und 1936 von der Waggonfabrik Fuchs in Heidelberg zusammen mit der AEG in Berlin hergestellt. 1940 erfolgte die Umbenennung in ET 91 01 und ET 91 02. Bei einem Bombenangriff auf München brannte der ET 91 02 aus. Das Schwesterfahrzeug überstand die Kriegszeit in einem Lokschuppen des kleinen Orts Bichl südlich von München. Nach dem Krieg übernahm die Bundesbahn den ET 91 01 und setzte ihn für Tagesfahrten und später sogar mehrtägige Touristikfahrten auf den elektrifizierten Strecken ein. Ab 1968 wurde er unter der Betriebsnummer 491 001 geführt. Bei einem tragischen Unglück 1995 wurde auch dieses Exemplar in Garmisch-Partenkirchen schwer beschädigt. Nach der Ausmusterung kam das Fahrzeug zunächst ins Verkehrsmuseum Nürnberg. Seit 2005 steht es im Bahnpark Augsburg.

Mythos Orient-Express

Kein anderer Zug galt in dem gleichen Maß als Inbegriff des luxuriösen internationalen Eisenbahnreisens wie der Orient-Express. Die Exklusivität seiner Fahrgäste, zu denen Reiche, Adelige, Diplomaten und Spione zählten, bot Schriftstellern, Filmemachern und sogar Komponisten genügend Stoff, um die Fantasie anzuregen. Die Reise mit dem Orient-Express konnte ausschließlich 1. Klasse gebucht werden. Dafür erwartete die Fahrgäste der Luxus eines First-Class-Hotels. Salon-, Schlaf- und Speisewagen machten die lange Fahrt äußerst bequem. Das Essen entsprach besten Hotelstandards.

Der erste Orient-Express, „Express d'Orient" genannt, verließ Paris am 5. Juni 1883. Er fuhr über München bis Wien. Am 4. Oktober 1883 wurde die Strecke bis Giurgiu in Rumänien verlängert. Erst ab dem 1. Juni 1889 war die durchgehende Fahrt vom Gare de l'Est in Paris bis nach Konstantinopel möglich. Während des Ersten Weltkriegs wurden die Fahrten des Orient-Express ausgesetzt, aber sofort 1919 wieder aufgenommen, allerdings über eine Route, die Deutschland und Österreich umging, nämlich über Lausanne in der Schweiz, durch den Simplon-Tunnel, nach Mailand, Venedig und weiter über den Balkan in die türkische Hauptstadt. Man sprach nun vom „Simplon-Orient-Express" – bis zum Zweiten Weltkrieg. Der Orient-Express begann auch danach immer wieder zu fahren, wenn auch die Aura des Luxuriösen, Abenteuerlichen und Mysteriösen der Belle Epoque längst vom Wind der Geschichte verweht war.

Der Orient-Express kurz vor Istanbul, das man damals noch Konstantinopel nannte. *Sammlung Michael Dörflinger*

Der Pariser Ostbahnhof

Von diesem Bahnhof aus startete der Orient-Express. Offiziell heißt der Bahnhof „Paris-Est". Er wird auch „Gare de l'Est" genannt, was nichts anderes als „Ostbahnhof" bedeutet. Er liegt direkt neben dem Gare du Nord, dem Pariser Nordbahnhof (siehe S. 113). Aber seine Gleise führen in östliche Richtung, in das Netz der ehemaligen Bahngesellschaft Est.

Der Bahnhof wurde 1849 von der Eisenbahngesellschaft Compagnie du chemin de fer de Paris à Strasbourg als Zustiegsstelle Strasbourg errichtet. Aus dieser Bahngesellschaft entstand 1853 die Compagnie des Chemins de fer de l'Est. Kurz darauf erfolgte die Umbenennung in Gare de l'Est. Im Ersten Weltkrieg diente der Bahnhof als Sammelpunkt für Soldaten, die mit Zügen an die Ostfront transportiert wurden. Ein Monumentalgemälde des US-Künstlers Albert Herter in der Haupthalle erinnert an diese schicksalhafte Zeit. Ab 2007 begannen Hochgeschwindigkeitszüge aus Paris-Est in den Osten Frankreichs, nach Luxemburg, Süddeutschland und in die Schweiz zu fahren. Heute wird der Bahnhof jährlich von über 33 Millionen Passagieren auf 29 Bahnsteigen benutzt. Zu den künstlerischen Besonderheiten gehört eine Giebelfigur, die eine Allegorie der Stadt Straßburg darstellt. Die historische Uhr unter ihr wird von zwei Figuren flankiert, die für die Flüsse Seine und Rhein stehen.

Der Pariser Ostbahnhof mit der Straßburg-Figur auf dem Giebel. *Mbzt/C.C. 3.0*

Der Harry-Potter-Zug

Der 380 Meter lange Viadukt von Glenfinnan ist dank Harry Potter einer der berühmtesten Viadukte der Welt.
Michael Ottersbach/Pixelio.de

Viele Menschen kennen den Zug aus den Harry-Potter-Filmen, wissen aber nicht, dass es ihn tatsächlich gibt. Der Name des Museumszugs, der in den Sommermonaten und im Dezember verkehrt, ist „The Jacobite", und es gab ihn schon lange vor den Büchern und Filmen über den kleinen Zauberlehrling. Er wird heute von den West Coast Railways (WCR) betrieben, einem Spezialisten für besondere Züge. Fort William im schottischen Hochland ist der Startbahnhof für eine Eisenbahnreise durch die Highlands an die Westküste. Rund zwei Stunden durch eine fantastische Landschaft braucht der Zug bis zu seinem Ziel, dem kleinen Hafen Mallaig, wo man vor der Rückfahrt einen längeren Aufenthalt hat.

Die Strecke, auf der „The Jacobite" fährt, wurde 1901 eröffnet und von der North British Railway betrieben. Die Bahn stellte eine wichtige Lebensader für die schottischen Highlands dar, da sie abgelegene ländliche Gebiete an die Infrastruktur anband. 1967 ersetzten Diesel- die Dampfloks. Die Strecke, die mittlerweile zu British Railways gehörte, verlor zwar im Laufe der Zeit an wirtschaftlicher Bedeutung, spielte aber schon in den 1980er-Jahren eine wachsende Rolle im Tourismus, was zur teilweisen Wiedereinführung des Dampfantriebs führte.

„Maharajas' Express"

Wer Indien wie ein großer Herrscher, wie ein Maharadscha, bereisen möchte, für den stellt Indian Railways den „Maharajas' Express" bereit. Der Komfort während der Fahrt mit diesem Zug lässt keine Wünsche offen. Fünf Jahre hintereinander, von 2012 bis 2016, wurde der „Maharajas' Express" zum führenden Luxuszug der Welt gewählt. Den Reisenden stehen fünf verschiedene Strecken zur Auswahl. Die Route „Heritage of India" führt beispielsweise von Mumbai über Ajanta, Udaipur, Jodhpur, Bikaner, Jaipur, Ranthambore und Agra nach Delhi. Dabei werden die wichtigsten Sehenswürdigkeiten besucht, wie etwa das Taj Mahal in Agra. Die Fahrten dauern je nach Strecke zwischen vier und acht Tage. Zusätzlich werden immer wieder folkloristische Veranstaltungen geboten. Abhängig von der gebuchten Rundreise legt man zwischen 860 und fast 3.300 Kilometern auf Schienen zurück. Die Reisenden haben dabei die Wahl zwischen vier Wagenklassen, von der Deluxe-Kabine über die Junior Suite, die Suite und schließlich die Präsidentensuite. Letztere kostet das Vierfache der einfachen Kabine, fast ein mittleres Jahresgehalt. Die Betreiber achten aber ohnehin darauf, dass die Gäste nirgendwo auf Annehmlichkeiten verzichten müssen. Alle Wagen sind selbstverständlich pneumatisch gedämpft und erfüllen höchste Qualitätsansprüche. Im Zug stehen zwei verschiedene Restaurantwagen, eine Lounge und eine Bar bereit. So reist man heute wie ein Maharadscha.

Blick in einen der edlen Speisewagen des „Maharajas' Express". Während Indiens Landschaft an einem vorbeizieht, kann man wie ein indischer Prinz speisen. *Jenniferknott/C.C. 4.0*

Die älteste betriebsfähige Lok 258

Indien hat einen ganz besonderen Eisenbahn-Superlativ zu bieten, und wer ihn sehen will, kann dies im Rewari Railway Heritage Museum rund 70 Kilometer von Neu-Delhi tun. Mit dem Baujahr 1855 besitzt es die älteste noch betriebsfähige Dampflok der Welt. Sie heißt „Fairy Queen" und wurde von Kitson, Thompson and Hewitson in Leeds gebaut. Noch im selben Jahr wurde die breitspurige 1A1-Lok nach Indien verschifft und kam dort als Nummer 22 zur East Indian Railways. Sie wurde 1908 ausgemustert und neunzig Jahre später restauriert. Heute wird sie eingesetzt, um einen historischen Luxuszug in Radschastan zu ziehen und soll Touristen anlocken. Wer die alten indischen Dampfloks ansieht, freut sich bestimmt über die etwas kindlich wirkenden bunten Verzierungen.

Die „Fairy Queen" wurde 1855 gebaut. *TMAX/Fotolia.de*

Der „Blue Train" 259

Als „Fünf-Sterne-Hotel auf Rädern" wird der „Blue Train" von seinen Betreibern bezeichnet. Könige und Präsidenten hatten sich schon dem Luxus hingegeben. Trotz der gehobenen Preise ist der „Blue Train" in der Republik Südafrika so beliebt, dass man ihn oft ein halbes Jahr im Voraus buchen muss. Der „Blue Train" führt auf einer Strecke von Kapstadt, an der Südküste, bis Pretoria, im Norden des Landes. Dafür braucht er siebenundzwanzig Stunden. Den Fahrgästen stehen exquisite Weine, hervorragendes Essen und lärmreduzierte Kabinen oder Suiten zur Verfügung. Auf einer anderen Route fährt der Zug von Pretoria aus mit Zwischenstopps in den Kruger-Nationalpark. Auf der Strecke nach Pretoria hält der Zug in Matjiesfontein, und nach einem Sherry kann man die viktorianischen Gebäude bestaunen. Bei der Fahrt in die umgekehrte Richtung steht die Besichtigung einer Diamantenmine auf dem Plan.

Clubatmosphäre herrscht in der Lounge des zBlue Train. *Train_Shine 2010 auf flickr.com/C.C. 2.0*

Der „Royal Canadian Pacific"

Die Lokomotiven des „Royal Canadian Pacific" stammen aus den 1950er-Jahren. Sie ziehen zehn Wagen. Dazu gehören ein Aussichtswagen und ein Generator- und Gepäckwagen. *Canadian Pacific Railway*

Die Möglichkeit, mit königlichem Komfort den Westen Kanadas zu entdecken, bietet die Eisenbahngesellschaft Canadian Pacific Railway (CPR) seit dem Jahr 2000 mit dem Luxuszug „Royal Canadian Pacific" an. Dabei kann man tatsächlich auf den Spuren königlicher Hoheiten reisen, denn vor seiner Einführung fuhren schon richtige Royals mit Luxuszügen der CPR in den Westen. Dazu gehörten unter anderem König George VI., die spätere Königin Elizabeth II. und Prinz Philip sowie der ehemalige König Edward VIII. mit seiner Frau Wallis Simpson. An die lange Tradition der kanadischen Luxuszüge erinnern auch die Passagierwagen des „Royal Canadian Pacific", die zwischen 1916 und 1931 gebaut wurden. Die Route des Zugs führt von Calgary, der größten Stadt der Provinz Alberta, durch die atemberaubenden Landschaften des nordamerikanischen Westens nach Vancouver in der Pazifikprovinz British Columbia.

Heute beherrschen Güterzüge die Strecken im kanadischen Westen und bieten den Eisenbahnfreunden faszinierende Motive. *Canadian Pacific Railway*

Eine E.428 zieht einen Museumszug der FS über den Viadukt von Monzuno in der Nähe von Bologna. Die FS bietet Ausfahrten mit historischem Rollmaterial in die verschiedensten Regionen Italiens. *Giorgio Stagni/C.C. 3.0*

Historische Züge der FS

261

Bella Italia von seiner besten Seite präsentiert die FS mit ihren historischen Zügen. Sie laden zu Ausflügen ein, die besonders dem Eisenbahnfreund jedes Glas Chianti vergessen machen.

Die staatliche italienische Eisenbahngesellschaft Ferrovie dello Stato Italiane (FS) hat eine Stiftung gegründet, die nicht nur das Nationale Eisenbahnmuseum in Pietrarsa bei Neapel betreut, sondern auch die über 350 historischen Fahrzeuge der FS, die übers ganze Land verteilt sind. Sie werden im Auftrag der Stiftung restauriert und fahrtüchtig gehalten. Dem Eisenbahnfreund werden viele Ausfahrten angeboten. Die FS achtet immer darauf, dass die befahrenen Strecken interessant und von historischer Bedeutung sind. Aus diesem

In Santo Stefano al Mare macht hier E.626.294 Halt. Dieses Bild ist aber leider Geschichte, denn nach der Neutrassierung der Strecke wurde der Bahnhof aufgehoben. *Giorgio Stagni/C.C. 3.0*

Grund entdeckt man jedes Mal herrliche Landschaften und lohnende Ziele.

235

Gare do Oriente, Lisabon

Der Gare do Oriente (Ostbahnhof) in der portugiesischen Hauptstadt Lissabon gehört zu den jüngsten Bahnhöfen Europas. Er wurde am 19. Mai 1998 rechtzeitig zur Eröffnung der Weltausstellung Expo 98 in Betrieb genommen. Im gleichen Jahr gewann er den Brunel-Preis in der Kategorie für große Neubauprojekte. Auffallend ist die ultra-modernistische Architektur, die teilweise aus Science-Fiction-Filmen stammen könnte. In der grandiosen Struktur aus Glas und Metall sind modernistische und gotische Stile vereint. Die Gleise werden von einer Dachkonstruktion überdeckt, die das Tageslicht für die Passagiere maximiert und einem Waldhimmel ähnelt.

Der Gare do Oriente entwickelte sich zu einem der wichtigsten Hauptverkehrsknotenpunkte Portugals. Er wird jährlich von etwa 75 Millionen Passagieren benutzt. Die Züge halten an acht Bahnsteigen mit Durchgangsgleisen. Unterhalb des Bahnhofs befindet sich eine U-Bahn-Station, von der aus zur Innenstadt Lissabons und zum Flughafen gefahren werden kann. Eine integrierte Busstation bietet zudem Verbindungen zu Zielen innerhalb Portugals und im Ausland.

Die Dachkonstruktion erstreckt sich über die Gleise wie ein Gewölbe aus Ästen und Zweigen. *imelenchon*

St Pancras International, London 263

Wer mit dem Eurostar (siehe S. 39) nach London fährt, kommt im Bahnhof St Pancras an. Modernität trifft hier auf ein Stück Geschichte, auf ein Juwel viktorianischer Architektur, wie man es nur selten sieht. Wegen seiner spektakulären Fassade wurde St Pancras sogar für Außenaufnahmen in einem Harry-Potter-Film gewählt, obwohl der Zug in der Geschichte von Bahnsteig 9 ¾ des Bahnhofs King's Cross abfuhr. Der im Stadtteil Camden gelegene, 1868 in Betrieb genommene Kopfbahnhof dient außerdem als Endstation für Züge aus den East Midlands und beherbergt auch inländische Hochgeschwindigkeitszüge von und nach Kent sowie Thameslink-Züge, die von Norden aus Bedford Richtung Süden bis Brighton und zurück fahren. Jährlich wird der Bahnhof von etwa 24 Millionen Passagieren benutzt.

Der Bahnhof St Pancras erinnert an die glorreiche viktorianische Zeit. *dvdlws/C.C. 2.0*

Victoria Station, London 264

Architektonisch kann die Victoria Station mit St Pancras nicht mithalten. Aber der im Herzen des Londoner Stadtteils Westend liegende Bahnhof gehört zu den bekanntesten und betriebsamsten Verkehrsknoten Großbritanniens. Die Victoria Station dient den aus südlicher Richtung kommenden Zügen, darunter auch der Eisenbahnverbindung zum Flughafen Gatwick. Nebenan steht eine Busstation, und im Untergrund hält die Londoner Tube. Die heutige Victoria Station entstand aus ursprünglich zwei getrennten Bahnhöfen, die verschiedenen Eisenbahngesellschaften gehörten. Mit der 1921 stattgefundenen Fusion mehrerer Unternehmen zur Southern Railway kam auch die Victoria Station unter das Dach eines einzigen Betreibers. Die Vereinigung zu einem einheitlichen Bahnhof erfolgte drei Jahre später. Ungefähr 76 Millionen Menschen betreten oder verlassen jährlich die Victoria Station. Für die Züge stehen 19 Bahnsteige zur Verfügung.

Nicht weit vom Buckingham Palace. *Loco Steve/C.C. 2.0*

265 Zeitreise in Beamish

Das Open Boat 605 von 1934 war einst in Blackpool unterwegs. *Alexander Cunningham/C.C. 3.0*

Zurück in die „gute alte Zeit"! Das ist das Motto eines Freiluftmuseums im Norden Englands, das einen Ort namens Beamish zu Beginn des 20. Jahrhunderts zeigt. Mit von der Partie ist natürlich auch der Schienenverkehr.

„Steam Elephant" und „Puffing Billy" werden in Beamish als Nachbau gezeigt. *Darrin Antrobus/C.C. 2.0*

Das North of England Open Air Museum in Durham südlich von Newcastle lädt ein zu einer Zeitreise durch die englische Geschichte. Vieles ist original, andere Exponate wie Modelle der ersten Lokomotiven wurden detailgetreu nachgebaut und vermitteln einen Eindruck, womit die ersten Lokführer seinerzeit zu kämpfen hatten. Faszinierend sind auch die Straßenbahnen und Busse, die aus verschiedenen Städten des Vereinigten Königreichs nach Beamish kamen. Jede Menge Autos, Lastwagen, Motorräder, Dampfwalzen oder Lokomobilen sind Bestandteil des Museums, in der Regel stets perfekt restauriert und fahrbereit. Immer wieder bietet das Museum historische Themenveranstaltungen an, etwa anlässlich 100 Jahre Erster Weltkrieg. Viele Menschen treten in der Mode der damaligen Zeit auf.

Die South Devon Railway 266

Am Rande des Dartmoors, im Südwesten Englands, liegt der Ort Buckfastleigh. Dort hat die South Devon Railway ihren Sitz. Seit 1991 betreibt die Museumsbahn eine etwa elf Kilometer lange Eisenbahnstrecke entlang des Flusses Dart, an dem kleinen Dorf Staverton vorbei bis Totnes. Die Strecke war bereits 1872 von der South Devon Railway eröffnet worden. Vier Jahre später wurde sie Teil der Great Western Railway. Die Spurbreite betrug anfangs 2.140 Millimeter, wurde aber nach einigen Jahren auf Normalspur umgestellt. Die Zugverbindung ereilte in den 1960er-Jahren das Schicksal vieler kleiner Nebenbahnen: Sie wurde stillgelegt. Zwar wurde die Strecke zwischendurch für einige Zeit von privaten Unternehmern betrieben, aber wegen mangelnder Rentabilität wieder eingestellt. Den Erhalt dieser Eisenbahnidylle ermöglichte schließlich die Gründung eines gemeinnützigen Vereins.

Lok L92 der South Devon Railway. *Geof Sheppard/C.C. 3.0*

Eisenbahn auf der Isle of Man 267

Motorsportliebhaber kennen die Insel Man in der Irischen See als Austragungsort der legendären Tourist Trophy, des gefährlichsten Motorradrennens der Welt. Aber die Insel hat auch für diejenigen, die geringere Geschwindigkeiten und nostalgische Züge bevorzugen, etwas Besonderes zu bieten: die Isle of Man Railway, eine noch mit Dampfkraft betriebene Eisenbahn. Die heute vorhandene 24,6 Kilometer lange Strecke ist der Überrest eines einst größeren Schienennetzes. Die Eisenbahnlinien waren in den 1870er-Jahren entstanden. Dabei entschied man sich für eine Spurweite von 914 Millimetern, die drei Fuß entspricht und vor allem im Vereinigten Königreich und in den Vereinigten Staaten Verwendung fand. Die heutige Bahn besitzt 16 Dampflokomotiven, die zwischen 1873 und 1926 in Manchester gebaut wurden. Dabei handelt es sich zumeist um Tenderloks, die in der Regel Zweikuppler mit Vorlaufachse sind. Lediglich die Lok „Caledonia" ist eine dreifach gekuppelte Lokomotive. Die Wagen stammen aus den Jahren 1881 bis 1926.

Lok No. 4 „Loch" der Isle of Man Railway. *Hazel Bregazzi*

268 Der lange TGV Atlantique

Der TGV Atlantique. *Patrick Janicek/C.C. 2.0*

TGV Atlantique oder TGV A heißen die Hochgeschwindigkeitszüge der französischen SNCF, die Paris mit der Bretagne und dem Südwesten Frankreichs verbinden. Der TGV A kann einige Rekorde für sich verbuchen. Eine Einheit des TGV Atlantique stellte am 18. Mai 1990 einen Geschwindigkeitsrekord von 515,3 km/h auf – allerdings auf drei Mittelwagen verkürzt und mit anderen Modifikationen versehen. Normalerweise fährt ein TGV A mit zehn Mittelwagen. Mit einer Länge von 237,59 Metern ist diese Version des TGV außerdem die längste – vom Eurostar abgesehen. 485 Sitzplätze hat der Atlantique zu bieten. Durch das Zusammenkoppeln zweier dieser Züge wurde sogar Frankreichs längster Zug geschaffen. Der erste TGV Atlantique rollte 1989 an den Start. Insgesamt befinden sich 105 Garnituren im Einsatz. Hergestellt wurden die Hochgeschwindigkeitszüge von Alstom in den Jahren 1988 bis 1992. Die technisch zugelassene Höchstgeschwindigkeit lag bei 300 km/h. Seit 2004 sind Geschwindigkeiten von bis zu 320 km/h erlaubt. Nachfolgemodelle sollen für das gesamte französische Streckennetz einsetzbar sein.

269 Die „Kathedrale der modernen Zeit"

Den Bahnhof Liège-Guillemins zeichnet ein beeindruckendes Glasdach aus. *Rick Ligthelm/C.C. 2.0*

In der belgischen Stadt Lüttich (französisch Liège) spielte die Eisenbahn schon früh eine wichtige Rolle. Der erste Bahnhof der Stadt wurde bereits 1842 eröffnet. Und schon ein Jahr später verband die erste internationale Eisenbahnlinie Lüttich mit Aachen und Köln (siehe S. 73). Aber im Zeitalter der Hochgeschwindigkeitszüge zeigte es sich, dass der bisherige Bahnhof den Anforderungen nicht mehr gewachsen war. 1996 wurde deshalb mit den Planungen für einen neuen Bahnhof begonnen. Mit dem Projekt wurde der Architekt Santiago Calatrava beauftragt. 2009 war das neue Bauwerk fertig. Es wird oft als „Kathedrale der modernen Zeit" bezeichnet. Anders als die vorhergehenden Gebäude gilt der Bahnhof Liège-Guillemins mit seinem wie ein geschwungener Baldachin wirkenden Glasdach als eine der Sehenswürdigkeiten der Stadt.

Die längste Kunstausstellung

Die Centralstation zeichnet sich durch Sauberkeit und Eleganz aus. *Michell Zappa/C.C. 2.0*

Der Hauptbahnhof der schwedischen Hauptstadt – „Centralstation" genannt – ist der betriebsamste Bahnhof des skandinavischen Landes und für die meisten öffentlichen Verkehrsmittel Stockholms der Dreh- und Angelpunkt. Die Centralstation zeichnet sich mit dem ansprechenden historischen Zentralgebäude und den späteren Erweiterungen und Modernisierungen durch eine stilvolle Mischung aus alt und modern aus. Der Bahnhof wird täglich von etwa 410.000 Personen, davon etwa 170.000 Zugreisende, genutzt. Eine Besonderheit ist der vertikale Aufbau, der den Betrieb der Fern- und Nahzüge, Busse und U-Bahnen sowie verschiedene Einrichtungen auf insgesamt neun Ebenen verteilt. Für den Fall, dass Angehörige der königlichen Familie mit dem Zug auf Reisen gehen, steht darüber hinaus ein spezieller Warteraum zur Verfügung.

Über einen Verbindungstunnel kann vom Hauptbahnhof aus „T-Centralen", die Hauptstation des Stockholmer U-Bahnnetzes erreicht werden. Alle drei Linien der Stockholmer Untergrundbahn kreuzen sich hier. Etwa 265.000 Fahrgäste betreten oder verlassen an sechs Bahnsteigen täglich die Züge. Auch die U-Bahnstationen haben etwas Besonderes zu bieten: Sie gelten als die längste Kunstausstellung der Welt. 90 der 100 Haltestellen wurden von über 150 Künstlern mit Gemälden, Skulpturen und Installationen anspruchsvoll gestaltet. Jede Haltestelle hat ein eigenes Thema, so dass man am liebsten überall aussteigen würde.

Eisenbahn in der Malerei

![Monet Saint-Lazare]

1877 malte Claude Monet sehr impressionistisch den Pariser Bahnhof Saint-Lazare. *Sammlung Michael Dörflinger*

Nicht nur die Architekten beschäftigten sich mit der Eisenbahn. Auch in der Malerei findet man ihre Spuren. Besonders in Deutschland, Großbritannien und Frankreich fanden die Pinselkünstler in den rauchenden schwarzen Dampflokomotiven und dem lebhaften Treiben in den großen Bahnhöfen ein lohnendes Motiv. In der zweiten Hälfte des 19. Jahrhunderts beschäftigten sich solche Meister wie Turner, Pissaro, Manet, Monet, van Gogh oder Cézanne mit der Eisenbahn. Ernst Ludwig Kirchner oder Egon Schiele waren schon als Kinder von diesem Thema begeistert. Bei einer Ausstellung in Liverpool wurden 2008 rund hundert Gemälde und historische Fotografien präsentiert, die sich künstlerisch mit der Eisenbahn auseinandersetzten.

Wer sich für dieses Thema interessiert, dem sei „Die Eisenbahn in der Malerei" von Heinrich Lützeler empfohlen, ein großformatiger Bildband mit vielen Abbildungen. Leider kann man ihn derzeit nur antiquarisch beschaffen.

„Ankunft eines Zuges am Nordwestbahnhof in Wien" von Karl Karger. *Google Cultural Institute*

In Großbritannien gibt es heute noch eine Künstlervereinigung namens Guild of Railway Artists mit rund 150 Mitgliedern, die sich diesem Thema verschrieben haben und in verschiedensten Stilen moderne und alte Lokomotiven malen.

Schiele, der Eisenbahnersohn

Einer der wohl bedeutendsten Maler des 20. Jahrhunderts hatte eine ganz besondere Beziehung zur Eisenbahn. Am 12. Juni 1890 wurde in der kleinen Stadt Tulln an der Donau, rund 40 Kilometer westlich von Wien, dem Bahnhofsvorstand Adolf Eugen Schiele von seiner Frau Marie das dritte Kind geboren. Der Junge bekam den Namen Egon. Schon früh interessierte sich Egon für die Eisenbahn – kein Wunder, fuhren die Fernzüge der Franz-Josephs-Bahn täglich an der elterlichen Wohnung im Bahnhofs-Empfangsgebäude vorbei und wurden von seinem Vater dirigiert. So wundert es nicht, dass sich der Schüler Schiele, als er seine Leidenschaft für das Malen und Zeichnen entdeckte, sehr häufig die Eisenbahn als Sujet heranzog. Doch der Vater litt an den Folgen einer Syphiliserkrankung und musste aus dem Dienst scheiden, was auch bedeutete, dass die Familie aus der Wohnung ausziehen musste. Der junge Schiele beschäftigte sich dennoch weiter mit Eisenbahnmotiven.

Mit 16 Jahren studierte er Malerei, sein Talent war nicht unentdeckt geblieben. Er lernte den berühmten Gustav Klimt kennen, der ihm ein väterlicher Freund und Förderer wurde. Der Stoffkreis seiner Zeichnungen und Gemälde änderte sich nun. Nicht mehr Lokomotiven und Züge fesselten ihn, sondern es waren vor allem spärlich bekleidete Frauen, Porträts und Landschaften. Sein Stil entwickelte sich weiter und er wurde ein Wegbereiter des Expressionismus.

Egon Schiele wurde 1918 zum Opfer der tödlichen spanischen Grippe, die weltweit mehr als fünfzig Millionen Menschen das Leben kostete.

Der Bahnhof von Tulln war der Arbeitsplatz des Vaters von Egon Schiele und sein Geburtshaus. *Alessandra Comini*

Arlo Guthrie machte „City of New Orleans" als erster einem großen Publikum bekannt. Aufgrund dieses Erfolgs führte Amtrak wieder einen Zug mit diesem Namen einen. *UlrichAAB/C.C. 3.0*

273 Eisenbahn in Liedern

Als im 19. Jahrhundert die Eisenbahn für viele Menschen plötzlich das Reisen erschwinglich machte, beflügelte sie auch die Fantasie der Musiker und Texter. Arbeiterlieder, Balladen, die von faszinierenden Taten berichteten, und sogar Volkslieder, in denen die Eisenbahn als Motiv vorkam, klangen aus den Sängerkehlen und Musikinstrumenten. Zu den bekanntesten im deutschsprachigen Raum gehört „Auf der schwäbsche Eisenbahne", das in zahlreichen Textvarianten erhalten ist und nach der Eröffnung der ersten Eisenbahnstrecke von Heilbronn nach Friedrichshafen in dem damaligen Königreich Württemberg entstand. Die bekannteste Version ist eine Anspielung auf den sparsamen Schwaben: Ein Bauer bindet seinen Ziegenbock am Ende des Zuges an, um dafür keine Transportkosten zahlen zu müssen. Als aber der Zug am Ziel ankommt, sind nur noch der Strick und der Kopf des Tieres vorhanden. Da das Lied eine große Bekanntheit genießt, eignete es sich auch für Parodien, wie eine Version aus der Zeit des Kalten Krieges, in der Chruschtschow auf der Schwäbschen Eisenbahn mit zwei Bomben unter'm Arm angefahren kommt.

Der Titel eines der großen amerikanischen Lieder des späten 20. Jahrhunderts war der Name eines Personenfernzugs: „City of New Orleans". Den Titel schrieb 1971 der Folksänger Steve

Berühmte Eisenbahn-Lieder
Jimi Hendrix: Hear my train a comin' (1967)
Cat Stevens: Peace train (1971)
Doobie Brothers: Long train running (1973)
Albert Hammond: I'm a train (1974)
Jethro Tull: Locomotive breath (1976)
ELO: Last train to London (1979)
Patty Smyth: Downtown train (Cover: Rod Stewart) (1987)
Soul Asylum: Runaway train (1993)

Goodman, bekannt wurde es durch Arlo Guthrie. Coverversionen erschienen von bekannteren Stars wie John Denver, Johnny Cash und Judy Collins. Willie Nelson kam damit 1984 sogar an die Spitze der amerikanischen Country-Charts. „City of New Orleans" wird manchmal als Protestlied bezeichnet. Es heißt, Goodman schrieb es, nachdem er erfahren hatte, dass die Eisenbahngesellschaft Amtrak den Personenfernverkehr zwischen Chicago und New Orleans einstellen wolle. Der Refrain gibt die herausragende Bedeutung der Eisenbahn im Leben der Menschen auf poetische Weise zum Ausdruck: „Guten Morgen Amerika. Kennst du mich nicht? Ich bin dein leiblicher Sohn." Ein weiterer Folksong heißt „Midnight Special". Der gewöhnlich im Country-Blues-Stil vorgetragene Song besingt einen Passagierzug, dessen Strecke an einem Gefängnis im Süden der Vereinigten Staaten vorbeiführte. Er beschreibt die Hoffnung der Häftlinge, die das Licht der Zugscheinwerfer in ihnen weckt. Der Zug steht in der Regel für Fernweh oder aber das genaue Gegenteil, eine Heimkehr. Beides grundlegende Hoffnungen der Menschheit.

Die Eisenbahn inspirierte Komponisten und Sänger seit der ersten Hälfte des 19. Jahrhunderts. Die Zahl der Musikstücke mit Anspielungen auf Züge oder Lokomotiven ist unüberschaubar.
Sammlung Michael Dörflinger

274 „Chattanooga Choo Choo"

Die Single war 1941 neun Wochen Nr. 1 der Billboard-Charts. *RCA/ Bluebird*

Pardon me, boy, is that the Chattanooga Choo Choo? – So fragte Tex Beneke, Sänger und Saxophonist in Glenn Millers Band am 7. Mai 1941 die Modernaires und Paula Kelly. Für den Hollywoodstreifen „Sun Valley Serenade" („Adoptiertes Glück") nahmen Glenn Miller und sein Orchester diesen Titel auf. Brillant war das Arrangement von Miller, das in seinem typischen Swing-Sound die Geräusche einer Dampflokomotive wiedergab. In dem Song geht es um eine Dampflokfahrt von New York City nach Chattanooga in Tennessee. Der brave Film, in dem die norwegische Eislaufkönigin und dreimalige Olympiasiegerin Sonja Henie noch einmal die Herzen der Zuschauer bewegte, um zuletzt einen Ehemann zu ergattern, war der zweite von drei Filmen, in denen Glenn Miller mitwirkte. Zu den Titeln, die sein Orchester sonst noch spielte, gehörten auch die beiden älteren Hits „Moonlight Serenade" und „In the Mood". „Chattanooga Choo Choo" war jedoch neu.

Später wurden immer wieder Coverversionen eingespielt. Die bekannteste in Deutschland war sicher der „Sonderzug nach Pankow", in dem Udo Lindenberg 1983 auf die Ablehnung des damaligen DDR-Chefs Erich Honecker, ihn im Osten auftreten zu lassen, reagierte.

275 Eisenbahnkenner Dvořák

Als Komponist der „Slawischen Tänze" und der Symphonie „Aus der Neuen Welt" kennt ihn die ganze Welt. Aber als Dampflokfreund? – 1850 kam die Eisenbahn in das Heimatdorf des neunjährigen Antonín Dvořák. Schon bald dampften die ersten Züge auf dem Weg von Prag nach Dresden durch sein Dorf, gezogen von der Dampflok „Eger" der k.k. Nördlichen Staatsbahn. Die Augen des kleinen Antonín leuchteten. Er wurde zum akkuraten Datensammler und Dampflokfachmann. Ihm machte keiner was vor, er wusste sogar Seriennummern und die Namen der Lokführer auswendig. Um seine Tochter zur Frau

Lok „Eger" der Nördlichen Staatsbahn (NStB) stammte aus den USA. *Sammlung Michael Dörflinger*

zu bekommen, musste Schwiegersohn in spe und Komponistenkollege Josef Suk Loknummern aufschreiben und übermitteln. Als er Dvořák einmal eine Nummer mitteilte, lachte der nur, denn Suk hatte sich – die Tendernummer notiert.

Plandampf in Wolsztyn

Er hätte wahrlich seine Freude an dem Betriebswerk Wolsztyn in Polen gehabt, der gute Dvořák! Nur von dort aus gibt es in Europa noch Dampf-Planbetrieb mit der Regelspurweite 1.435 Millimeter. Um 1900 entwickelte sich die Kleinstadt Wollstein in der damals zum Deutschen Reich gehörenden preußischen Provinz Posen zu einem Eisenbahnknoten. 1907 wurde das heute noch bestehende Bahnbetriebswerk errichtet. Man könnte meinen, dort wäre die Zeit einfach stehen geblieben, denn hier werden auch heute noch Dampfloks gewartet und auf ihren Einsatz vorbereitet. Rund 30 historische Lokomotiven sind hier beheimatet, dazu die passenden Wagen. Bis zum Ende des Ersten Weltkriegs war die Stadt Wollstein preußisch, weshalb es nicht wundert, dass man dort auf viele preußische Länderbahnloks trifft. Doch auch polnische Dampfloks aus der Zeit nach dem Zweiten Weltkrieg werden eingesetzt. Prunkstück ist die „schöne Helena", eine 1937 gebaute Schnellzuglok der Baureihe Pm36, die noch über 130 Stundenkilometer erreicht. Von Wolsztyn aus werden fahrplanmäßige Dampfzüge nach Lezno und Posen angeboten. Ein Höhepunkt ist die jährlich stattfindende Dampflokparade, bei der sich besuchsweise auch auswärtige Maschinen einfinden. Wolsztyn besitzt interessantes Wagenmaterial, zum Beispiel alte Doppelstockwagen (Dostos) des Werks in Görlitz aus der ehemaligen DDR. Das Bahnbetriebswerk kann täglich besucht werden. Bei Dampflokfotografen steht die Parade natürlich im Terminkalender.

Die Schlepptenderdampflok Pl49 erreicht bis zu 100 km/h, hier mit Dostos am Haken. *remik44992/Fotolia.de*

277 Drei Bahnhöfe

Der Leningrader Bahnhof am Komsomolskaja-Platz.
Raita Futo/C.C. 2.0

An Bahnhöfen mangelt es in Moskau nicht. Gleich drei lassen sich an einem einzigen Platz finden. Offiziell ist dieser seit 1932 nach der sowjetischen Jugendorganisation Komsomol benannt. Aber im Volksmund gilt der Komsomolskaja-Platz als der „Platz der drei Bahnhöfe" oder einfach „Drei Bahnhöfe". Die älteste dieser Zugstationen ist der Leningrader Bahnhof, der bereits 1851 fertiggestellt wurde und damit als ältester Bahnhof Moskaus gilt. Er ist der Endpunkt der Bahnlinie nach Sankt Petersburg, dem früheren Leningrad. Auch Estland und Finnland können erreicht werden. 1862 wurde der Jaroslawler Bahnhof erbaut. Er dient als Endstation von Strecken aus dem Norden und Osten, zu denen auch die Transsibirische Eisenbahn zählt. Die dritte Zugstation ist der Kasaner Bahnhof, der zwar nach der Hauptstadt der Republik Tatarstan benannt ist, von dem aus aber auch Verbindungen in den Ural, nach Zentralasien und Teilen Sibiriens bestehen. Neben den genannten drei großen Bahnhöfen gibt es auf dem Komsomolskaja-Platz noch den Regionalbahnof Kalantschowskaja sowie eine Metrostation.

278 Bahnhof mit Dunstabzug

Der Bahnhof Southern Cross ist einer der bedeutendsten Bahnhöfe im australischen Melbourne. Er wird jährlich von etwa 15 Millionen Bahnreisenden benutzt. Züge fahren von 16 Bahnsteigen ab. Bedeutsam ist die Southern Cross Station aber nicht wegen ihrer Betriebsamkeit, sondern weil sie von einigen Kennern zu den schönsten Bahnhöfen der Welt gezählt wird. Der früher als Spencer Street Station bekannte Bahnhof wurde von 2002 bis 2006 aufwendig modernisiert. Zu den auffälligsten Neuerungen gehört das wellenförmige Dach, das mit einer luftgefüllten, über einem Wald aus Y-förmigen Säulen

Ein funktionales Dach. *Adam Selwood/C.C. 2.0*

schwebenden Decke verglichen wurde. Die Form erfüllt eine Funktion: Sie ermöglicht einen natürlichen Dunstabzug durch Löcher in den obersten Teilen des Daches.

Union Station in Chicago 279

Die Union Station in Chicago gilt als ein Meisterwerk der Beaux-Arts-Architektur. Sein eindrucksvollstes architektonisches Element ist das Tonnengewölbe der über 60 Meter langen und 35 Meter hohen Großen Halle, die in Filmen, wie „Die Unbestechlichen" und „Die Hochzeit meines besten Freundes", zum Schauplatz wurde. Die heutige Union Station wurde 1925 eröffnet und ersetzte einen früheren gleichnamigen Bahnhof, der bereits 1881 erbaut worden war. Mit täglich etwa 140.000 Passagieren steht Chicagos Union Station hinsichtlich des Fahrgastaufkommens an vierter Stelle unter den amerikanischen Bahnhöfen. Von dem Berufsverband American Planning Association (ASA) erhielt der Bahnhof 2012 die ehrenvolle Auszeichnung, ein „großartiger öffentlicher Raum" zu sein.

Die Große Halle der Union Station. *Jim Bauer/C.C. 2.0*

Der Tehachapi Loop 280

Ein Zug überquert sich selbst: die Tehachapi-Kreiskehre ist legendär. *David Brossard/C.C. 2.0*

Ein nationales Wahrzeichen und eines der sieben Weltwunder der Eisenbahn – zumindest nach Meinung des Berufsverbandes American Society of Civil Engineers – liegt nördlich von Los Angeles. Es handelt sich um den Tehachapi Loop, eine Kreiskehre, die es Zügen ermöglicht, den Tehachapi-Pass zwischen dem San Joaquin Valley und der Mojave-Wüste zu überwinden. Der Loop war bereits 1874 bis 1876 erbaut worden und umfasste ursprünglich 18 Tunnel und zehn Brücken.

Dank der Speisewagen kann das Reisen mit der Eisenbahn zu einem kulinarischen Vergnügen weit jenseits von Butterbreze und Leberkäse werden. *Glacier Express*

281 Der Speisewagen

Reisen macht hungrig. In der Frühzeit des Eisenbahnverkehrs hielt man es noch nicht für nötig, den quälenden Hunger der Fahrgäste während der Fahrt zu stillen. Stattdessen hatten die Reisenden bei längeren Aufenthalten zum Wassertanken die Möglichkeit, sich in lokalen Gasthäusern, die oft keinen guten Ruf genossen, selbst zu versorgen. Es war im Westen der Vereinigten Staaten, wo die Züge oft durch dünn besiedelte Gegenden fuhren und bei den Zwischenhalten nicht einmal ein Schlangenfraß angeboten wurde, dass man in der zweiten Hälfte des 19. Jahrhunderts begann, spezielle Wagen zur Verköstigung der Reisenden mitzuführen. In Großbritannien führte die Great Northern Railway 1879 einen Speisewagen ein. Im folgenden Jahr begann auch die Thüringische Eisenbahn-Gesellschaft, ihren Fahrgästen diesen Service zu bieten. Im Laufe der Zeit wurden Speisewagen auf längeren Strecken zum Standard. Gegen Ende des 19. Jahrhunderts begann die Internationale Schlafwagen-Gesellschaft (ISG) Speisewagen zur Verfügung zu stellen, und 1916 wurde die Mitteleuropäische Schlafwagen- und Speisewagen Aktiengesellschaft (Mitropa) als Konkurrenzunternehmen gegründet. Vor allem in den letzten Jahrzehnten gab es immer wieder Versuche, Alternativen zum kostspieligen Speisewagen zu bieten, wie etwa ein Bordbistro. Daneben gibt es auch kulinarische Zugreisen.

Pullmanwagen

Anfang des 20. Jahrhunderts galten die Schlafwagen der Pullman Car Company als das „größte Hotel der Welt". 26 Millionen Menschen konnten damals in den Pullmanwagen übernachten. Das Unternehmen war 1867 von George Pullman in Chicago gegründet worden, um Luxus-Schlafwagen zu fertigen. Die Firma baute aber nicht nur die Wagen, sondern schloss mit den Eisenbahngesellschaften auch Abkommen über deren Betrieb. Dazu gehörte der Service. Mitte der 1920er-Jahre waren auf amerikanischen Schienen ungefähr 9.800 Pullmanwagen mit etwa 10.500 Bediensteten im Einsatz. Auf dem europäischen Kontinent wurden die Pullmanwagen 1925 von der Internationalen Schlafwagen-Gesellschaft eingeführt. Der Name „Pullman" genoss eine so große Bekanntheit, dass er auch auf andere Fahrzeuge angewandt wurde. Im Pkw-Bau gibt es eine Karosserieform namens „Pullman". In manchen Sprachen, wie dem Italienischen, ist die Bezeichnung für einen Reisebus ebenfalls „Pullman".

Speisen in einem Pullmanwagen. Neal S.

Laurel und Hardy im Zug

Das Reisen im Schlafwagen der Eisenbahn kann auch seine Tücken haben, jedenfalls wenn man Oliver Hardy oder aber Stan Laurel heißt. Die beiden genialen Komiker persiflieren in ihrem zweiten Tonfilm „Berth Marks" von 1929 (deutsch unter den Titeln „In einem Bett" oder „Nachtquartier") die Reise in einem Pullman-Schlafabteil der US-amerikanischen Eisenbahn auf dem Weg von Santa Fé Station nach Pottsville. Es ist herrlich anzuschauen, wie sich die beiden in ihr oberes Schlafabteil quälen – auch eine Trittleiter kann lustig sein –, sich dort ausziehen und kein einziges Auge zumachen. Denn der Schnellzug ist schon am Ziel. Vor lauter Hektik vergessen sie ihr Gepäck. Zuschauen, wie andere Bahn fahren kann urkomisch sein ...

Filmplakat des grandiosen Kurzfilms von 1929. Slg. M. Dörflinger

284 Schienenverkehr auf Mallorca

Die Straßenbahn von Sóller nach Puerto de Sóller. Triebwagen 21 unterwegs. *pxhere*

Die älteste Eisenbahn auf Mallorca wurde 1875 eröffnet: Palma–Inca. Vier Jahre später ging sie in zwei Ästen bis Manacor und Sa Pobla. In Manacor findet man ein kleines Eisenbahnmuseum. Das Juwel der Eisenbahnen auf Mallorca ist zweifelsohne die private Bahn von Palma nach Sóller an der Nordküste der Insel. Sie verkehrt noch mit alten Elektrotriebwagen, die Nummern 1 bis 4 haben von deutschen Touristen den Spitznamen „Roter Blitz" bekommen. Anfangs wurden damit nach der Ernte gern die Orangen zum Hafen transportiert, weshalb der Zug bei den Einheimischen „Orangen-Express" heißt. Die Strecke führt durch Olivenhaine, Orangen- und Zitronenbäume, durch eine idyllische Hügellandschaft. Höhepunkt ist der 52 Meter lange Viaducte de Monreals. Anschließend kommt ein Kehrtunnel. In Sóller wird es dann städtisch. Der Zug fährt jetzt als Straßenbahn weiter bis an die Bucht zum Hafen.

285 Der „Molli"

„Molli" im Winter unterwegs. *Angelika Bentin/Fotolia.de*

Der „Molli" ist eine dampfgetriebene Schmalspurbahn, die den mecklenburgischen Ort Bad Doberan mit dem Ostseebad Kühlungsborn auf einer 15,4 Kilometer langen Strecke verbindet. Die Geschichte der Bahn begann 1886 mit dem Bau einer Strecke zwischen Bad Doberan und dem etwa sechs Kilometer entfernten, am Meer gelegenen Heiligendamm. 1910 erfolgte die Verlängerung der Strecke bis zum Ostseebad Arendsee, dem heutigen Kühlungsborn. Ab 1920 gehörte die Bahn zur Reichsbahn. Neben Personen wurden auf der Strecke nun auch Güter transportiert. In den 1950er-Jahren diente die Bahn der Ausbildung junger Eisenbahner. Um den „Molli" vor der Stilllegung zu bewahren, erfolgte 1995 die Gründung der Mecklenburgischen Bäderbahn Molli GmbH & Co. KG durch den Landkreis Bad Doberan, die Stadt Bad Doberan und Kühlungsborn.

Eisenbahn im Zillertal 286

Eine Mischung aus modern und traditionell bietet die Bahn im malerischen Tiroler Zillertal. Etwa 1,7 Millionen Reisende benutzen die Bahn jährlich. Dabei handelt es sich um Urlauber genauso wie um Pendler. Für das östlich von Innsbruck gelegene Seitental des Inntals stellt die Bahn bereits seit 1900, als mit dem Bau der Strecke begonnen wurde, einen wichtigen Teil der Infrastruktur und eine Verbindung über die Schiene zu den europäischen Metropolen dar. An Touristen richtet sich das Angebot von Dampfzugfahrten, wobei die Fahrgäste das

Mit dem Dampfzug durch das Zillertal. *Zillertal Tourismus*

Bergpanorama genießen und den Hunger im Buffetwaggon stillen können. Zu den Besonderheiten der Zillertalbahn zählt auch ihre Spurweite von 760 Millimetern, die Bosnische Spurweite.

Der „Salamander" 287

Der „Salamander" mit der markanten Lackierung wird dieselelektrisch angetrieben. *Franz Zwickl*

Von Wien in alpine Regionen gelangt man mit dem Zug am schnellsten, wenn man nach Puchberg fährt. Dort ist der Talbahnhof der Schneebergbahn, die ihre Passagiere auf fast 1.800 Meter Höhe befördert. Der Endbahnhof Hochschneeberg ist der höchstgelegene Österreichs. Doch diese Zahnradbahn hält noch mehr Rekorde, denn sie ist die längste des Landes. Solche Superlative vergisst man schnell, wenn man in den modernen grün-gelben Triebwagen mit dem treffenden Namen „Salamander" einsteigt und den Luftkurort Puchberg hinter sich lässt. An manchen Stellen bewältigt er Steigungen von bis zu 197 Promille. Von Juli bis Anfang September fährt ein historischer Nostalgie-Dampfzug auf den Schneeberg.

288 Romantischer Mittelrhein

Blick auf die andere Rheinseite nach St. Goarshausen. Rechts vom Ort geht es weiter zur nahe gelegenen Loreley. *rolibi/Pixelio.de*

Seit 2002 Teil des Weltkulturerbes, ist der Mittelrhein auch ein ganz besonderes Eisenbahnerlebnis. Man möchte am liebsten bei jedem Halt aussteigen und sich die hübschen Städtchen, Burgen und Hügel einverleiben. Start ist in Köln am Fuße des Doms. Kurz hinter Bonn beginnt das Land Rheinland-Pfalz. Bis Bingen führt die Strecke direkt am Rheinufer entlang. Ein liebenswertes Städtchen reiht sich an das andere. Auf den Höhen über den Weinbergen thronen Burgen, Schlösser und Ruinen. In Koblenz mündet am Deutschen Eck die Mosel in den Rhein. Hinter Boppard geht es zur Loreley. Die Pfalz bei Kaub und der Mäuseturm bei Bingen sind markante Blickfänge. Gegenüber liegen Lorch, Rüdesheim mit seiner legendären Drosselgasse und das Niederwald-Denkmal. Schöner geht's nicht.

289 Die Hohenzollernbrücke

Die berühmte Hohenzollernbrücke über den Rhein gleich nach dem Kölner Hauptbahnhof. *Rudolpho Duba/Pixelio.de*

Wer den Mittelrhein mit der Eisenbahn entdecken will, der wird als Start- oder Zielbahnhof unweigerlich in Köln landen. Der Hauptbahnhof von Köln liegt direkt zu Füßen des Kölner Doms. Von hier müssen die Züge den Rhein überqueren. In Deutz teilen sich die Strecken. Alle Züge überqueren die Hohenzollernbrücke. Sie ist eine der schönsten deutschen Eisenbahnbrücken und aufgrund ihrer Lage auch die meistbefahrene. 1911 wurde das Bauwerk fertiggestellt. Neben den Rampen wurden Reiterstandbilder der vier letzten preußischen Könige, alle aus dem Haus Hohenzollern, dargestellt. Nach der Zerstörung im Zweiten Weltkrieg wurde sie in anderer Gestalt neu aufgebaut.

"Schwarze Schwäne" auf Schienen 290

Von den „schwarzen Schwänen" gab es nur zwei Exemplare. Die Loks der Baureihe 10 hätten eigentlich die Baureihen 01 und 01¹⁰ ablösen sollen. Einer der Gründe, warum Krupp aber dann 1957 nur zwei Maschinen produziert hat, war der Achsdruck von 22 Tonnen, der die zwei Dampfloks auf bestimmte Hauptstrecken beschränkte. Die beiden optisch sehr gelungenen Loks der Baureihe 10 kamen vor Eil- und Schnellzügen zum Einsatz, wurden aber 1968 schon wieder ausgemustert. Die mit einer Ölzusatzfeuerung ausgestattete 10 001 ist in Neuenmarkt-Wirsberg heute im Deutschen Dampflokomotiv-Museum ausgestellt, derzeit aber nicht betriebsfähig. 10 002 wurde nach einem Defekt bereits 1967 ausgemustert und 1972 verschrottet.

10 001 war gerade mal elf Jahre im Dienst. *Erich Westendarp/Pixelio.de*

Die heute schnellste Dampflok 291

18 201. *geraldfriedrich2*

Die 18 201 wurde in der DDR speziell für Tests der auch im Export erfolgreichen Reisezugwagen bestimmt und sollte das Probefahren der Wagen mit einer Geschwindigkeit von 160 km/h ermöglichen. Bei einer Testfahrt in der Tschechoslowakei hatte sie sogar stolze 176 km/h erzielt. Die 18 201 genießt heute den Ruf, die schnellste betriebsfähige Dampflokomotive der Welt zu sein. Sie wurde aus Teilen mehrerer Loks zusammengestellt. Das Laufwerk, das vordere Drehgestell und die Steuerungsträger stammten von der 61 002. Der hintere Rahmenteil, die Schleppachse und die beiden äußeren Zylinder wurden der H 45 024 entnommen. Eine Neukonstruktion stellte nur der Hochleistungskessel dar.

Krokodile aus Eisen

Die von Oerlikon gebaute Elektrolok Ce 6-8''' war das zweite „Krokodil" (1926). *Sammlung Michael Dörflinger*

Wie das Krokodil zu seinem Namen kam, weiß eigentlich niemand genau. Vielleicht erinnerte die Lokomotive mit der langen Schnauze an eine Echse, wenn sie auf den kurvenreichen Strecken in den Schweizer Alpen fuhr. Die offizielle Bezeichnung dieser Elektroloks lautete jedoch Ce 6/8^{II} für die erste Generation und Ce 6/8^{III} für die Nachfolger.

Ausschlaggebend für die Beschaffung der Elektrolokomotive war die während des Ersten Weltkriegs spürbar werdende Kohleknappheit in der Schweiz. 1918 gab die SBB deshalb mehrere Probelokomotiven in Auftrag. Nach einigen Tests bestellten die Schweizerischen Bundesbahnen bei der Maschinenfabrik Oerlikon (MFO) und der Schweizerischen Lokomotiv- und Maschinenfabrik (SLM) eine Lokomotive mit der Achsformel 1'C+C1', wobei die MFO für die mechanischen und die SLM für die elektrischen Komponenten zuständig waren. Was der Zugmaschine ihr besonderes Aussehen verlieh, war der Umstand, dass sie sich aus drei Teilen, nämlich zwei niedrigen und schmaleren Vorkästen und einem Mittelkasten mit normaler Breite und größerer Höhe, zusammensetzte. In dem Zeitraum von 1919 bis 1922 konnten 33 Exemplare der Ce 6/8^{II} ausgeliefert werden. Die schwere Gebirgs-Güterzuglokomotive besaß eine Dienstmasse von 128 Tonnen und konnte bei 36 km/h eine Stundenleistung von 1.650 Kilowatt erbringen. Die Höchstgeschwindigkeit lag bei 65 Stundenkilometern.

Die erste Generation der Krokodile stellte im alltäglichen Einsatz ihre Zuverlässigkeit und Leistungsfähigkeit unter Beweis. Die SBB bestellte deshalb 18 weitere Lokomotiven, die noch etwas mehr Leistung bringen und technisch einfacher sein sollten. 1926 und 1927 lieferten die Hersteller diese neue Generation aus. Die Ce 6/8^{III} wog 131 Tonnen und war mit einer Länge von 20 Metern ungefähr 60 Zentimeter länger als die älteren Krokodile. Die Stundenleistung betrug 1.810 Kilowatt. Anfangs lag die Höchstgeschwindigkeit bei 65 km/h. 1956 konnte sie auf 75 Stundenkilometer erhöht werden.

Die legendäre V 200

Zu den unangefochtenen Stars der dieselgetriebenen Lokomotiven in der Bundesrepublik der 1950er- und 1960er-Jahre gehörte die optisch überaus gelungene V 200. Das 1953 erstmals präsentierte Flaggschiff der neuen Dieselflotte ließ sich im höherklassigen Personenverkehr und für mittelschwere Güterzüge einsetzen. Die ersten Exemplare der großen Streckenlokomotive der Deutschen Bundesbahn wurden 1953 als Vorserie von Krauss-Maffei produziert. Mit der Serienfertigung wurde 1956 begonnen.

Die V 200 mit ihrer spektakulären kurzen Schnauze und ihrem hübschen schwarz-roten Design wurde sehr schnell zum Liebling der Eisenbahnfans und zu einer echten Werbeikone. Insgesamt wurden 86 Loks dieser Baureihe bei Krauss-Maffei und Maschinenbau Kiel gefertigt. Die mit zwei V12-Dieselmotoren mit jeweils 810 Kilowatt Leistung ausgerüstete Maschine stand für den Wiederaufbau und den Fortschritt bei der Bahn. Sie ersetzte Dampfloks, die bisher im Personenfernverkehr oder im schweren Gütertransport eingesetzt worden waren. Die B'B'-Loks waren bis zu 140 km/h schnell. Im späteren EDV-System lautete die Baureihen-Bezeichnung 220.

Bei der DB wurde die Baureihe 1984 ausgemustert, es sind jedoch immer noch einige Exemplare in Deutschland und in Italien im Dienst.

V 200 033 der Museumseisenbahn Hamm trägt wieder die Originallackierung. *Erich Westendarp/Pixelio.de*

Insel-Bahnhof Lindau

Die V 200 war auch in Lindau ein gern gesehener Gast. Die Stadt auf einer Insel im Bodensee wurde bereits 1853 an das bayerische Eisenbahnnetz angeschlossen. Das Empfangsgebäude wurde zwischen 1913 und 1921 errichtet. In dieser Zeit bestand noch ein Trajekt über den Bodensee in die Schweiz. Um den Bahnhof zu erreichen, müssen die Züge einen rund 500 Meter langen Damm befahren, der sie auf die Insel führt. Die Lage des Lindauer Hauptbahnhof ist einzigartig: direkt neben der Altstadt und dem Hafen. Kaum zu glauben, dass es um dieses Juwel einen heftigen Streit gab. Doch die DB wollte den alten Kopfbahnhof aufgeben und den Güterbahnhof Reutin auf dem Festland zu einem Durchgangsbahnhof ausbauen. Die beherzten Bürger konnten dies nicht verhindern, aber immerhin den Erhalt des alten Bahnhofs sichern.

Der Inselbahnhof von Lindau ist spektakulär. Die Eisenbahn fährt über einen Damm ein. *Oberle Peter/Pixelio.de*

GELUNGENER UND SCHÖNER

Pferdebahn mal anders 295

Beim Rennen von Rainhill (siehe S. 16) nahm auch eine Maschine von Thomas Shaw Brandreth teil. Brandreth war ein Freund des späteren Siegers George Stephenson und zeitweilig Planer, Ingenieur und Direktor der geplanten Bahnstrecke. Bei diesem Zuverlässigkeitswettbewerb ging es 1829 darum, die passende Lokomotive für die Liverpool and Manchester Railway zu finden. War es nun ein Scherz oder ein früher Beitrag zum Umweltschutz oder nur der Versuch einer Alternative zur Dampflok? Es ist nicht gesichert, warum Brandreth seine „Cylcoped" ins Rennen geschickt hat.

So soll die „Cycloped" ausgesehen haben. *Elijah Galloway*

Das Prinzip war folgendes: Ein Pferd ging auf einer Art Laufband, das auf einem Chassis mit vier gleich großen Rädern aufgebaut war. Über ein Getriebe wurden die Hinterräder angetrieben. Weil das Pferd durch die Plattform gebrochen sein soll, wurde die „Cycloped" disqualifiziert. Es gab aber so ein Gefährt im Einsatz: den „Flying Dutchman" der South Carolina Canal and Railroad Company.

Beweis des Doppler-Effekts 296

Am 18. Dezember 1843 eröffnete der Rhijnspoorweg, die Rhein-Eisenbahn von Amsterdam nach Utrecht. Eineinhalb Jahre später, am 3. und 5. Juni 1845, fand zwischen Utrecht und Maarsen ein ungewöhnliches Experiment statt. Der junge Wissenschaftler Buys Ballot von der Universität Utrecht wollte beweisen, dass die Theorie des Doppler-Effekts stimmte. Dazu lieh er sich eine Lokomotive, an der ein offener Wagen hängte. Er positionierte an mehreren Stellen Personen, die warten sollten, bis der Zug kommt, darunter einige Trompeter. In den Wagen setzte Buys Ballot, der selbst im Führerstand mitfuhr, einen weiteren Trompeter, einen, der notierte, und einen Freund, der festlegte, wann zu blasen war. Die Lok fuhr gleichbleibend 70 km/h. Der Trompeter sollte immer den gleichen Ton spielen, ein G. Die Personen an der Strecke sollten die Tonhöhe beschreiben.

Christophorus Buys Ballot (1817–1890). *Slg. M. Dörflinger*

Und in der Tat: Wenn der Zug sich näherte, schien der Ton etwas höher zu sein, wenn er sich entfernte, tiefer. Quod erat demonstrandum.

297 Der Schienensegler

Bascoms Segellore konnte den Wind auf der ebenen Strecke in Kansas erfolgreich nutzen. *Sammlung Michael Dörflinger*

Auf die Idee, den Wind als Antrieb von Schienenfahrzeugen zu nutzen, kam man schon früh. Beispiele für den Einsatz sogenannter Segelloren wurden im 19. Jahrhundert aus den Niederlanden, Spanien und China bekannt. Bereits 1830 wurde eine Fahrt auf einer Strecke in South Carolina unternommen. Ein starker Wind warf jedoch den Mast und einige Passagiere über Bord. Einer der erfolgreichsten Segler wurde von C. J. Bascom, dem Superintendent der Kansas Pacific Railway, konstruiert. Das Fahrzeug war mit einem etwa 3,3 Meter hohen Mast und einem dreieckigen Segel versehen. In der Ebene konnte damit bei günstigem Wind die beachtliche Höchstgeschwindigkeit von 64 km/h erreicht werden. Der Segelantrieb konnte jedoch keine hohe Zugkraft entwickeln und fand deswegen keine größere Verbreitung.

298 Die Amphibienlok von Evans

Evans' Amphibienfahrzeug. *Sammlung Michael Dörflinger*

Zu den kuriosesten Erfindungen der Eisenbahngeschichte gehörte sicher die Amphibienlok, die der Erfinder und Unternehmer Oliver Evans (1755–1819) konstruierte. 1805 erhielt Evans vom Gesundheitsausschuss der Stadt Philadelphia den Auftrag, eine Maschine zum Ausbaggern des Hafens zu entwickeln. Er konstruierte eine Hochdruckdampfmaschine und platzierte sie in einem flachen Boot. Zur Ausstattung gehörte eine Kette mit Eimern, um den Schlamm nach oben zu bringen, sowie Haken, um Stöcke und andere Hindernisse zu beseitigen. Da seine Werkstatt nicht am Wasser lag, kam Evans auf die Idee, das Boot auf ein Fahrgestell zu setzen und konstruierte einen Riemenantrieb, der die Räder der Dampfmaschine in Bewegung setzen konnte. Auf diese Weise entstand eine Amphibienlok, die er „Oruktor Amphibolos" nannte.

Eisenbahn als Lebensretter 299

Nach der Grippeepidemie 1918 wunderte man sich in Südafrika darüber, dass die Arbeiter der Goldminen bei Witwatersrand in der Nähe von Johannesburg und der Diamantminen in Kimberley völlig unterschiedliche Todesraten aufwiesen. Während die Grippe in Kimberley wütete, kamen die Goldminenarbeiter vergleichsweise glimpflich davon. Es lag daran, dass die Eisenbahnanbindung von Johannesburg deutlich besser war. Im Juli 1918 war über die Natalhauptstrecke eine abgeschwächte Form des Virus in den Raum Johannesburg gelangt. Die Erkrankung fiel nicht sonderlich auf. Allerdings waren diese Menschen dann gegen die schwere Grippewelle immun und überlebten. So hat die Eisenbahn vielen das Leben gerettet.

Der Inchanga-Viadukt auf der Strecke zwischen Durban und Johannesburg 1877. *Slg. Michael Dörflinger*

Licht im Zug 300

Der preußische König Friedrich Wilhelm IV. ließ seinen Minister am 11. November 1844 verkünden: „Des Königs Majestät halten es der Sicherheit und des Anstandes wegen für wünschenswerth, dass die Eisenbahnwagen während der nächtlichen Züge erleuchtet werden ..." Die Bahnverwaltungen hatten das bisher abgelehnt, um „das Publicum nicht zu sehr zu verwöhnen". Dem König passte das nicht, denn offenbar nutzten viele Fahrgäste das Dunkel der Nacht, um über die Stränge zu schlagen. In einem protestantisch geprägten, sittenstrengen Land wie Preußen konnte man solche Exzesse nicht dulden! Deshalb leistete man des Königs Anordnung Folge und man stellte Kerzen und rußige Öllampen zur Verfügung. Die Brandgefahr war immens. Deshalb waren die Gaslampen, die in den 1860er-Jahren eingeführt wurden, ein großer Fortschritt. In Deutschland wurde eine elektrische Beleuchtung der Wagen ab 1926 realisiert.

Üppig designte Lampen in Indien. *Soumyasch/C.C. 3.0*

301 Doppelstock-Containerzüge

Ein Doppelstock-Containerzug. *Roy Luck/C.C. 2.0*

Um die Kosten im Gütertransport niedrig zu halten, sind Eisenbahnunternehmen bestrebt, die Transportkapazität möglichst hoch zu halten. Die Anzahl der Güterwaggons kann jedoch nicht beliebig erhöht werden. Eine Lösung bietet die Verwendung von ISO-Containern, die sich aufeinander stapeln lassen. Den ersten Waggon für den doppelstöckigen Transport von Containern entwarf die Southern Pacific Railroad bereits 1977, und noch im gleichen Jahr wurde der Entwurf von der Firma ACF Industries umgesetzt. 1984 verließ der erste Doppelstockzug eines planmäßigen Gütertransportdienstes mit der Bezeichnung „Stacktrain" Los Angeles. Die Fahrt ging nach New Jersey, auf der anderen Seite der Vereinigten Staaten. Die Doppelstock-Containerzüge fanden seitdem auch in anderen Ländern, darunter Australien, Indien und China, Verbreitung. Nicht alle Strecken sind jedoch wegen des großen nötigen Lichtraumprofils geeignet, was deren Einsatz vor allem in Europa behindert.

302 Der „Culemeyer"

Der „Culemeyer" im Museum. *Erich Westendarp/Pixelio.de*

Der „Culemeyer" war zwar kein Schienenfahrzeug, hatte aber trotzdem eine große Bedeutung für die Eisenbahn. Es handelte sich dabei um einen Straßenroller, also einen Schwerlastanhänger, der ab 1933 von der Deutschen Reichsbahn zum Transport von Lokomotiven und Wagen auf der Straße benutzt wurde. Seine umgangssprachliche Bezeichnung erhielt der Straßenroller von seinem Erfinder, dem Ingenieur Johann Culemeyer (1883–1951). Die erste Ausführung des Transporters bestand aus zwei Fahrgestellen, die über eine Führungsstange miteinander verbunden und jeweils mit zwei Achsen und acht Reifen versehen waren. Bei Transporten von Eisenbahnwagen stand jede Wagenachse auf einem dieser Fahrgestelle. Später wurden andere Straßenrollervarianten mit 12, 16 oder 24 Rädern entwickelt.

Der Great-Salt-Lake-Fahrdamm 303

Die Abkürzung über den Salzsee. *Sammlung Michael Dörflinger*

Als in den 1860er-Jahren in den USA die transkontinentale Eisenbahn gebaut wurde, sahen sich die Ingenieure in dem damaligen Territorium Utah mit einem großen Hindernis konfrontiert: dem Großen Salzsee (Great Salt Lake). Zunächst blieb nichts anderes übrig als einen Umweg zu machen und die Eisenbahngleise um den See herum zu verlegen. Aber 35 Jahre später, 1904, entschloss sich die Southern Pacific Railroad, durch eine kürzere Route direkt über den See den Umweg und die damit verbundenen Steigungen und Krümmungen zu vermeiden. Der nach einem ehemaligen Halt westlich des Sees genannte „Lucin Cutoff" verkürzte die Strecke um 68 Kilometer. Die Abkürzung bestand zunächst aus Gerüsten und Aufschüttungen, wurde aber später durchgehend zu einem festen Fahrdamm umgebaut.

Die Galveston-Brücke 304

Die Eisenbahnbrücke bei Galveston mit der Hubbrücke (rechts hinten). *Patrick Feller/C.C. 2.0*

Südöstlich von Houston, Texas, liegt die Insel Galveston mit der gleichnamigen Stadt. Die erste Brücke vom Festland zur Stadt wurde 1912 errichtet. Sie diente sowohl dem Schienen- als auch dem Straßenverkehr. 1939 erhielten die Straßenfahrzeuge eine eigene Brücke. Um die Schifffahrt nicht zu behindern, war die Eisenbahnverbindung mit einer Klappbrücke ausgestattet. 2012 ersetzte man sie durch eine Hubbrücke, bei der ein Abschnitt vertikal gehoben oder gesenkt wird.

305 Durango & Silverton

Wer Goldgräbernostalgie erleben und sich in die Zeit der Eisenbahnen des Wilden Westens zurückversetzen möchte, kann mit der Durango & Silverton Narrow Gauge Railroad im südlichen Colorado fahren. Allerdings transportiert die Bahn heute nicht mehr Gold und Silber, sondern Touristen. In einem Museum werden zudem viele Gegenstände aus der raueren Frühzeit dieser Bahn gezeigt.

Die Strecke in den San-Juan-Bergen ist ein Überrest des einstigen Streckennetzes der Denver and Rio Grande Western Railroad. Die Schmalspurbahn fährt auf einer 72 Kilometer langen Strecke von der Kleinstadt Durango bis zu dem nur etwas über 500 Einwohner zählenden, weiter nördlich gelegenen Ort Silverton.

Die Gleise wurden 1881 verlegt, um eine Infrastruktur für die Minen und Ortschaften in den San-Juan-Bergen zu schaffen. Mit dem Niedergang des Bergbaus gingen jedoch das Frachtaufkommen und die Passagierzahlen zurück, was schließlich zur Stilllegung führte. Die Strecke, einschließlich der Dampfloks und Wagen, wurde 1981 von einem privaten Investor übernommen. Den Reisenden stehen vier Klassen zur Verfügung – von der Präsidentenklasse bis zum offenen Panoramawagen. Ein besonderes Erlebnis sind die Winterfahrten der Bahn. Die Dampfloks, die heute im Einsatz sind, stammen aus den 1920er-Jahren. Sie wurden restauriert und wieder fahrbereit gemacht.

Die Schmalspurbahn auf ihrer Fahrt durch die faszinierende Landschaft der San-Juan-Berge. *PHB.cz/Fotolia.de*

Nach einer aufwendigen Wiederinstandsetzung gesellte sich 2008 die Lok 489 der Denver and Rio Grande Western Railroad mit vier anderen Loks zur Cumbres & Toltec Scenic Railroad. *PHB.cz/Fotolia.de*

Cumbres & Toltec Scenic Railroad

Ein anderer Teil des Streckennetzes der Denver and Rio Grande Western Railroad ist die Cumbres & Toltec Scenic Railroad, eine Schmalspurbahn, die 1880 errichtet wurde. Ziel der neuen Strecke war es, die Silberminen in den San-Juan-Bergen, im südwestlichen Teil des Bundesstaates Colorado, an das Netz anzubinden. Allerdings hielt der Boom im Bergbau nicht lange an. Bereits in den 1890er-Jahren kam es zur Stilllegung von Minen, was wiederum eine mangelnde Auslastung der Eisenbahn zur Folge hatte.

Einen kurzen wirtschaftlichen Aufschwung erlebte die Strecke nach dem Zweiten Weltkrieg in Folge von Erdgasfunden. Aber bereits Anfang der 1960er-Jahre war der Verkehr wieder so weit zurückgegangen, dass sich der Streckenunterhalt nicht mehr lohnte. 1969 erfolgte schließlich die Stilllegung.

Einer Gruppe von Eisenbahnfreunden und lokalen Aktivisten gelang es, die Bundesstaaten Colorado und New Mexico dazu zu bringen, die landschaftlich reizvollsten Teile der Strecke zu kaufen. Mit in den Besitz der Bundesstaaten gingen neun Lokomotiven und 130 Wagen über. Die Gleise führen heute von dem kleinen Ort Antonito in Colorado entlang der Grenze zwischen den beiden Staaten in den 103 Kilometer entfernten Ort Chama in New Mexico. Dabei wird über drei große Strahlbrücken, durch zwei Tunnel, starke Steigungen hinauf und über den 3.053 Meter hoch gelegenen Cumbres-Pass gefahren.

307 Die Hobos

Zwei Hobos auf dem Schienenweg. *Slg. Michael Dörflinger*

Niemand weiß mit Sicherheit, woher die Bezeichnung „Hobo" (Plural „Hobos" oder „Hoboes") kommt. Aber die Wanderarbeiter tauchten in der zweiten Hälfte des 19. Jahrhunderts mit dem sich ausweitenden amerikanischen Eisenbahnnetz auf. Sie waren in der Regel keine bezahlenden Fahrgäste, sondern bestiegen langsam fahrende Güterwagen und mussten oft wieder abspringen, sobald das Zugpersonal auf sie aufmerksam wurde. Vor allem während der Depression der 1930er-Jahre stieg die Zahl der Hobos, die ihr Glück mit Hilfe der Eisenbahn in anderen Gegenden des Landes zu finden hofften. Manchen von ihnen gelang es. Dazu gehörten der texanische Öl-Milliardär H. L. Hunt, der Autor Jack London und der Country-Musiker Boxcar Willie.

308 Eisenbahn in Western

Bei der Eroberung des Wilden Westens, das heißt der westlichen Territorien der Vereinigten Staaten, spielte die Eisenbahn eine entscheidende Rolle. Die Züge brachten nicht nur Siedler in die Gebiete, in denen einst Indianer und Bisons gelebt hatten, sie transportierten auch die Rinder von den Weiden in die Schlachthäuser Chicagos und anderer Städte. Es gab auch Verrücktheiten wie Zugfahrten zu den Büffelherden, wo man die armen Tiere bequem von seinem Abteil aus abschießen konnte. Die Eisenbahn spielte deshalb auch eine Rolle in den Wild-West-Filmen, die von dieser Pionierzeit des 19. Jahrhunderts handelten.

Den Filmemachern stand nur eine beschränkte Anzahl von Lokomotiven aus dieser Zeit zur Verfügung. Eine dieser Maschinen wurde für diese Rollen häufiger verwendet als irgendeine andere. Ihr Name ist „Sierra No. 3". Die 2'C-Lok entstand 1891 in den Rogers Locomotive and Machine Works. Sie erfüllte einen ereignisreichen Dienst – hatte auch mehrere Unfälle – bei mehreren Eisenbahngesellschaften in Arizona und Kalifornien. „Sierra No. 3" war an unzähligen Spielfilmen und Fernsehserien beteiligt. Doch bei dem Western, der das hohe Lied der Eisenbahn singt: „Spiel mir das Lied vom Tod", fehlte sie.

Bekannte Western mit der „Sierra No. 3"
Der Mann aus Virginia (1929)
Zwölf Uhr mittags (1952)
Massai (1954)
Herrscher über weites Land (1957)
Der Mann aus dem Westen (1958)
Oklahoma Crude (1973)
Long Riders (1980)
Blood Red – Stirb für dein Land (1989)
Erbarmungslos (1992)
Bad Girls (1994)

In der zweiten Hälfte des 19. Jahrhunderts veränderte die Eisenbahn die Landschaft und das Leben der Menschen im Westen der Vereinigten Staaten. Dies spiegelt sich oft auch in den Filmen über diese Zeit wider. Im Bild zu sehen ist die berühmte Filmlokomotive „Sierra No. 3".
Drew Jacksich/C.C. 2.0

Für die Indianer bedeutete die Eisenbahn die Gefährdung ihrer Lebensweise. Oft sabotierten sie deshalb die Schienen oder griffen die Eisenbahnarbeiter an und stahlen ihr Vieh. *Sammlung Michael Dörflinger*

„Der General"

Die Lokomotive „General" war zeitweise in Chattanooga, Tennessee, ausgestellt. *Sammlung Michael Dörflinger*

Als „Der General" 1926 erschien, war er in den Kinos nur mäßig erfolgreich. Heute gilt er als einer der größten amerikanischen Filme aller Zeiten. Für viele Eisenbahnfreunde ist er auf jeden Fall ein wichtiger Streifen, denn dieser „General" ist eine Lokomotive.

„Der General" ist eine bunte Mischung aus Action, Abenteuer und Komödie. Buster Keaton, der berühmte Stummfilmkomiker spielte nicht nur die Hauptrolle, sondern er fungierte auch als Regisseur, Produzent und Mitautor des Drehbuchs. Seine Rolle ist die des jungen Johnny Gray, dem Lokführer der Dampflokomotive „General". Es ist die Zeit des amerikanischen Bürgerkrieges, aber Johnny Gray wird von der konföderierten Armee abgelehnt, weil er als Lokführer für den Süden zu wertvoll ist. Deshalb gilt er bei seiner Geliebten als Feigling. Doch das Schicksal gibt ihm die Gelegenheit, seinen Mut unter Beweis zu stellen, als ein Zug mit der Lokomotive von Anhängern der Union gestohlen wird und er sich entschließt, die Verfolgung aufzunehmen, um den Zug zurückzugewinnen.

Der Film basierte auf tatsächlichen Ereignissen während des Bürgerkrieges. Am 12. April 1862 erbeuteten Freiwillige der Unionsarmee im Norden des Bundesstaates Georgia einen Zug mit der Lokomotive „General" und fuhren damit Richtung Chattanooga in Tennessee, wobei sie der Eisenbahnstrecke so viel Schaden wie möglich zufügten. Sie wurden von den konföderierten Streitkräften zunächst zu Fuß und später mit einer Reihe von Lokomotiven verfolgt. Als der Fluchtlokomotive der Brennstoff ausging, wurden die Unionssoldaten von den Verfolgern eingeholt und gefangen genommen. Einige der Beteiligten wurden hingerichtet, andere kamen in Gefangenschaft.

Karl May und die Eisenbahn 310

Eisenbahnkatastrophen, Überfälle auf Züge oder einfach nur eine lustige Bahnfahrt, bei der es zu allerlei witzigen Wortgefechten kommt – in den vielen Büchern von Karl May wird die Eisenbahn immer wieder thematisiert. 2010 gab der Karl-May-Verlag sogar einen eigenen Band heraus, in dem Geschichten rund um die Eisenbahn aus seinen Werken gesammelt wurden. In der Winnetou-Trilogie verdingt sich der spätere Old Shatterhand als Landvermesser bei einer Eisenbahngesellschaft und kommt in das Gebiet der Apatschen, wo er seinen Blutsbruder Winnetou kennenlernt. In „Der Schatz im Silbersee" und in der Erzählung „Der schwarze Mustang" beschreibt May den Bau von Eisenbahnstrecken im Westen der USA. Eisenbahnüberfälle gehören auch bei Karl May einfach zum Wilden Westen. In den „Winnetou"-Bänden II und III vereiteln die Helden zwei Zugüberfälle. Die Räuber werden auch „Railtroublers" genannt, ein Begriff, den Karl May wohl erfunden hat. Doch auch die heimische Eisenbahn kommt im Werk Karl Mays vor. So kommt es zu urkomischen Szenen, wenn der Trapper Geierschnabel in der deutschen Eisenbahn reist und sich sehr „amerikanisch" gebärdet.

Eisenbahnüberfälle findet man nicht nur in Karl-May-Filmen, sondern auch bei den sommerlichen Festspielen. Eine nette Idee hatten die Betreiber der Museumsbahn „Öchsle" in Oberschwaben. Sie bieten einmal im Jahr einen Western-Tag mit Schauspielern in Aktion an.

Eisenbahnüberfall auf das „Öchsle" durch Mitglieder der Karl-May-Festspiele Burgrieden. *Thomas Freidank/Öchsle*

311 Der Georgetown Loop

Diesellok Nummer 1203 überquert die mächtige Devils Gate High Bridge. *brueckenweb/Fotolia.de*

Über eine Strecke von 7,2 Kilometern zwischen den Orten Georgetown und Silver Plume in Colorado führt die Georgetown Loop Railroad. Sie ist nicht lang, aber wie auf einer Modellbahn findet man spektakuläre Abschnitte quasi konzentriert. Westlich von Denver, der Hauptstadt von Colorado, befindet sich der Bezirk Clear Creek County, in dem die Georgetown Loop Railroad liegt. Die Schmalspurbahn war 1884 von der Union Pacific Railroad fertiggestellt worden, um die Bergbaustadt Georgetown und andere Orte der Gegend an das Verkehrsnetz anzubinden. Die Verbindung wurde 1939 eingestellt und rostete langsam vor sich hin. Doch 1984 bejubelten Eisenbahnfreunde die Wiedereröffnung der Strecke als Touristenattraktion. Die gesamte Bahnlinie ist 7,2 Kilometer lang. Sie verbindet die nur 3,2 Kilometer voneinander entfernten Orte Georgetown und Silver Plume.

Der Schienenstrang windet sich umständlich durch die Landschaft wie eine Modelleisenbahn. Als Höhepunkt gilt die Schleife über das Tal des Clear Creek, wobei die Devils Gate High Bridge (Teufelskopf-Hochbrücke) befahren wird. Der Bahn sind zwei Museumsminen angeschlossen: eine Gold- und eine Silbermine, die man besichtigen kann.

Konkurrenz auf der Rigi

Der Eifersucht Schweizer Gemeinden ist es zu verdanken, dass gleich zwei Zahnradbahnen auf die Rigi fahren. Das letzte Stück verlaufen die Strecken sogar nebeneinander. Es war eine Sternstunde, als 1871 die erste europäische Zahnradbahn eröffnet wurde. Die Vitznau–Rigi-Bahn führte auf der Luzerner Seite des Berges von Vitznau am Vierwaldstätter See hinauf zu Rigi Staffelhöhe, nicht aber auf den Gipfel, denn der liegt im Kanton Schwyz und die Konzession hatte nur der Kanton Luzern erteilt. In Arth im Kanton Schwyz hatte man schon früh mitbekommen, was hinter dem Berg los war. Schnell sicherte man sich eine eigene Konzession und begann mit dem Bau der Arth–Rigi-Bahn. Doch erst 1875 dampfte die erste Lok hinauf auf den Gipfel. In der Zwischenzeit hatte die Luzerner Bahn verhandelt und erreicht, dass sie – gegen Pacht natürlich – ab 1873 bis zum Rigi Kulm hochfahren konnte.

Die Schwyzer waren zwar langsamer, aber sie konnten damit punkten, dass sie die sehr viel schöneren Wagen hatten, und die Strecke war attraktiver. Da beide Bahnen von denselben Ingenieuren gebaut wurden, haben sie das gleiche Zahnradsystem Riggenbach. Die Arth–Rigi-Bahn wurde bereits 1907 elektrifiziert, die Vitznau–Rigi-Bahn musste dreißig Jahre länger warten.

Jahrelang waren die beiden Bahnen Konkurrenten, doch heute sind sie unter dem Dach der Rigi Bahnen AG vereint, zusammen mit einer Seilbahn und Skiliften. Beide Bahnen sind ganzjährig in Betrieb. Freunde alter Eisenbahnen können sich nicht nur auf eine Besichtigung historischer Fahrzeuge in den beiden Depots freuen, sondern auch über regelmäßig angebotene Dampf- und Nostalgiefahrten auf die Rigi. Der Triebwagen BCeh 2/3 Nr. 6 der Arth–Rigi-Bahn aus dem Jahr 1911 ist der älteste betriebsfähige Zahnrad-Triebwagen der Welt.

Der 96 Meter hohe Sendeturm und das Rigi-Kulm-Hotel links von der Bergstation der Zahnradbahnen in einer grandiosen Luftaufnahme. Früher stand hier ein Grandhotel mit 300 Betten. *Andreas Rothenbühler/Pixelio.de*

313 Drei Anbieter, eine Freude

Der MOB Belle Epoque, hier bei Gstaad, bietet nicht nur eine Reise durch die faszinierende Gebirgslandschaft, sondern auch den Komfort einstiger Luxuszüge. *GoldenPass*

Unter den vielen außergewöhnlichen Eisenbahnerlebnissen in der Schweiz ist eine Fahrt mit der Golden-Pass-Linie ein echter Höhepunkt. Die Zugstrecke verbindet die Städte Luzern am Vierwaldstättersee und Montreux am Genfer See. Auf der Fahrt von einer Endhaltestelle zur anderen wird an acht Seen vorbeigefahren, werden sechs Kantone und zwei Sprachregionen durchquert sowie drei Pässe überwunden. Die Golden-Pass-Linie ist ein 2002 aus der Taufe gehobenes Gemeinschaftsprojekt von drei Eisenbahngesellschaften: der Zentralbahn, der BLS AG und der Montreux-Berner Oberland-Bahn (MOB). Dementsprechend setzt sich die Golden-Pass-Linie aus drei Teilstrecken zusammen. Von Montreux bis Zweisimmen im Kanton Bern fährt die MOB. Dabei kann zwischen zwei Varianten gewählt werden, nämlich zwischen dem Panoramazug MOB Panoramic und dem MOB Belle Epoque, der die Atmosphäre der Luxuszüge früherer Zeiten wiedererweckt. Von Zweisimmen bis Interlaken fährt der BLS RegioExpress durch das Simmental und den Thunersee entlang. Von Interlaken nach Luzern führt schließlich der hochmoderne Luzern–Interlaken Express der Zentralbahn, der durch seine großen Fenster ebenfalls eine hervorragende Aussicht auf das Alpenpanorama bietet. Da die Strecken der Zentralbahn und der MOB meterspurig sind, der Anteil der BLS – sie ist die Nachfolgerin der Lötschbergbahn – jedoch in Normalspur von Interlaken nach Zweisimmen führt, müssen die Passagiere zweimal umsteigen.

Auf dem 17.000 Quadratmeter großen Gelände herrscht reger Verkehr. Unten eine mecklenburg-pommersche Schmalspurlok aus der Zeit vor dem Ersten Weltkrieg, oben eine moderne E-Lok der regionalen TPC. *Loïc Gex*

Der Schweizer Dampfpark

Am Ufer des Genfer Sees liegt südlich des Rhonezuflusses der Ort Port-Valais, was soviel bedeutet wie „Hafen des Wallis". Zu diesem Ort gehört Le Bouveret mit seinem kleinen Bootshafen. Direkt neben dem Hafen in unmittelbarer Nähe des Bahnhofs liegt der „Swiss Vapeur Parc", der Schweizer Dampfpark. Er besitzt eine Eisenbahnanlage, die heute zwei Kilometer Gleis mit 27 Weichen, fünf Tunneln, zehn Brücken, 62 Eisenbahnsignalen und rund 20 Nachbildungen originaler Gebäude umfasst. Als Rollmaterial stehen 16 Lokomotiven und Triebwagen im Depot, darunter neun Dampfloks. Die im Maßstab 1:4 oder 1:5 ausgeführten Fahrzeuge stammen von der Balson AG, dem Gründungsmitglied des Parks Claude Gachnang und dem Franzosen Porterie. Sie sind Originalen vor allem aus der Schweiz, aber auch aus Deutschland, den USA oder England nachgebildet. Darunter sind Loklegenden wie das „Krokodil", die Lok der Furka-Oberalp-Bahn, Loks vom Spreewald und aus dem Harz, ein Amtrak-Triebwagen oder modernere Elektroloks. Die Besucher können selbst in der Lok fahren oder in den Wagen Platz nehmen. Es gibt sogar einen rollstuhlgerechten Wagen. Außerdem existiert eine Zahnradbahn mit 7,25 Zoll Spurweite. Spektakulär sind die Gebäude. So gibt es einen Nachbau der Markthalle von Neuenburg. Perfekt umgesetzt ist auch die Kirche von Saanen mit aufwendiger Inneneinrichtung und bunten Glasfenstern.

Die Liliputbahn in Kent

Die Bahn liegt in einer beliebten Urlaubsgegend am Ärmelkanal, weshalb sie regen Zuspruch erfährt. Im Sommer fährt jede Dreiviertelstunde ein Zug nach Dungeness zum Strand. *Nilfanion/C.C.4.0*

Die stolzen Betreiber der Romney, Hythe & Dymchurch Railway lehnen es ab, ihre in 15-Zoll-Spurweite angelegte Bahn als Spielzeug abzutun. Sie besitzen ganz normale Dampf- und Dieselloks, nur dass die eben ein wenig kleiner sind. Als die Eisenbahn 1927 eröffnete, war sie die kleinste Schmalspurbahn der Welt. Die Spurweite ist sonst bei Parkeisenbahnen verbreitet, doch die Engländer bieten eine echte fahrplanmäßige Streckenfahrt an. Sie liegt südlich von Folkestone nicht weit von der Stelle, wo der Eurotunnel Großbritannien erreicht. Die Gegend am Ärmelkanal ist bei Touristen sehr beliebt. Davon profitiert die Bahn, die entlang der Küste bis nach Dungeness fährt, wo einer der längsten Kiesstrände der Welt zum Baden einlädt. Die Bahn besitzt vierzehn Dampf- und drei Dieselloks, die größtenteils noch aus den ersten Jahren stammen und bestens gepflegt sind. Die Wagen bieten Platz für bis zu zwanzig Fahrgäste.

Lok Nummer 3 „Southern Maid" ist eine Pacific-Lok von 1926. Hier steht sie am Bahnhof Hythe unter Dampf. *Nilfanion/C.C.4.0*

Kinder als Eisenbahner 316

Kinder- oder Pioniereisenbahnen waren echte Eisenbahnstrecken in den sozialistischen Staaten, die von Kindern und Jugendlichen selbstständig betrieben wurden. Die Heranwachsenden lernten dort den Umgang mit Lokomotiven, Fahrplänen und Stellwerken. Heute sind noch viele in Betrieb, auch in Deutschland werden alle bis auf eine weitergeführt. Allerdings sind es jetzt oft eher nostalgisch gestimmte Erwachsene, die sich um den Betrieb kümmern. Die längste ist die Parkeisenbahn Wuhlheide in Berlin. Die Pionierbahnen waren dafür gedacht, junge Menschen an den Eisenbahnerberuf heranzuführen. Sicherlich wäre das auch heute keine schlechte Idee.

Diese Dampflok der Baureihe ГР (Gr) wurde nach dem Zweiten Weltkrieg in Babelsberg als Reparationsleistung gebaut und begeistert bis heute im Syrezkyj-Park von Kiew nicht nur Kinder und Jugendliche. *Nadya Yasnogorodskaya*

Thomas, die kleine Lok 317

Der Reverend Wilbert Awdry veröffentlichte 1945 sein erstes Kinderbuch, in dem es um Lokomotiven ging. Hauptfigur war Thomas, die kleine Lokomotive, eine Tenderlok. Nach Motiven aus diesen Büchern hat Andrew Lloyd Webber sein Musical „Starlight Express" geschrieben. Später verfasste Awdrys Sohn Christopher einige weitere Bände. In Großbritannien waren die Geschichten von Thamas und seinen Freunden längst Kult, als 1979 eine animierte Fernsehserie herauskam, die nach einer längeren Unterbrechung bis heute läuft und inzwischen 22 Staffeln erreicht hat. Die verwendeten Modelle sind übrigens aus Loks der Spur 1 von Märklin aufgebaut worden. Seit 2009 sind die Folgen computeranimiert. Die Fahrzeuge haben an der Rauchkammertür hellgraue Gesichter, die verschiedene Emotionen ausdrücken.

Bei den „Thomas the Tank Engine Events" werden in Großbritannien gerne Gesichter an allen möglichen Dampfloks angebracht. Eine grüne Lok heißt in den Geschichten Henry. *Slg. Michael Dörflinger*

Der „Ameisenbär"

Der erste Prototyp des Wismarer Schienenbusses wurde 1932 an die Kleinbahn Soltau–Lüneburg geliefert und dort ausgiebig getestet – mit Erfolg. Bis 1941 baute die Waggonfabrik Wismar noch 56 Exemplare. Die Fahrzeuge waren vergleichsweise billig und arbeiteten mit einem Benzinmotor von Ford. Das machte ihn auch wartungstechnisch sehr günstig. Der Wismarer Schienenbus war bestens für Nebenbahnen geeignet (siehe S. 192).

Ein Wismarer Schienenbus aus dem Jahr 1937 ist heute als „Ameisenbär" tätig. Seinen Spitznamen bekam er wegen der vorne herausragenden Motorhaube, andere tauften ihn nicht weniger treffend „Schweineschnäutzchen". Der Triebwagen setzt die Tradition dieses Typs im Raum Soltau fort, wo ja der erste Prototyp verkehrte. Der „Ameisenbär" ist ein Ausflugszug im Sommer. Fahrten finden normalerweise nur sonntags statt. Abfahrt ist in Soltau. Nach einer Stunde Fahrt durch den Luhegrund wird der kleine Ort Döhle erreicht, der mitten in der Lüneburger Heide liegt. Bei dem dreistündigen Aufenthalt bleibt genügend Zeit für einen Spaziergang durch die Heide. Dann geht es wieder zurück. Wer will, kann auch bei einem der beiden Zwischenhalte aussteigen. In dem „Ameisenbär" finden 71 Fahrgäste Platz.

Der „Ameisenbär" eignet sich für Touren, bei denen ein Teilstück mit dem Fahrrad absolviert wird. An der Motorhaube ist ein Fahrradträger angebracht. Räder kann man am Bahnhof Soltau ausleihen. *Soltau Touristik*

Wo Sherlock Holmes starb 319

In der Erzählung „Das letzte Problem" hat Arthur Conan Doyle den Detektiv Sherlock Holmes sterben lassen, als ihn sein Intimfeind Moriarty mit in die grausige Tiefe des Reichenbachfalls zog. Dieser Ort wird heute mit einer Tafel markiert. Man erreicht ihn nach einer Fahrt mit der Standseilbahn und einem kurzen Fußmarsch. Die Bahn wird in den Sommermonaten von der Grimselwelt betrieben, dem touristischen Bereich der Kraftwerke Oberhasli. Der Wasserfall ist in der Nähe von Meiringen im Schweizer Kanton Bern. Im 19. Jahrhundert kamen viele englische Touristen hierher. So erklärt es sich, dass es in Meiringen eine Englische Kirche gibt. Und dieses Sakralgebäude birgt ein Geheimnis: ein Sherlock-Holmes-Museum mit dem Arbeitszimmer des berühmten Detektivs und vielen zeitgenössischen Stücken.

Zum Reichenbachfall fährt seit 1899 eine Standseilbahn hoch. *KWO*

Krimi im Zug 320

Die Hauptstrecke von London nach Manchester und Leeds im Inneren des Landes wurde bis zur Verstaatlichung von der Great Central Railway betrieben. Ihr Erbe hat die gleichnamige Museumsbahn angetreten. Bereits Ende der 1960er-Jahre hatten sich einige Fans zusammengeschlossen, um die Hauptstrecke zu erhalten. Sie ist die einzige britische Museumsbahn auf einer zweispurigen Hauptstrecke. Das macht sie für schwerere Loks interessant, die sich sehr gerne als Gäste zeigen. Auch die Filmleute schätzen diese Eigenschaft und nutzen die GCR gerne als Kulisse. Jeder der vier berührten Bahnhöfe ist in einer eigenen Epoche restauriert: Um 1910, 1940er-, 1950er- und 1960er-Jahre. Die Strecke wird normalerweise einfach in einer halben Stunde bewältigt. Länger sind die Speisewagen unterwegs, die erstklassige Menüs anbieten. Ein besonderes Event ist der Dinner-Krimi-Zug: Beim Essen kann man miterleben, wie ein geheimnisvoller Mord aufgeklärt wird.

Dampflok „Oliver Cromwell" wird auch bei der GCR-Museumsbahn eingesetzt. *Jusben*

321 Richard Wagners Sonderzüge

Richard Wagner nach einem Gemälde von Herkomer.
Sammlung Michael Dörflinger

Im Laufe seines unsteten Lebens hatte Richard Wagner viel Zeit in Kutschen und Eisenbahnen verbracht. Doch zwei Bahnreisen waren etwas ganz besonderes. Die erste trat er 1881 an. Seine Gesundheit war schwer angeschlagen und der Arzt riet ihm dringend zu einem Aufenthalt im Süden, um dem kalten Winter von Bayreuth aus dem Weg zu gehen. Für sich und seine Familie hatte er einen Sonderzug mit Salonwagen bestellt, der ihm am Bayreuther Bahnhof bereitgestellt wurde. Am 1. November reiste die Familie ab. Morgens um acht Uhr erreichten sie München, wo bei einer Stunde Aufenthalt Zeit für ein Frühstück mit Kapellmeister Levi blieb. Zwei Tage später erreichten sie Neapel und verabschiedeten sich von dem Zug. Jetzt ging es mit dem Schiff nach Sizilien.

Nur 16 Monate später trat Wagner seine letzte Zugreise an. Er war am 13. Februar 1883 in Venedig gestorben. Witwe Cosima bestand darauf, dass seine sterblichen Überreste im Zug direkt in die Heimat gefahren werden sollten. Dafür musste aber der Leichnam einbalsamiert werden. Am 16. Februar gegen Mittag wurde der Sarg Wagners auf einer Gondel zum Bahnhof gebracht. Dort hatte man alles gegen Gaffer abgeriegelt. Zwei Extrawagen, darunter ein Salonwagen, wurden an den Zwei-Uhr-Schnellzug Richtung Westen angehängt. Die Stimmung der Familie und der anwesenden Freunde war gedrückt, Cosima schien am Boden zerstört. In Vicenza stand ein Sonderzug bereit, der die Trauernden nun direkt bis nach Bayreuth fahren sollte. An der bayerischen Grenze in Kiefersfelden wurden Trauerreden geschwungen, an jedem Bahnhof standen Sängervereine und Wagnerianer Spalier. In München stellten sich Künstler mit gesenkten Fackeln an die Gleise. Neugierige kletterten im überfüllten Bahnhof an den Fenstern hoch, um irgend etwas zu sehen. Ganz anders in Bayreuth. Auch dort war der Bahnhof überfüllt, aber es herrschte andächtige Stille. Richard Wagner hatte seine letzte Eisenbahnreise hinter sich gebracht.

Hofzug Ludwigs II.

Ein großer Mäzen Wagners in seinen späteren Jahren war der bayerische König Ludwig II. Das wissen die meisten. Weniger bekannt ist das große Faible des Märchenkönigs für den französischen Sonnenkönig Ludwig XIV. Nach dem Vorbild von dessen Schloss Versailles ließ er Herrenchiemsee erbauen. Er ließ sich zeitgenössische Stücke aufführen und sogar neue im Stile der Zeit Ludwigs XIV. schreiben. Und er ließ sich einen Hofzug bauen, der ganz im Geschmack der Hochzeit des französischen Absolutismus gehalten war. Hofzüge sind ein Phänomen des 19. und beginnenden 20. Jahrhunderts. Sie dienten gekrönten Häuptern in Europa für ihre Reisen und wurden nur in Sonderzügen eingesetzt. Ludwigs Vater Maximilian hatte sich 1858–1860 einen Hofzug anfertigen lassen. Als Ludwig den Thron bestieg, ließ er den Zug unverändert. Doch nach dem verlorenen Krieg von 1866 (siehe S. 215) wollte er mit einem neuen Zug eine Demonstration seiner Macht liefern. Bis 1870 ließ er den Wagen des Vaters so umbauen, dass er nicht wiederzuerkennen war. Überall Gold, auf dem Dach stand eine Nachbildung der bayerischen Königskrone, und hinter dem Flitter steckte – wie immer bei Ludwig – modernste Technik der Neuzeit. Zum Hofzug gehörte auch ein Terrassenwagen, der es möglich machte, im Freien unter einem Dach zu sitzen. Doch gereist ist Ludwig mit diesem Zug wohl kaum. Der menschenscheue König zog später einen unauffälligen Zug vor, damit er nicht überall erkannt wurde. Ende 1918 ging der Hofzug ans heutige DB-Museum.

Der Hofzug von König Ludwig II. von Bayern gehört zu den interessantesten Ausstellungsstücken des DB-Museums. Ludwig ließ ihn nach seinem Geschmack im Stile des Sonnenkönigs umbauen. *Michael Dörflinger*

Der plombierte Zug

Der Schweizer Kommunist Fritz Platten fuhr einen Teil der Strecke mit und schrieb ein Buch. *Slg. Dörflinger*

Als im Februar 1917 in Russland die Revolution das alte Zarenregime wegfegte, hofften die Kriegsgegner in Berlin und Wien, dass jetzt ein Separatfriede möglich wäre. Doch es kam erst mal ganz anders. Denn der neue Kriegsminister Kerenski startete im Sommer eine großangelegte Offensive, die die Mittelmächte nur unter großen Verlusten zurückschlagen konnten. Als man in Deutschland schon absehen konnte, dass die Hoffnung auf Frieden sich nicht erfüllen würde, kam man in Regierungskreisen auf die Idee, den in seinem Exil in der Schweiz schmorenden Lenin nach Russland einzuschleusen, denn von ihm wusste man, dass er – einmal an der Macht – einen schnellen Friedensschluss herbeiführen würde. Da die Ententestaaten Lenin eine Durchreise untersagten, blieb dem Revolutionär nichts anderes übrig, als mit den Deutschen zu kooperieren. Gemeinsam mit seiner Frau und anderen Unterstützern stieg er am 9. April 1917 – am gleichen Tag hat Kuba Deutschland den Krieg erklärt – in den Regionalzug nach Gottmadingen, wo er Deutschland erreichte. Hier wurden die Russen in einen Zug mit einem Personenwagen 2./3. Klasse und einem Gepäckwagen geführt. Er war zwar nicht plombiert, wie es Fritz Platten später reißerisch nannte, aber ein Ausstieg war nicht vorgesehen. Lenin hatte darauf bestanden, für die Fahrt zu bezahlen. Zu ersten Streitigkeiten kam es, weil viele in der einzigen Toilette rauchten und andere mit dringenden „Geschäften" warten mussten. Bei der Fahrt durch Deutschland bemerkten die Passagiere die ausgezehrten, grauen Gesichter der hungernden Bevölkerung. In Frankfurt wurde der Zug nachts auf einem Nebengleis abgestellt. Deutsche Soldaten kamen heran und unterhielten sich mit den Bolschewiki. Am vierten Tag der Reise erreichten sie Sassnitz. Von dort ging es mit der Fähre ins schwedische Trelleborg. Durch Schweden und Finnland dauerte es ebenfalls vier Tage, dann erreichte der Trupp St. Petersburg. Doch Lenins zweite Revolution sollte noch bis November auf sich warten lassen. Das deutsche Kalkül ging erst einmal auf: Lenin beendete den Krieg. Ein Jahr darauf flammte die Revolution auch in Deutschland und Österreich auf.

Die Diesellok der Queen 324

Wie Ludwig II. von Bayern hatten auch die Royals in Großbritannien einen Hofzug. Queen Victoria war die erste, die einen eigenen königlichen Zug besaß. Diese Tradition wurde beibehalten. Dabei wurde immer darauf geachtet, dass die Lokomotiven, die den „Royal Train" ziehen durften, besonders leistungsfähig waren. Waren es zuerst Dampfloks, so verwendete man später flexibel einsetzbare Diesellokks. Seit 2004 ist die 67006 „Royal Sovereign" der Class 67 eine von zwei weinroten Loks, die im Dienste ihrer Majestät stehen. Sie werden allerdings auch zu anderen Aufgaben berufen. Die vierachsige British Rail Class 67 wurde zur Jahrtausendwende

No. 67006 „Royal Sovereign" der Class 67. *jusben*

gebaut. Sie erreicht bis zu 200 km/h, wurde aber nicht im Passagierverkehr, sondern vor schnellen Postzügen eingesetzt. Zwei Exemplare gehören zum Royal Train: Nr. 67005 „Queen's Messenger", und Nr. 67006 „Royal Sovereign", die oben abgebildet ist.

Maria als Namensgeberin 325

In Spanien war das Eisenbahnsystem schon vor Franco marode und es besserte sich daran unter seiner Diktatur kaum etwas. Erst nach der Demokratisierung des Landes und vor allem nach dem Eintritt in die EG fand eine schwungvolle Modernisierung der Schienenwege statt. Weil sich für das Land als weniger dicht besiedelter Flächenstaat eine Elektrifizierung zunächst nur auf den Hauptstrecken lohnte, wurden Dieselloks gebraucht. Diese sind für die spanische Breitspur gebaut. Spanien beschaffte sich auch Maschinen aus dem Ausland, so bestellte man Mitte der 1980er-Jahre die Baureihe 354 von Krauss-Maffei. Diese vierachsige dieselhydraulische Lok hatte zwei MTU-Motoren, die zusammen 3.110 Kilowatt

„Virgen de Covadonga" war die erste der acht Loks. Sie wurde 1982 gebaut. *BiblioRSO/C.C. 3.0*

Leistung erzeugten. Diese Lokomotiven wurden vor Talgo-Zügen eingesetzt, die vor allem als Nachtzüge unterwegs waren. Jede hatte einen anderen Beinamen der Jungfrau Maria, der sich auf berühmte Statuen in Spanien bezog.

Don Camillos kleine Welt

Der Bahnhof von Don Camillos Heimatort Brescello. Er ist auch in den Filmen zu sehen. *Arbalete/C.C. 3.0*

Weniger Maria als ihr Sohn Jesus spielt in Werken eines italienischen Autors eine große Rolle. Wer kennt sie nicht, die Geschichten aus der kleinen Welt des Don Camillo, jenes streitbaren italienischen Pfarrers, der es allein mit einem ganzen Stoßtrupp Kommunisten aufnimmt? Eine wichtige Rolle spielt in den Büchern und Filmen auch die Eisenbahn. Der Schriftsteller Giovannino Guareschi sorgt dafür, dass sein Pfarrer strafversetzt wird. Don Camillo kommt an den Bahnhof des kleinen Ortes Brescello am Po, um den Zug in sein Exil zu nehmen. Im ersten Film „Don Camillo und Peppone" aus dem Jahr 1952 wird gezeigt, wie der Bahnhof völlig leer ist. Will sich niemand von ihm verabschieden? Der kommunistische Bürgermeister Peppone hat jedem Prügel angedroht, der doch erscheint. Traurig steigt Don Camillo in seinen Regionalzug, der noch alte Abteilwagen mitführt. Doch am nächsten Halt stehen seine lieben Schäfchen und beglücken den gerührten Priester mit allerlei Reiseproviant. Doch dann das völlig Unerwartete: Am übernächsten Bahnhof stehen die Kommunisten zum Abschied bereit. Don Camillo kehrt im zweiten Film auch im Zug zurück. Doch diesmal ist der Bahnsteig leer, weil alle einen Boxkampf besuchen. In „Hochwürden Don Camillo" reisen der Priester und Peppone zusammen in einem Schlafwagenabteil von Rom in die Heimat und in „Genosse Don Camillo" geht es mit der Eisenbahn zum Treffpunkt der Delegation, die in die Sowjetunion reisen soll. Und Giovannino Guareschi? Eines seiner Bücher, das er sogar extra für seinen deutschen Verlag zusammengestellt hat, trägt den hübschen Titel „Bleib in deinem D-Zug!" (1954).

Die „Tornado" 327

Die London and North Eastern Railway (LNER) beschäftigte von 1946 bis zu ihrer Verstaatlichung einen Chefkonstrukteur namens Arthur Henry Peppercorn. 1948 und 1949 wurden 49 Exemplare seiner Class A1 Peppercorn gebaut. Dabei handelte es sich um geschmeidige Pacific-Loks mit drei Zylindern, die bis zu 160 km/h schnell fahren konnten. Sie wurden erst nach der Verstaatlichung der britischen Eisenbahnen zum 1. Januar 1948 produziert und gehören damit zu den ersten neuen Loks der British Railways. Leider wurden die Loks bereits zwischen 1962 und 1966 außer Dienst gestellt und ausnahmslos verschrottet.

Diesen Frevel wollte eine Gruppe begeisterter Eisenbahnfans nicht dulden und gründete 1990 den A1 Steam Locomotive Trust. Sein Ziel war es, nach den Originalplänen Peppercorns eine neue A1 zu erschaffen. Was sich wie eine Schnapsidee anhörte, sollte dank der Beharrlichkeit der Vereinsmitglieder 18 Jahre später Realität sein. Die Nummer 60163 „Tornado", benannt nach dem Düsenflugzeug, wurde direkt hinter der letzten alten A1 60162 „Saint Johnstoun" aus dem Dezember 1949 einsortiert. Doch sie stammt aus dem Jahr 2008. Der Neubau erregte solche Aufmerksamkeit, dass sogar Prince Charles sich die Loktaufe nicht nehmen ließ. Die „Tornado" wird in ganz Großbritannien für Ausflugsfahrten eingesetzt. Der Trust hat inzwischen ein neues Ziel: die Class P2 von Gresley, No. 2007 „Prince of Wales".

Man glaubt's kaum: Die „Tornado" wurde erst 2008 fertiggestellt, hier als Severn Coast Express. *Jusben*

328 Die chinesische QJ-Klasse

Zu den Superlativen des Lokomotivenbaus in China zählt zweifellos die QJ-Klasse. Die QJ (Qian Jin = Fortschritt) war die erste Lokomotive, die von chinesischer Seite als Eigenkonstruktion beansprucht wurde. Vorbild war allerdings die sowjetische Baureihe ЛВ (LW). Sie war außerdem die meistgebaute Dampflok der Volksrepublik. Annähernd 4.700 Exemplare wurden in der Lokomotivenfabrik Datong hergestellt. Das war fast die Hälfte der Dampfloks aus chinesischer Produktion. 40 Prototypen waren in anderen Werken gebaut worden. Die QJ besaß die Achsfolge 1'E. Nach offiziellen Angaben lag die Leistung bei 2.222 kW, und die Höchstgeschwindigkeit betrug 80 km/h. Die rasche Ausweitung des chinesischen Schienennetzes und Zugverkehrs von den 1960er- bis Mitte der 1980er-Jahre wurde nicht zuletzt durch die QJ-Loks ermöglicht. Sie zogen den Großteil des Güterverkehrs sowohl auf den Haupt- als auch auf den Nebenstrecken sowie einen erheblichen Teil der Personenzüge, einschließlich vieler Schnellzüge. Ende der 1980er-Jahre war jedoch die glorreiche Zeit der Lok vorüber. Immer mehr Arbeiten wurden an Diesel- und Elektrolokomotiven übertragen. Das offizielle Ende der Dampftraktion im staatlichen nationalen Eisenbahnsystem erfolgte im März 2002. Aber eine Handvoll QJ-Loks blieb auf einer abgelegenen Strecke bis zum Sommer 2003 im Dienst und verlockte viele Dampflok-Enthusiasten zur Reise nach China.

Dieses Exemplar einer QJ kann heute im Technik Museum Speyer bewundert werden. *Rike/Pixelio.de*

Jim Knopf und Lukas

Lukas der Lokomotivführer und sein kleiner Freund Jim Knopf von der Augsburger Puppenkiste sind natürlich begeisterte Besucher des Bahnparks Augsburg. Die „Emma" spielt eine Feldbahnlok von 1921. *Markus Hehl*

Wenn der FC Augsburg in einem Heimspiel ein Tor erzielt, dann erklingt aus den Lautsprechern eine Melodie, die wohl die meisten aus ihrer Kindheit kennen: „Eine Insel mit zwei Bergen und dem tiefen weiten Meer / Mit viel Tunnels und Geleisen und dem Eisenbahnverkehr". Es ist das Lummerlandlied aus der Augsburger Puppenkiste, genauer von der Marionettenadaption des Kinderbuches „Jim Knopf und Lukas der Lokomotivführer" von Michael Ende. Die Kurzserie lief erstmals 1961/62 im Fernsehen – noch in Schwarzweiß, später wurde eine Farbversion neu eingespielt.

Die Lokomotive „Emma" ist eine echte Alleskönnerin. Sie kann schwimmen wie ein Schiff und sie bekommt sogar ein Lokomotivkind, die kleine „Molly". Einmal fliegt sie sogar. Dabei könnte sie so wie sie aussieht in Wirklichkeit gar nicht einmal fahren, fehlen ihr doch Treibstangen und Zylinder. Doch die Legende lebt. So wurden über den Stoff bereits zwei Musicals komponiert und 2018 kam ein Kinofilm mit echten Schauspielern heraus. Jim Knopf feiert übrigens ein doppeltes Happy End: Er verlobt sich mit der chinesischen Prinzessin und wird – Lokführer.

230 Trendsportart Draisinenfahrt

Eine Draisinenfahrt wird schnell zu einem gemeinsamen Vergnügen. *erlebnisbahn.de GmbH*

Bei der klassischen Draisine wird ein Handhebel rauf und runter gedrückt, wodurch die Räder über eine Kurbelschwinge zum Drehen gebracht werden. Es gibt aber verschiedene Arten von Draisinen, die mit Pedalen, Hebeln oder unterstützt durch einen Elektromotor angetrieben werden. Handhebeldraisinen, Fahrraddraisinen, Konferenzdraisinen für mehrere Personen – die Auswahl ist groß. Das Schöne ist: Man hat etwas Bewegung, genießt die Landschaft und die Anstrengung hält sich in Grenzen. Draisinenfahrten werden an verschiedenen stillgelegten Eisenbahnstrecken in fast allen Bundesländern angeboten, zum Beispiel im Glantal im Pfälzer Bergland oder auf der ehemaligen Königlich Preußischen Militäreisenbahn bei Zossen. Strecken gibt es auch in Österreich und der Schweiz. Eine interessante Strecke liegt bei Pradelles im französischen Departement Haute-Loire. Der Vélorail de Pradelles bietet eine tolle Talfahrt, so dass man fast nur bremsen muss.

331 Der Ring der Eisenbahner

Ring mit Fahrtbefehl bei der DR.
Histor. Slg. d. DB AG/Max Ittenbach

Vor dem Zugfunk blieb den Eisenbahnern für den Austausch von Informationen lediglich das Übermitteln von Signalen oder Symbolen. Dabei spielen auch Ringe eine Rolle. Im Bild sieht man, wie ein Ring dazu verwendet wurde, dem Lokführer Papiere zukommen zu lassen, in diesem Fall war es ein Fahrtbefehl, den sich der Lokführer auf diese Weise leicht schnappen konnte. Eine andere Verwendung war die eines Pfands. So wurde bei einspurigen Strecken gerne ein Gegenstand, sei es ein Ring, eine Scheibe, ein Schlüssel oder ein Stab verwendet. Der Lokführer, der im Besitz des Gegenstandes war, durfte fahren und ihn am Ende des Streckenabschnitts retournieren. Dadurch konnte erreicht werden, dass kein Zug in einen belegten Gleisabschnitt einfahren konnte. Man spricht von einem Token oder Zugstab.

Die Tram ins Stubaital 332

Das malerische Stubaital liegt südwestlich der Tiroler Landeshauptstadt Innsbruck. Bereits Ende des 19. Jahrhunderts wurde an Plänen gearbeitet, um die Infrastruktur des Tals und die Verbindung nach Innsbruck zu verbessern. 1903 begannen schließlich die Bauarbeiten für eine meterspurige Bahn, die bereits im folgenden Jahr abgeschlossen werden konnten. Trotz der wachsenden Konkurrenz durch den Straßenverkehr konnte die Stubaitalbahn dank nötiger Investitionen und Modernisierungen erhalten werden. Die ursprüngliche Lokalbahn wurde in den 1980er-Jahren in das Liniennetz der Innsbrucker Straßenbahn integriert. Vom Hauptbahnhof kann man heute mit der Straßenbahn bis ins rund 18 Kilometer entfernte Fulpmes fahren.

Die Stubaitalbahn erfreut sich steigender Fahrgastzahlen. *IVB*

Der Weltmeisterzug 333

Als 1954 die deutsche Mannschaft im Berner Wankdorfstadion mit einem 3:2-Sieg gegen den Favoriten Ungarn unerwartet die Fußballweltmeisterschaft gewann, war es ein Dieseltriebwagen der Baureihe VT 08[5], der die Sieger nach Hause fuhr. In Basel bekam er die Großbuchstaben „FUSSBALL-WELTMEISTER 1954" aufgeklebt. Dann holte er die Mannschaft in ihrem WM-Quartier am Thuner See ab und machte sich auf den Weg in die Heimat. Was nun folgte, war ein unvergleichlicher Triumphzug durch Süddeutschland. In jedem Dorf warteten begeisterte Anhänger, jubelten und wollten Autogramme. Spielführer Fritz Walter reckte den Jules-Rimet-Pokal aus dem Fenster heraus. Deutschland hatte nach den langen und trüben Jahren endlich mal wieder etwas zu feiern. Der „Weltmeisterzug" wurde leider verschrottet. Für seinen Spielfilm „Das Wunder von Bern" über den WM-Sieg ließ Regisseur Sönke Wortmann einen anderen Triebwagen der Baureihe herrichten. Derzeit steht er in Meiningen und wartet auf seine Restaurierung.

Dieser Weltmeisterzug ist ein dem Original angepasstes baugleiches Exemplar. *Silvio Ludwig/C.C. 4.0*

Impressum

Unser komplettes Programm finden Sie unter

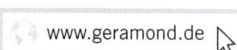

Verantwortlich: Lothar Reiserer
Satz und Layout: Azurmedia, Augsburg
Korrektorat: Ralf J. Klumb, The Wordworms
Einbandgestaltung: Ralph Hellberg
Repro: Cromika
Herstellung: Anna Katavic
Printed in Slovenia by Florjancic

Sind Sie mit diesem Titel zufrieden? Dann würden wir uns über Ihre Weiterempfehlung freuen. Erzählen Sie es im Freundeskreis, berichten Sie Ihrem Buchhändler, oder bewerten Sie das Werk online.
Und wenn Sie Kritik, Korrekturen oder Aktualisierungen haben, freuen wir uns über Ihre Nachricht an den GeraMond Verlag, Postfach 40 02 09, D-80702 München oder per E-Mail an lektorat@geramond.de.

Alle Angaben dieses Werkes wurden von den Autoren sorgfältig recherchiert und auf den aktuellen Stand gebracht sowie vom Verlag geprüft. Für die Richtigkeit der Angaben kann jedoch keine Haftung übernommen werden. Für Hinweise und Anregungen sind wir jederzeit dankbar. Bitte richten Sie diese an:
GeraMond Verlag
Lektorat Postfach 40 02 09
D-80702 München
E-Mail: lektorat@geramond.de

Die Deutsche Nationalbibliothek verzeichnet diese Publikation in der Deutschen Nationalbibliografie, detaillierte bibliografische Daten sind im Internet über http://dnb.d-nb.de abrufbar.

© 2019 GeraMond Verlag GmbH, München

ISBN 978-3-95613-076-2